ジェイムズ・Q・ウィットマン

ヒトラーのモデルはアメリカだった

法システムによる「純血の追求」

西川美樹訳

みすず書房

HITLER'S AMERICAN MODEL

The United States and the Making of Nazi Race Law

by

James Q. Whitman

First published by Princeton University Press, 2017

ルイス・B・ブロッドスキーの霊に捧ぐ

ヒトラーのモデルはアメリカだった　目次

著者による翻訳についての注釈

ドイツ語文献の翻訳は、とくに断りのないかぎり、すべて私自身がおこなった。原典の意味を損なわずに、できるかぎり慣用的な英語訳にしようとベストを尽くした。主な引用の原典については読者のみなさんが閲覧できるよう以下のサイトに掲載してある。http://press.princeton.edu/titles/10925.html.

あるドイツ語の原典がとくに重要な意味をもっている。それは一九三四年六月五日にひらかれた会議の記録で、これについては第2章で詳しく論じる。この記録は、ドイツの刑法ならびに手続法の起草史に関する複数巻からなるドイツ語の刊行物 Jürgen Regge and Werner Schubert, eds., *Quellen zur Reform des Straf- und Strafprozeßrechts*（Berlin: De Gruyter, 1988–）（『刑法および刑事訴訟法改革史料』）に掲載されているものだ。当該巻（vol. 2:2, pt. 2）に所収されるこの記録には二つのバージョンがあり、一つは未編集の完全版、もう一つは出席者と相談のうえ後から編集した短縮版だ。本双書はアメリカ国内の主要な法律図書館で閲覧できる。この記録は終日にわたる会議の速記録であるため、全文を転載するにはあまりに長いものである。

はじめに

この法律はいかにもわれわれにぴったりだと思われますが、ただ一つだけ例外があります。あちらでは、だいたい有色人種と半有色人種だけが頭にあるようで、メスティーゾ〔とくにスペイン人と中南米先住民との混血児〕やムラート〔白人と黒人の混血児〕もそのなかにふくまれます。ところが、われわれが関心をもっているユダヤ人はどうかというと、有色人種のうちに数えられていないのです。

――ローラント・フライスラー、一九三四年六月五日

アドルフ・ヒトラーが帝国《ライヒ》首相の座についておよそ一年と半年がたった一九三四年六月五日に、ナチス・ドイツにおける第一級の法律家たちが集まって、とある会議がひらかれた。その目的は、ナチスの人種主義体制下における悪名高き反ユダヤ法、すなわち、のちにニュルンベルク法と呼ばれるものの計画を練ることだった。会議の議長を務めたのは、帝国司法大臣のフランツ・ギュルトナー。出席した面々は、今後数年にわたりドイツにおけるユダヤ人迫害の中心的役割を担うことになる官僚たちだ。出席者のうち、ベルンハル

ト・レーゼナーはその後ニュルンベルク法の主要な起草者となり、またローラント・フライスラーはのちにナチスの人民法廷における身の毛もよだつ長官となり、その名は二〇世紀の法による蛮行の代名詞として記憶に刻まれることになる。

これはまさしく重要な会議だった。したがってその内容は、同席した速記者が一語一句違わぬよう口述筆記し、ナチスのすこぶる優秀な官僚の手で、新たな人種政策が創生された決定的瞬間の記録として保管されることになった。この記録から明らかになった驚くべき事実が、私のこの研究の出発点となった。すなわち、この会議では、アメリカ合衆国の法律をめぐって微細にわたり長々と議論が交わされていたのである。まずは冒頭でギュルトナー法相がアメリカの人種法に関する報告書を提示した。これは司法省の役人たちがこの会議のために入念に準備したものだ。その後、議論の過程で出席者たちは、このアメリカ版の人種差別的な法律に何度も繰り返し話を戻した。そしてとりわけ驚くことに、アメリカの手法からドイツが学べる点について会議の席でひときわ熱く語ったのは、最も過激なナチ党員たちだったのだ。さらに後から述べるが、アメリカの人種法にナチスが強い関心をもっていたことを示す記録は、実はこれだけではない。一九二〇年代後半から一九三〇年代前半にかけて、多くのナチ党員、とりわけヒトラー自身が、合衆国の人種差別的な立法に強い関心をもっていた。たしかにヒトラーは自著『わが闘争』のなかで、アメリカこそが、のちのニュルンベルク法がめざす健全な人種秩序の確立に向けて前進している「唯一の国家」だと褒めそやしていた。

本書の目的は、ナチスがニュルンベルク法を考案するさいにアメリカの人種法に着想を求めたという、これまで見落とされていた歴史を紐とくことだ。それにより、この歴史がナチス・ドイツについて、人種主義の近代史について、そしてとりわけこのアメリカという国について私たちに何を語るのか、それを問いかけることにある。

☆

ナチスによるユダヤ人ならびにその他の人びとに対する迫害は、結果としてホロコーストに行き着いたが、これが二〇世紀最大のおぞましい犯罪であるのは誰もが認めることだ。したがって、ナチスの政策立案者たちが合衆国の制度に何らかの感化を受けた可能性があるなどと考えるだけでもぞっとするかもしれない。それに、おそらくそんな話はありえないと思うだろう。そもそも私たちはみなアメリカを、たとえどんな否定しがたい欠点があるにせよ、自由と民主主義の郷土《ホーム》だと思っている。全精力を注いでファシズムおよびナチズムと戦い、一九四五年についに勝利した国であることはみな承知している。とはいえ、ナチスが権力の座にのぼっていく時期に、アメリカ、とりわけジム・クロウ〔人種隔離〕法下の南部が人種主義の郷土《ホーム》であったこともまた周知の事実だ。一九三〇年代のナチス・ドイツと合衆国南部は、南部の二人の歴史家の言葉を借りると、いわば「鏡像《ミラー・イメージ》」のように見えた[1]。どちらも容赦のなさでは比べるもののない、実に堂々たる人種主義体制だった。一九三〇年代前半に、ドイツのユダヤ人たちは群衆に、さらには国家によって追い立てられ、殴打され、ときに殺害された。そして同じ頃、合衆国南部の黒人たちもまた同様に追い立てられ、殴打され、ときに殺害されたのだ[2]。

そうは言っても、ナチスによる人種迫害・抑圧政策にアメリカの法律が直接何らかの影響を与えたかもしれないと聞いて納得するのは容易ではない。一九三〇年代のこの人種主義的な両体制にどんな類似点があったにせよ、そしてアメリカの人種主義の歴史がいかに不快極まるものであるにせよ、ナチズムは比類なき究極の脅威であるとの考えに私たちは慣れ親しんでいる。ナチスのおかした犯罪はラテン語でいう nefandum、すなわち私たちがしばしば「根源悪」と呼ぶものへの言語に絶する堕落である。よってアメリカがヒトラーに何らかの着想を提供したなどと誰しも考えたくはない。どのみちナチスがそもそも他国、とりわけ合衆国に人種主義の教えを乞う必要を感じていたなど到底ありそうにない。何しろ合衆国は、たとえ至らない点はあったとしても、自由の精神を土台とする由緒ある憲法の郷土《ホーム》なのだ。

そしてこの点には誰もおおむね異論を挟んでこなかった。ただ一つ特筆すべき例外として、マーク・マゾワーが二〇〇八年に発表した書籍『ヒトラーの帝国』の一節で鋭い指摘をしている。(3) とはいえ他の学者たちは、私たちの大半が自明の理とみなすに違いないことを主張してきた。つまりナチスの人種法にには、当然ながらアメリカの直接的あるいは少なくとも意味ある影響などいっさいないというものだ。たとえどんな類似があるにしろ、言うまでもなくナチスこそが極悪非道の張本人で、アメリカがヒトラーに教えることなど何もなかったに決まっている。この件について誰よりも関心をもち続けたのは、アンドレアス・レートマイヤーという名のドイツの法律家だった。一九九五年に発表したニュルンベルク法に関する論文で、レートマイヤーはナチスがアメリカの法律を多く参照したうちの一部を調査した。(4) そして集めた資料を検討した結果、物議をかもす判断をくだした。すなわち、ナチスにとってのアメリカは人種主義的法律を擁する国の「典型例」であったというのだ。(5) それでも、ニュルンベルク法にアメリカが影響を与えたと考えるのは「見当違いなだけでなく、明らかな誤り」だと強く主張した。アメリカはユダヤ人を「コーカソイド（白色人種）」と分類しているが、これはナチスの見方からすればとんでもない間違いだからだ。(6)

ほかの学者たちも似たり寄ったりの結論を出した。たとえば、アメリカの法制史学者であるリチャード・バーンスタインはこう書いている。「ナチスの論客や「法曹」はジム・クロウ法を手短に少しばかり参照したが、それは私が思うに、外からの批判をかわすべく自国の法令や政策にほんの少しでも関連した先例をただあげようとしただけで、影響力ある情報源といったものではなかった(7)」。同じくザルツブルク大学のマルクス・ハンケも、「合衆国の人種隔離法はいかなる重要な影響も与えてこなかった」と断言した。[8] 最近ではイェンス＝ウーヴェ・ゲッテルが二〇一二年に発表した本のなかで、ナチスの政策にとって「アメリカの人種隔離法は驚くほど意味をもたなかった」と書いている。ゲッテルの主張によれば、ナチスはアメリカを自由主義という時代遅れの考えに救いがたいほどはまっていると考えていた。[9] 影響と呼べるほどのものは何もなかったのだ。こうした学者たちはみな、ナチスがアメリカの法律について言及していることは重々承知していた。とはいえ、それはナチスが国際的な非難を浴びたことから、自分たちの人種主義計画にもっともらしい類似物があることを単に主張したかっただけだ、との結論にみな落ち着いていた。[10] ナチスに関心があるのはアメリカを嗤《わら》うことであって、アメリカから学ぶことではなかったのだ。

ところがこうした資料を真剣に読んでみると、また違った景色が浮かんでくる。おそらく考えるだに恐ろしいことだが、実のところナチスは人種法におけるアメリカの例に、かなりの、ときに熱烈ともいえる関心をもち続けていた。十中八九間違いなく、彼らはアメリカから学ぶことに関心をもっていた。そして、これから見ていくが、とりわけ熱心にアメリカのやり方を活用するよう働きかけたのは最も急進的なナチ党員らであった。ナチスがアメリカの法律を参照したのは、「手短に」でも、「少しばかり」でもなかった。それにナチスの議論は世界に向けて政権のプロパガンダを提供することとはまったく関係のない、政策決定の場でおこなわれたものだ。しかもナチスの法律家たちの関心をひいたのは、そもそも初めからジム・クロウ法下の南部だけではなかった。一九三〇年代前半にナチスはアメリカのさまざまな例を引き合いに出したが、それらは州レベルのものもあれば国家レベルのものもあった。彼らにとってのアメリカは南部にかぎらず、もっと広い、人種差別的なアメリカという国全体を意味していた。しかも皮肉なことに、ナチスがアメリカの例を受けつけなかった場合、往々にしてその理由はアメリカの手法が厳しすぎると考えたからだった。一九三〇年代前半のナチスにとって、しかも急進的なナチ党員にとってすら、アメリカの人種法はときにあまりにも人種差別的だとの印象を与えたのだ。

ここで言っておくが、ナチスの側ももちろんアメリカを手放しで称賛していたわけではない。そもそもナチスは自由主義と民主主義を追求するアメリカ政府の態度を断固否定していた。ナチスには中欧に合衆国の複製をつくる気などさらさらなかった。とはいえ、ナチスの法律家らは人種主義的な法律をつくるうえでアメリカこそが世界の画期的なリーダーだと考えていたし、それは無理もないことだった。嘆かわしいことも多々あったが、見習いたいこともまた多々あったのだ。実際、ニュルンベルク法そのものがアメリカの直接の影響を受けていることもありえるし、むしろその可能性は高いと言える。

☆

ナチスがその人種迫害計画を立てるにあたってアメリカの人種法に着想を得たとの主張は、さぞかし困惑を招くに違いない。ナチスの犯罪に関与したなどという汚名を誰だってかぶりたくはないものだ。けれども、ナチスに関する歴史書を熱心に読んだ者にとっては、これはさほど驚くことではないはずだ。最近になって歴史家たちは、ナチスがアメリカのさまざまな手法や計画、業績に興味をもち、称賛すらしていたことを示す証拠を少なからず発表してきた。とくに政権を握って最初の数年のあいだ、ナチスはアメリカを決してイデオロギー上の明白な敵とは見ていなかった。

ナチスはある意味、世界じゅうの国々と同じく、多少なりとも無邪気な理由からアメリカに注目していた。合衆国は強大で、裕福で、創意にあふれ、その根っからの敵の目にすら何かしら称賛できるものが見つかった。一九一八年以降の二〇世紀において、アメリカの魅力はとりわけ抗しがたいものになっていた。戦間期にドイツの人種主義者らも気づいたように、第一次世界大戦後に合衆国は「世界の最重要国家」に浮上していた。[11] したがって、たとえアメリカ社会の自由主義や民主主義の立場を嘲笑はしても、他国と同じくナチスがこの大国から学べる教訓を求めたとしても意外ではない。他国と同じくナチスもまた、アメリカの産業の破竹の勢いや活気あふれるハリウッド文化に感嘆していた（ただし彼らのアメリカ文化への嗜好には、ジャズという「ニグロ音楽」への嫌悪の特徴が色濃く見られるが）。[12] とくにヒトラーは『わが闘争』のなかで、合衆国が世に生みだした「重要な発明という富」への称賛を言葉にしていた。[13] とはいえ、これはナチス・ドイツにかぎったことではなかったが。[14]

けれど歴史家たちは、アメリカにはとりわけナチスの考えや目的に訴えかけるものがあると指摘してきた。その一つが一九三〇年代前半のアメリカの政策である。ナチスが一九三〇年代前半に奇妙にもフランクリン・ルーズヴェルトとそのニューディール政権をしきりに褒めていたことは、これまでも知られてきた。少なくとも一九三六年もしくは三七年までは、ルーズヴェルトはナチスの出版物ですこぶる好意的に扱われていた。「独裁的な権力」をもち、総統《フューラー》と同じ精神で「大胆な実験」に乗りだした人物だと称賛されていた。[15] その手のことが、もっとはばかることなく口にされたのは、一九三〇年代に「ファシストのニューディール」とも呼ばれた政策についてだった。[16] ユダヤ系出版社から接収され、いわばナチス版『ライフ』につくりかえられた豪奢な『ベルリン画報』は、ルーズヴェルトの立派な写真入り見開き記事を掲載し、[17] またヒトラーユーゲント〔ナチスの青少年団〕の会報『意志と力』などのナチスの低俗誌は、ルーズヴェルトを「革命家」と評し、失敗するとすれば「われらが総統のように規律ある党の軍隊」をもたないことだけが理由だとした。[18] いっぽうルーズヴェルト本人はというと、少なくともドイツ・ユダヤ人の迫害に困惑し、「独裁者たち」にきつい言葉を浴びせてはいたが、一九三七年、いやそれどころか一九三九年にいたるまでヒトラーを名指しすることは慎重に控えていた。[19] 一九三〇年代前半に両政府間にはどう見ても深い友情の絆などなかったが、それでも米独関係に無条件の敵意が明らかに暗い影を落とすのはまだ先のことだった。ここで言っておくが、政治学者アイラ・カッツネルソンが近年述べたように、ニューディール政策は実は人種隔離主義をとる南部からの政治的支援にかなり依存していた。[20] 一九三〇年代前半の北部と南部の民主党員たちの関係はとりわけ親密なものだった。これから見ていくが、この時期にナチスは白人至上主義という共通の信念のもと、合衆国に「友情の手を差しのべる」ことができるに違いないと期待していた。[21]

たしかに、アメリカのニューディール政権がナチス・ドイツで好意的に報道されたことに、とりたてて意味はないとの解釈もできる。ヒトラーが独裁者になるべくルーズヴェルトを手本にしたなどとは誰も言わないだろうし、何といってもこのアメリカ大統領は、不穏な情勢下においてもこの国の立憲政治を固守する熱心な民主主義者だった。[22] 合衆国とドイツはともに大恐慌という途方もない試練に直面し、似たような「大胆な実験」に活路を見いだしたが、だからといって両国のあいだに厚い友情が生まれることはなかった。[23] それにナチスが南部の人種主義についてどう思おうと、南部の白人たちはおおむねヒトラーの支持者になりはしなかった。[24] たとえナチスがアメリカのニューディール政権を戦友とみなしたとしても、それでアメリカが真にどんな国かが決まるわけではない。

とはいえ——ここが独米関係に関する昨今の研究がますます物議をかもすところなのだが——歴史家たちはまた、ナチスによる紛うかたなき犯罪計画の一端——とりわけナチスの優生学や残忍な東欧征服——におけるアメリカの影響をも突き止めてきた。

まずは優生学から見ていこう。遺伝的欠陥をもたない「健全な」社会を築くことを目的とする優生学による容赦ない計画は、一九三〇年代におけるナチスの野望の中核をなしていた。ナチスは政権をとるとすぐに

「遺伝病子孫防止法〔断種法〕」を通過させ、一九三〇年代の終わりには、ガス方式の使用をはじめホロコーストの先駆けとなる手順のよい安楽死計画が実行に移された[25]。このおぞましい事態の背景に、アメリカの優生学運動への一貫した傾倒があったことはすでに知られている。歴史家のシュテファン・キュールは一九九四年に発表した自著『ナチ・コネクション――アメリカの優生学とナチ優生思想』のなかで、一九三〇年代の後半まではアメリカとナチスの優生学者のあいだで積極的な交流があり、実際にナチスは合衆国を「模範《モデル》」とすら見ていたことを明かして衝撃をもたらした[26]。戦間期に合衆国が世界をリードしていたのは、組立ラインによる製造やハリウッドの大衆文化だけではなかった。この国は「科学的」な優生学においても世界をリードしていたのだ。この分野を主導していたのは歴史家のロスロップ・ストッダードや、一九一六年に出版された人種主義的書籍のベストセラー『偉大な人種の消滅、あるいはヨーロッパ史における人種的基礎』を書いた法律家のマディソン・グラントなどだ。彼らは精神障害者の断種や、遺伝的に劣るとみなされる移民の排除を奨励した人物である。彼らの教えは合衆国のみならず、他の英語圏の国家においても、その移民法に浸透した。イギリス、オーストラリア、カナダ、ニュージーランドがこぞって移民を遺伝的な適合性のふるいにかけはじめた[27]。キュールによれば、アメリカの優生学はナチス・ドイツにも強い影響を与え、かの地でもグラントやストッダードをはじめとするアメリカの優生学者の研究が広く引用されていた。

　たしかに優生学の件についても、とりたてて意味はないとの解釈もできる。アメリカの優生学は実に不快なものだが、それでも集団安楽死を奨励するものではないし、一九三〇年代の末にナチスがすこぶる徹底して残虐な方向に進んだ時期は、アメリカの優生学との直接のつながりが綻んだ時期でもあった。とはいえ、優生学は当時きわめてまっとうな学問であると広く信じられ、合衆国とナチス・ドイツのどちらの国境をも超えた世界的な風潮になっていた。優生学の世界史は単にドイツとアメリカのあいだの物語として語ることはできない。それでもナチスがアメリカの例に興味をもったという話は一九三〇年代前半の優生学だけでは終わらない。一九四〇年代前半のホロコーストという悪夢の時期にも、歴史家たちはその筋書きを追ってきた。

そしてまさにここで、とりわけ居心地の悪い証拠がいくつか出てきた。ナチスの東方への拡大と並行して、アメリカの西部征服とそれに伴うアメリカ先住民との戦いが引き合いに出されたことを歴史家たちは示したのだ。この話は優生学のそれと比べて、はるかにドイツとアメリカ間に限定された内容のものだ。東方に領土を獲得し膨張を続けるドイツのために、ナチスは「生存圏《レーベンスラウム》」を手に入れる必要に駆られており、「数世代にわたるドイツ帝国主義者にとって、またヒトラー自身にとって、範となる陸の帝国はアメリカ合衆国であったのだ」[28]。ナチスの目から見て合衆国とは、「人種的に血縁であり、大帝国を建設したので、敬意を払うべき」イギリスと同格のものだった[29]。どちらも英雄的な征服計画を成しとげた「北方人種」の政体であったのだ。

しかもすでに一九二八年にヒトラーは、「数百万人ものインディアンを銃で撃ち殺して数十万人まで減らし、現在はわずかな生き残りを囲いに入れて監視している」アメリカのやり方を賛美する演説を打《ぶ》っていた[30]。さらに一九四〇年の前半に大量虐殺がおこなわれているあいだ、ナチスの指導者たちは自らの残忍な東方征服について語るさいにアメリカの西部征服を再三引き合いに出していた[31]。ドイツによる征服と絶滅計画を、ヒトラーをはじめとする者たちがアメリカの西部における勝利になぞらえた多くの引用を歴史家らは積み上げてきた。その内容は読めば背筋が凍るもので、歴史家のなかにはその重要性を否定しようとする者もいる[32]。けれどもおおかたの学者はこの証拠には否定しがたい重みがあると考えている。たとえばノーマン・リッチが強く言いきるように、「合衆国の西部拡張政策は、その過程において白人男性が「劣等の」先住民族を容赦なく押しのけるもので、これは生存圏《レーベンスラウム》というヒトラーの構想そのもののモデルになった」(33)。

これらをひっくるめて考えると、合衆国が示した手本にナチスは並々ならぬ関心を抱いていたことになる。ただし、これは慎重に語らなくてはならない話だ。合衆国がナチス・ドイツの「唯一の模範《ザ・モデル》」だと不用意に決めつけるのはたしかに行き過ぎである。アメリカに対するナチスの態度にはかなり二面性があったし、ナチスのもろもろの計画には自国内に多くの起源があった。アメリカに関して言えば、後から見ていくが少なくとも比較的よい時期には、ナチスが何より嫌うものをこれでもかと体現していた。それにナチスはたとえアメリカに先例や類似、着想を見つけたとしても、かまわず独自の道を突き進んだ。それでも、こうした研究が間違いなく教えてくれるのは、ナチスが実際に合衆国のなかに先例や類似、着想を見つけたということだ。

☆

こうした背景を知ったうえで、読者のみなさんにはこの本が提示する証拠についてじっくりと考えていただきたい。一九三〇年代前半に、のちにニュルンベルク法で謳われることになる人種迫害計画を練っていた当時、ナチスがおおいに興味をもっていたのは、いかにヘンリー・フォードが大衆向けに車を製造したかや、いかにハリウッドがマスマーケットを築いたかだけではなく、またルーズヴェルト政権の手法やアメリカの優生学、アメリカの西方への拡張だけでもなかった。アメリカの人種主義的立法や法体系の手法から得られる教訓にも、彼らはおおいに興味をもっていたのだ。

この歴史を学者たちが書いてこなかった理由は二つある。まず彼らは間違ったところを見ており、次に彼らは間違った解釈の仕方をしていた。何はさておき、彼らは間違ったところを見ていた。ゲッテルやハンケのような学者がいわばアメリカの見地から自らの問いを投げてきたのは一目瞭然だ。アメリカ人が問うのは、「ジム・クロウ」がナチスに何らかの影響を与えたのか、という点である。そして彼らのいう「ジム・クロウ」とは、アメリカ南部で施行され、一九五〇年代前半から六〇年代中頃までのアメリカの公民権運動の時代に争点となった人種隔離政策――すなわち教育・公共輸送機関・住居その他における隔離――のことだ。アメリカの人種隔離法がナチスに与えた影響を探した結果、ゲッテルとハンケは、影響はほとんど、あるいはまったくないと結論している。ところが、後から見ていくように、この結論は早とちりなものだった。ナチスはアメリカの人種隔離政策について実際に知っていたし、気にかけてもいた。そして明らかに、彼らのなかにはジム・クロウをドイツに導入できないかと関心をもつ者がいた。後述するように、ナチスの計画に関する重要文書ではジム・クロウによる隔離が決まって引き合いに出されたし、似たようなものをドイツにも導入すべきだと真剣に提案するナチスの有力な法律家たちも存在した。[34] だがゲッテルとハンケの結論における最大の問題点は、彼らの答えた問いそのものが間違っていたことにある。そもそも隔離はそれほど重要な問題ではないのだ。

アメリカ南部式の隔離がナチス政権にとってさほど重要でなかったのは事実である。だがその理由は、隔離がナチスの計画のさほど中心にはなかった、というだけのことだ。ニュルンベルク法はそもそも隔離についてまったく触れていない。この法律が重視し、また一九三〇年代前半のナチス政権が圧倒的に重視したのは、ほかの二つの分野だった。一つは市民権、もう一つはセックスと生殖である。ナチスは人種の汚染を防ぐために、「あらゆる国家には、その国民を純粋で混じり気のないものにしておく権利がある」との主張に固執していた。[35] その目的のために、人種分類に厳密にもとづいた市民権の体制を築く決意でいた。さらに、ユダヤ人と「アーリア人」との通婚を阻止し、この二つの共同体間の婚外交渉を犯罪とする意も固めていた。[36]

このどちらの分野についても、ナチスはアメリカの法律のなかに先例や権限を見いだし、これを歓迎したし、しかもそれは南部の法律にかぎったことではなかった。一九三〇年代に合衆国は、ナチスがしばしば気づいたように、人種にもとづく立法の先頭に立っていた。移民と帰化に関するアメリカの法律――一連の法律が一九二四年の移民法として結実したものだが――は合衆国への入国を「出身国」の人種表によって制限するものだった。『わが闘争』のなかでヒトラーがアメリカの人種にもとづく移民法を称賛したくだりは、奇妙にもこれまでアメリカの法学者には無視されてきたが、ナチス屈指の法律思想家たちもまた、この法律をヒトラーにならってたびたび饒舌に褒めそやした。さらに合衆国は、黒人、フィリピン人、中国人などを対象に法律上も事実上も二級市民というかたちをつくることにも先鞭をつけ、これにもまたナチスはおおいに興味をそそられた。彼らもドイツのユダヤ人を対象に二級市民という独自のかたちをつくろうとしていたからだ。そして人種の性的混合についてもまた合衆国は先鞭をつけた。アメリカは異人種間の結婚に反対する法律のいわば先駆者で、三〇の州でそれぞれ異なる体制を擁し――南部以外のものも少なくなかったが――それらすべてを（後述のように）ナチスの法律家は入念に調査し、分類し、議論していた。この世界でナチスが見つけることのできた異人種間結婚に関する法のモデルはほかになく、このことを法相のギュルトナーがとりあげたのが一九三四年六月五日の、本書の冒頭に述べた会議の場であった。移民、二級市民、そして異人種間結婚に関して言えば、一九三〇年代前半のアメリカは、高度に発達した、しかも厳格な人種法をもつ国のまさしく「典型例」であり、ナチスの法律家たちはニュルンベルク法の起草段階において、またその後も引き続きその解釈や適用において、アメリカのモデルや先例を繰り返し参照した。これは「驚くほど意味をもたなかった」とは決して言えない話だ。

さらにアメリカがナチスの立法に影響を与えた可能性を否定する学者たちは、自説をとなえるさいに間違った解釈の仕方をしていた。これまでの文献でなされた解釈は大ざっぱなものだった。直接の、修正を加えていない、しかも逐語的な模倣が見られた場合にのみ「影響」と呼べるとされてきたのだ。この前提があったがために、アメリカの人種法はユダヤ人をとくに対象にしてはいないのでナチスに影響を与えたなどありえない、とレートマイヤーは断言した。同じ前提がハンケの場合にも見てとれる。ナチスの法律はまったく別ものだとハンケは言いきったが、それは、一九三〇年代前半のドイツの法律は「ガス室に続く階段の最後の一段にすぎない」という理由からだ。[37]「分離すれど平等」との原則を適用したにすぎないアメリカの人種差別法とは違って、ドイツの法律は絶滅計画の一環だった。ハンケだけが披露したわけではないが、この主張における問題の一端は、そもそも歴史的な前提が間違っていることにある。[38]ニュルンベルク法の草案者たちは、一九三五年〔ニュルンベルク法が公布された年〕に、すでにユダヤ人の絶滅をめざしていたわけではなかった。当初のナチスの政策において関心がもたれたのは、ユダヤ民族を追放するか、せいぜいドイツ帝国内の周縁に追いやることで、その目的ですらいかに達成するかナチスの政策立案者のあいだで深刻な意見の対立が生じていた。

いずれにせよ、アメリカの法律とナチスの法律が完璧に合致しないかぎり「影響」と呼べないと考えるのは、こうした学者全員の側における解釈上の重大な誤りだ。後から述べるが、たとえユダヤ人について何の言及がなくとも、アメリカの法律をナチスの法律家らが利用するのは造作ないことだった。どのみち比較法学における影響とは単に文字通りの模倣であることなどまずありえない。影響とは、翻訳や創造的応用、選択的借用、権威づけのための引用といった複雑な営みである。借りた側はみな、いじくり回したり、改良したりするものだ。ほかのどんな政権とも同じく、それはナチスにも当てはまる。借りた側はみな、他国のモデルからスタートし、次にそれを自分たちの条件に合ったものにつくりかえる。ほかの誰とも同じく、それは極悪非道の人種主義者の借り手にも当てはまる。

影響とは、単に逐語的な借用から生まれるものではない。それは刺激を受けたり、手本にしたりするなかで生まれるもので、一九三〇年代前半、すなわちニュルンベルク法がつくられた時代の合衆国には、ナチスの法律家にとっておおいに刺激を受け、手本にできるものがあったのだ。

☆

これはどれも口に出しにくいことではある。ナチスの人種計画が西洋諸国に存在する何らかのものに影響を受けたのではないか、あるいは類似しているのではないかと問われて平静でいられない理由は一つではない。同じく、ナチズムとそれを打破した戦後の欧州の秩序とに連続性があることを認めるのも簡単ではない。誰だってナチスのおかした犯罪を相対化していると見られたくはない。とりわけドイツが弁明じみた議論におおむね加わりたがらないことは理解できる。現代のドイツはナチズムを拒絶するだけでなく、ヒトラーの下で起きたことに対する自国の責任を否定しないという道義的立場に拠って立つ。その理由から、他国の影響をほのめかすことはドイツではもっぱらご法度となっている。翻ってドイツ以外の国々も、ナチズムの起源に自国が加担したなどと非難されるのはご免である。ナチズムに影響を与えたとなれば二度と消えない汚点になるといった感覚は拭えない。根っこのところで私たち西洋諸国全体が、真の nefandum を特定する必要を感じているのかもしれない。それは私たちが自らを線引きできる、現代の比類なき恐怖の底、いかにも特異な「根源悪」――私たちが道義的態度を失わないよう導いてくれる、いわば暗黒星のようなものだ。

だがもちろん歴史はそれほど簡単にことを運ばせてくれない。ナチズムは、その前後に何の関連性もない単なる悪夢のような歴史上の挿話でもなければ、まったく前例のない人種主義的脅威でもない。ナチスは西洋の伝統における善や正義を粉砕すべく暗い黄泉の国から突然わいた悪魔であって、結局は武力によって鎮圧され、欧州本来の人道的・進歩的価値観が復活する、といった話ではないのだ。そもそも彼らが機能する伝統が西洋の政体には存在した。ナチズムとその前後に起きた事柄には連続性があったのは事実である。ナチスが刺激を受けたり手本にしたりしたものがあったのは事実で、なかでもアメリカの人種法は傑出していた。

だからといって、アメリカが一九三〇年代にナチ国家であったなどと言うつもりはない。二〇世紀初頭から中頃までのアメリカの法律はときにおぞましいものだったが、もちろんそれは違う。アメリカの法律における人種主義の傾向は、もちろん輝かしい人道的・平等主義的な傾向と共存し、また競合していた。思慮深いアメリカ人は、もちろんナチズムを嫌悪していた——ただし、なかにはヒトラーに傾倒していた者もいくらかはいた。そのうち法律家として最も有名なのは、ほかならぬロスコー・パウンドだ。ハーヴァード・ロー・スクールの学部長で、アメリカの進んだ法思想の象徴《アイコン》、そして一九三〇年代にヒトラーを気に入っているのを隠さなかった人物である。[39] いっぽうナチスの法律家たちはというと、アメリカに数多の軽蔑すべき点を見つけていた。

要はアメリカとナチスの人種体制が同じだというのではなく、ナチスはアメリカの法的な人種秩序に高く評価できる手本や先例を見つけ、そのいっぽうで、これほど悪びれず堂々と人種主義を許す国で自由主義の激しい逆行があることを嘆き、また当惑していた。私たちはこの世のあらゆる悪を合衆国のせいにしたり、この国を人種主義の歴史のみで判断したりするような単純な反米主義を拒絶できるし、またそうすべきだ。[40] けれども、我がアメリカの歴史、そしてこの国が他国に与えた影響の歴史についての厳しい問いから目をそむけることには言い訳がたたない。世界の国々にアメリカが及ぼす影響は、私たちが自国を誇りに思えるものとはかぎらない。なかにはできれば忘れてしまいたいと願う過去の諸相もふくまれるのだ。

これらの事実を顧みないかぎり、私たちはナチス・ドイツの歴史も、そして何より、もっと広い目で見た人種主義の世界史におけるアメリカの位置づけも理解できないだろう。一九三〇年代前半にナチスの法律家たちは、異人種間結婚を禁じる法律や、人種にもとづく移民、帰化、二級市民権の法律を土台とする人種法をつくることにとりくんだ。彼らは他国のモデルを探し求め、そして見つけた——それはこのアメリカ合衆国にあったのだ。

第1章　ナチスの国旗とナチスの市民はいかにつくられたか

アメリカ大陸の、人種的に純粋で、混血されることなくすんだゲルマン人は、その大陸の支配者にまでなった。かれらは、自分もまた血の冒瀆の犠牲となって倒れないかぎり、支配者であり続けるだろう。

――アドルフ・ヒトラー『わが闘争(1)』

一九三五年九月一六日付の『ニューヨーク・タイムズ』紙に目をとめたのは、私のほんの好奇心からだ。その日のトップ記事は、人種主義の近代史のなかでも指折りの暗い一幕を、太字の見出しでこう報じていた。「帝国《ライヒ》は鉤十字章を正式な国旗に採用。「侮辱」へのヒトラーの返礼(2)」。アメリカの大半の新聞と同じく『ニューヨーク・タイムズ』紙は、戦間期の最も悪名高き人種立法とされる「ナチスのニュルンベルク法」がその前日に公布されたことを伝えた。そしてその下にあまり目立たぬ文字で、ニュルンベルクと聞いてこんにち私たちが想起し、そして嫌悪するもの、すなわち「反ユダヤ法が通過。非「アーリア人」から市民権と異この法律こそ、ホロコーストに行き着くドイツでの本格的な人種主義的国家の創設を予見させるものだった。なぜこれを、アメリカの新聞はトップ記事にしなかったのだろうか。

その答えは、そもそもニュルンベルク法が誕生した政治的背景に関係する――そして一九三〇年代前半のナチス・ドイツとニューディール政策下のアメリカとの関係が、いかに複雑で二面性をもっていたかを裏打ちするものでもある。一九三三年から三六年にかけての心胆寒からしめる不穏な時期に、ナチスは合衆国をどう見ていたのだろうか。たしかに強い反米感情、アメリカのユダヤ人に対する嫌悪、そしてこの国の憲法に謳われた価値観に対する軽蔑が顕著だったときもある。それでも良好な米独関係への期待、そしてどちらも「北方人種」の優越性を真剣に守ろうとする国であるとの同胞意識をナチスが表に出すときもあったのだ。

九月一六日にアメリカの新聞に躍ったこの見出しは、そもそもアメリカのユダヤ人に対してナチスが抱く嫌悪にからんだものだった。実のところニュルンベルク法は、鉤十字旗を「侮辱」されたことに対してのナチス・ドイツからの返礼として世界に発表されたのだ。問題となったこの「侮辱」が発生したのはニューヨーク市。一九三五年七月下旬に起きた、いわゆるブレーメン事件のことだ。このとき、ドイツの大洋航路船ブレーメン号にはためく鉤十字旗が、暴徒の手で引きずりおろされた。犯人たちは逮捕されたが、その後ルイス・ブロッドスキーという名のユダヤ人判事によって全員が釈放された。このブロッドスキーがくだした判決への返礼として、ナチスは三つのニュルンベルク法のうちドイツ国国旗法を最初に公布し、鉤十字をドイツ国家の唯一の国章にすると高らかに宣言したのだ。したがってドイツで鉤十字章が勝利したことは、ナチスがアメリカの自由主義の風潮とアメリカ社会でのユダヤ人の立場を真っ向から否定したことを、いくらか象徴的にあらわしていると言える。

けれど後の二つのニュルンベルク法――ドイツのユダヤ人から市民権と異人種婚の権利を剝奪するという、私たちがこんにちニュルンベルク法として記憶するもの――は違った。これらの法律は、ナチスがアメリカを否定することを世に知らしめるためのものではない。それどころかニュルンベルクでこの二つの反ユダヤ新法を公布したときのヒトラーとゲーリングの演説は、ルーズヴェルト政権や合衆国への友愛の言葉で飾られていた。本章と次章で見ていくように、これはまったく嬉しくない事実なのだが、当節ニュルンベルク法と呼ばれるこの二つの反ユダヤ法は、ドイツがアメリカのあらゆる価値観をきっぱり否定するどころか、アメリカの人種法の例にかなりの関心や敬意を払う空気のなかでつくられた。この立法によって、ドイツの法律がかつてないほどアメリカの法律と肩寄せ合うことになったのだ。

最初のニュルンベルク法――ニューヨークのユダヤ人とナチスの旗

こんにち「ニュルンベルク法」と言うとき私たちの頭に浮かぶのは（ナチス時代のドイツ人と同じく）[3]三つの法律のうちの第二と第三の法律だけだ。ユダヤ人を二級市民の立場に貶める「公民法」、そしてユダヤ人と「アーリア人」との結婚および性的関係を犯罪と定めた「血の法」である。ところが一九三五年九月一五日にニュルンベルクでひらかれた「自由のための党大会」とナチスが名づけた場で可決された法律は、実際には三つあった。このニュルンベルク法をめぐっての駆け引きや、一九三〇年代前半のナチスの法観念にアメリカがどんな位置を占めていたかを説明するには、まずアメリカの新聞が最初にとりあげた話題からはじめるのがよいだろう。三つのうちの最初のドイツ国国旗法、そしてそのきっかけとなったブレーメン事件である。国旗法が生まれた経緯をたどってみると、一九三〇年代前半のニューディール期のアメリカに対するナチスの態度には、敵意と暫定的な友好といった二つの相反する混濁した傾向があったことが見えてくる。

ブレーメン事件は一九三五年七月二六日にニューヨークで発生した。暑い夏の盛りのことで、外交上の衝突、そして街頭ではヒトラーに反対するニューヨーク市民と、ドイツを支持する活動家との暴力沙汰が目立っていた。(4) その晩、警察の報告によれば「共産主義のシンパ」を含む一〇〇〇人ほどの暴徒が、ドイツの技術の誉れとされる、大西洋を渡る最速大型客船ブレーメン号を襲撃した。(5) そのうち五人が船によじのぼり、掲げられていた鉤十字旗をはぎとると、ハドソン川に投げ捨てた。

五人は逮捕されたが、この一件で外交上の危機が発生し、以後何週間もくすぶり続けた。事件の直後、ことをおさめようと合衆国国務省は、「ドイツの国章が……それにふさわしい敬意を払われなかった」ことへの遺憾の意を伝える書簡を送った。(6) ニューヨークの街でヒトラーへの反感がどれほどあろうが、とりあえずこの時点では、政府は第三帝国と良好な関係を維持したいと強く望んでいた。(7) ところが夏のあいだじゅうドイツの報道機関はこの事件を盛んにとりあげた。危機が最大の山場を迎えたのは九月六日、ニュルンベルクでナチスの党大会の開会式がひらかれる一週間前のことだ。この日、マンハッタンの判事ルイス・ブロッドスキーは逮捕された五人の釈放を命じ、さらにその意見表明にあたって弁舌をふるい、アメリカの自由の名のもとにナチズムを激しく糾弾したのだ。

ニュルンベルク法のきっかけをつくったニューヨークのユダヤ人、ルイス・ブロッドスキーは、国際的な外交危機のただなかで思いがけず主役を務めることになった。その経歴は、二〇世紀初頭のアメリカがユダヤ人に与えた機会と障壁の両者に大きく左右されたものだった。ブロッドスキーは一九〇一年に一七歳という驚くべき若齢でニューヨーク大学のロー・スクールを卒業した。(8) ところが二〇世紀初頭のアメリカでは、ユダヤ人の法律家は一流の法律事務所に入ることも権威ある裁判官の職に就くこともまず難しかった。たし

図1　『ブラッドフォード・エラ』紙より、ルイス・B・ブロッドスキーの写真。1935年。

かにナチス・ドイツよりも合衆国のユダヤ人のほうがはるかにましだが、それでも厳しい状況には変わりなく（一九三〇年代前半のナチスの文献が嬉々として報じたように[9]）、そこでブロッドスキーは別の道に進んだ。民族的マイノリティの利益をもっぱら促進する、ニューヨークの民主党の腐敗した政治マシーン、タマニー・ホールの後ろ盾により、マンハッタンのダウンタウンにある「墓場《トゥームズ》」と呼ばれる拘置所で下級判事の仕事にありついたのだ[10]。

「墓場」の判事はかなり下っ端の司法官で、保釈聴聞会や夜間法廷といった仕事を割り振られたが[11]、タマニー・ホールが任命する人物には決まって汚職の影がつきまとった（ブロッドスキー自身も一九三一年に汚職の容疑をかけられたがどうにか切り抜けた[12]）。とはいえコネではいった下級官職の立場を利用して、ブロッドスキーはあたかも連邦最高裁判所の判事が述べるような、市民的自由の擁護者たる意見を朗々と披露する人物だった。タマニー・ホールの政略から恩恵を受けていたかもしれないが、それでも彼は（他のタマニーの面々と同様に）[13]合衆国憲法で認められた権利の熱心な擁護者でもあった。一九三一年には、ポルノ小説の出版を許可して物議をかもした。[14]一九三五年四月には、グリニッジ・ヴィレッジのクラブで逮捕された二人のヌードダンサーを釈放し、「もはや裸はわいせつとはみなされない」と警察裁判所の判事席から堂々と宣言し、またも世間を賑わせた。[15]（同じ晩に、ミンスキーズ・バーレスク〔当時ニューヨークで人気を博したミンスキー兄弟の興行によるストリップショー〕に出ていて逮捕されたヌードダンサーたちは、別の判事からあっさり罪を問われたが）[16]。九月上旬にブレーメン号を襲った暴徒たちが眼前に並んだとき、ブロッドスキーは、アメリカの価値観を明言しナチスに非を鳴らすこのチャンスを逃さなかった。彼いわく鉤十字旗は「海賊の黒旗」で、合衆国が反対するありとあらゆるものの象徴である。これを掲げることは、すなわち「すべての人間はその創造主によって生命、自由、および幸福の追求をふくむ不可侵の権利を与えられているとのアメリカの理想に真っ向から楯突く、ありとあらゆるものを象徴する旗を、理不尽に厚かましくも掲げることだ……［ナチズムがあらわすのは］文明に対する反逆である――つまり生物学的な考えを借用すれば、野蛮とはいわずとも中世以前の社会的・政治的状況に先祖返りすること」なのだ。[17]これはまったくあらゆる点で物議をかもす発言で、ブロッドスキーに神のご加護をと祈りたくもなるが、それでもはたして警察裁判所の下級判事にこうした意見を述べる資格があるのか、ついでにいえば暴徒らを釈放する法律上の明確な根拠があるのかもはなはだ怪しかった。

　いずれにせよブロッドスキーはユダヤ人だったので、彼の意見表明はナチスの食いつく格好のえさになった。ルーズヴェルト政権はまたもあわてて彼の行為を否定しにかかった。政府はニューヨーク州知事ハーバート・リーマンに働きかけ、ブロッドスキーのしたことは越権行為に当たるとの声明を出させた。また国務長官のコーデル・ハルはニュルンベルク法が公布されたその日に、第三帝国に正式な謝罪を表明した[18]。とはいえ、宣伝相ヨーゼフ・ゲッベルスはすでにブロッドスキーの一件をナチスの政治目的に利用しようと決めていた。

はたしてブロッドスキーの意見表明はナチスにとって願ってもない宣伝材料になった。第三帝国の支配を確固たるものにする好機が舞い込んだのだ。自身の意見表明のせいでブロッドスキーは、ナチス・ドイツでの政治的シンボルをめぐる争いに巻き込まれるはめになった。ときは一九三五年九月、ニュルンベルクでの「自由のための党大会」が間近に迫るなか、こと政治的シンボルに関して言えば、ナチスによるドイツの乗っ取りはまだ終わっていなかった。一九三三年一月にヒトラーが政権を握った当初、ナチ党は他の右派勢力、すなわちパウル・フォン・ヒンデンブルク大統領やクルト・フォン・シュライヒャー前首相といった重鎮をはじめとするナショナリストの保守派と連立政権を組むことを余儀なくされた。彼らはヴァイマル共和国の民主路線を嫌い、ナチスと協調することもやぶさかでなかったが、ナチスの政策とは一定の距離を置いていた。このナショナリストの保守派たちが、ヒトラーを自身が操れると踏んで第三帝国の首相に据えるという悲劇的な計算違いをやらかしたのだ。周知のとおり事態は急展開し、すぐに彼らは判断を誤ったとわかる。一九三三年一月三〇日にヒトラーが政権の座について数週間のうちに、ナチスは完全なる支配への道程を着々と進み、その間、ドイツが独裁体制に陥りつつあることを示す、よく知られた悪夢の出来事が続いた。二月二七日の国会議事堂放火事件、三月五日の選挙、そしてとうとう三月二四日に全権委任法が成立し、ついにヒトラーに独裁的権限が授けられた[19]。

だがこの身の毛もよだつ展開のさなか、そしてその後も、ヒンデンブルクは大統領の座にとどまった。さらに一九三四年の夏に彼が亡くなった後も、ナショナリストの保守派はいまだ第三帝国の政権の一翼を担い続けた。なるほど彼らはドイツ国内で権力を共有する権利を、公式のシンボルを通して認められていた。一九三三年三月一二日付で公布されたヒンデンブルク大統領による特別の法令によって、他の諸外国はどこも一つの国旗しか掲げないというのに、ドイツ帝国は二つの国旗を掲げることになったのだ。一つは鉤十字旗で、ナチズムが成し遂げた「ドイツ国家の力強い復活」をあらわすものだとヒンデンブルクの法令は説明した。そして、それと並んで掲げられる黒白赤のシンプルな旗は、伝統を重んじる右派の象徴的領域である「ドイツ帝国の輝かしい過去」をあらわすものと説明された[20]。この二面性をもつ特異な国家のシンボルを、カール・シュミット〔議会制民主主義を批判したドイツの思想家・政治学者〕は、ヴァイマル体制に反対する一集団を別の反対集団よりも決定的にもちあげることなく「ヴァイマル体制を仰々しく否定する」やり方だと称賛した。だがこれはいわばナチスの権力の限界を見せつけるものだった。国家のシンボルからすれば、たしかに両国旗が並んで翻るかぎり、ドイツはまだナチス・ドイツではなかった。それでもナチスには、自身の急進的計画への全面的な同意を迫らずとも、有力な官僚組織の多くを占める保守派の支持を得られる利点があった[21]。

一九三五年九月までには、ナチスはナショナリストの保守派を駆逐することにかなりの成果をあげていたが——ときにはそれこそシュライヒャーにしたように彼らを殺害することで——それでも両国旗がうっとうしくも並んで掲げられる象徴的状況にいまだ甘んじるほかなかった。ところがブロッドスキーが暴徒たちを釈放する判決をくだしたことで、ゲッベルスにはこの保守派のシンボルを切り捨てるうまい口実ができたのだ。「ニューヨークの判事ブロッドスキーがドイツの国旗を侮辱した」とゲッベルスは日記に書いた。「……われわれの答えはこうだ。ニュルンベルクで帝国議会をひらき、鉤十字旗をわれわれの唯一の国旗にすると宣言するのだ[22]」ニュルンベルクはナチスが単独支配を決定的に手にしたことの象徴として記憶に刻まれ、これは言わずもがなドイツにいるブロッドスキーの同胞のユダヤ人らを締めつける格好の機会にもなる。さらにこの「自由のための党大会」の場で、ここ二年あまりかけて熱心に準備してきた二つの反ユダヤ法も一緒に公布すればいい。

というわけでこのニュルンベルク法は、マンハッタン警察裁判所のユダヤ人判事から受けた「侮辱」への「返礼」として世に出された。けれどもここで注意すべきは、この法律が、アメリカを象徴するありとあらゆるものを否定すべく出されたものではないということだ。アメリカを非難せずに、ニューヨークのユダヤ人であるルイス・ブロッドスキーを非難することに何ら支障はなかった。ドイツのある著述家がルーズヴェルトへの賛美を記した一九三五年の著書で述べたように、結局のところニューヨーク市は、「アメリカ」とはほぼ無縁といってもよかった。要はニューヨークとは「さまざまな人種を代表する者」が寄り集まって「ごた混ぜの考えや集団」を生みだす場所、「ユダヤ人の多大な影響」が著しい場所であり、ゆえにコロンビア大学のような組織が「急進派」の拠点となっていた。それに比べて真のアメリカは、アングロ・サクソンとプロテスタントのものだ(23)。ドイツの人種主義者たちは「ユダヤ的」なニューヨーク市について、長らくこの手の嘲笑めいた言葉を投げてきた(24)。

そして党大会が招集されるや案の定、ナチスの指導者たちは自身が闘う相手はユダヤ人であって合衆国ではないと周到に宣言した。この新たな法律について演説するさいにヒトラーはわざわざ話を中断し、ルーズヴェルト政権がブロッドスキーのことを「至極まっとうにも」否定したことを褒めたたえた(25)。そもそもニュルンベルク法の目的は、そこらじゅうにいる「ユダヤ分子」に非を鳴らし、国家社会主義の「正しさ」を確認することにある、とヒトラーは説明した(26)。またゲーリングはこの新法を正式に発表する演説のなかで、ドイツはアメリカ国民に同情の意を表さざるをえないと付け加えた。言うなればアメリカ人は自国に反ユダヤ法というありがたいものがないばかりに、「高慢なユダヤ人」のブロッドスキーによる無礼千万な行為を

図2　ニュルンベルク法公布のために招集された帝国議会。出典：Ullstein Bild©Getty Images.

「否応なく見せられて」いるのだ。[27]

ナチスのいかなる演説も、当然ながら額面通りに受けとってはならない。それでもルーズヴェルト政権にことさら敬意を表し、アメリカの反ユダヤ主義者への支持をいやしくも誓ったヒトラーとゲーリングのニュルンベルクでの演説は、他の数多の情報源からわかっていることとも辻褄が合う。一九三五年の時点で合衆国に対するナチスの態度は、必ずしも明快な敵意にまで硬直してはおらず、アメリカ政府のほうもヒトラーとの共存をまだあきらめる心づもりはできていなかった。歴史家のフィリップ・ガザートの綿密な判断によれば、ナチス・ドイツで合衆国が「モデルの役割を最終的に失った」のは、早くて一九三六年の初頭、とりわけ一九三七年のことだった。[28]

だからといって、一九三〇年代前半に両国がすこぶる円満な関係にあったわけでもないし、ナチスが嫌悪するものがアメリカにいっさいなかったわけでもない。ドイツで起きていることについて、アメリカの新聞雑誌が数々の忌まわしい記事を掲載したのは事実で、こうした記事はナチスの上層部にとってたしかに悩みの種だった。ブロッドスキーの言う「すべての人間はその創造主によって生命、自由、および幸福の追求をふくむ不可侵の権利を与えられているとのアメリカの理想」を、ナチスが嫌悪していたのも間違いない。それでもナチスが権力を掌握して数年のうちは、たとえ合衆国がいまだ時代遅れの自由主義や民主主義の形態にしがみつき、人種混合の脅威に屈しかねない国だとしても、それでもこの国は根っこのところで同族の、「北方人種」の政体であるといった意識がドイツにはまだ広く残っていた。

　そのせいか、この時期にドイツで書かれたアメリカについての報告を読むと、まったくもってぞっとさせられる。アルブレヒト・ヴィルトを例にあげよう。ヒトラーの写真が口絵に並ぶ、ナチスの読者向けの世界史として一九三四年に上梓された自著『民族主義的世界史』の冒頭で、ヴィルトはドイツの読者にアメリカのことをこう説明した。「二〇〇〇年紀──〔第一次世界〕大戦にいたるまでの──における諸国家の歴史のなかで最も重要な出来事は、アメリカ合衆国の建国である。これによって世界征服に向けたアーリア人の闘いは最強の支柱を得た[29]」。現代のアメリカ人はときに建国について耳の痛いことも言わざるをえない。サーグッド・マーシャル〔合衆国史上初の黒人最高裁判事〕が悔しげに述べたように、合衆国憲法は「そもそも最初から欠陥があったため、こんにちわれわれが基本的なものとして享受する個人の自由と人権への敬意……を獲得するために、幾度もの修正、南北戦争、そして容易ならざる社会改革の達成を必要とした[30]」。建国の父の多くが現代では非難されてしかるべき信条をもっていたのは誰もが知るところだが、それでもナチスが合衆国の建国を、「世界征服に向けたアーリア人の闘い」における歴史的転機だと語っていたと聞けば一瞬言葉を失う。

　ヴィルトだけではない。彼は一九三〇年代前半の一般的なナチスの世界史観を述べたにすぎない。たとえば一九三六年に刊行された体裁のよい大冊『白人種の至上性』の著者ヴァールホルト・ドラッシャーによれば、合衆国の建国は白人至上主義が世界に台頭する「最初の決定的な転機」となった。[31]そして第一次大戦以降、アメリカは「白人種の指導的役割」を担い、アメリカの人種主義の数世紀にわたる誓いを果たしているのだ。[32]アメリカの貢献なくして「白人種の意識的団結は決して生まれなかったであろう」[33]。たとえば一九三三年にナチスの有力なイデオローグであるアルフレート・ローゼンベルクが述べたように、こうした意見は繰り返し発せられた。[34]またヒトラー自身も「アメリカ大陸の、人種的に純粋で、混血されることなくすんだゲルマン人は、その大陸の支配者にまでなった。かれらは、自分もまた血の冒瀆の犠牲となって倒れないかぎり、支配者であり続けるだろう」と断言した。[35]

アメリカについてのこうした（そしてこれから本書で引用するさらに多くの）ナチスの発言に向き合うときに、むろん冷静さを失ってはならない。一九三〇年代前半にアメリカの白人至上主義がドイツでいくら賛美されていたとしても、合衆国はおそらく人種主義におけるその歴史的使命をまっとうできないというのが大方の予想だった。ナチスのなかで最も好意的な見方をしていた者ですら、アメリカとの友好を長い目で見てあてにできるか確信はもてなかった。[36]『月刊国家社会主義』は一九三三年一一月に「合衆国とわれわれ」についての特集号を出してドイツとアメリカの類似点をいくつかあげたが、それでもアメリカの今後の展開にまつわる不安材料についても触れ、さらにアメリカの新聞雑誌が報じた醜聞への怒りもあらわにした。[37]合衆国への親近感を頻繁に口にはしても、ナチスは自分たちのかかわる相手がいったい何者なのか判断できずにいた。

それでも当時のナチスの著述家たちはアメリカの法律と社会に人種主義の傾向があることをよく承知しており、ときには声に出してこれを称賛した。ニュルンベルク法が起草される時期に、彼らはもっぱら合衆国をイデオロギー上の生来の敵ではなく、むしろ先達か、今後の旅の道連れとすら見ていた。ナチスの目から見てニューディール政策初期のアメリカは、少なくともニューヨーク市を一歩出れば、白人至上主義が深く根づいた国だった。一九三五年にゲーリングの演説を聞いて喜んだ「アングロ・サクソン系」のアメリカ人がはたしてどれほどいたかは知りようもないが、ブロッドスキーのような人間を「高慢なユダヤ人」と見ていた者は決して少なくなかったはずだ。

こんにちニュルンベルク法として記憶される、ナチスの新たな二つの反ユダヤ法がつくられた当時の空気にも、アメリカに対するこのためらいがちな親近感が目立っていた。つまり、私たちにはなかなか受けいれがたいことだが、ニュルンベルク法は何カ月にもわたるナチスの議論の産物であり、そこには合衆国の人種法との頻繁で熱心な、そしてしばしば賛美のこもったかかわりがあったのだ。

第二のニュルンベルク法――ナチスによる市民の規定

こんにちニュルンベルク法と呼ばれる二つの反ユダヤ法は、「自由のための党大会」でヘルマン・ゲーリングがその本文を読みあげたのだが、かなり短いものなので、主要な条項の全文を引用することが可能だ。『ニューヨーク・タイムズ』紙が正確に報じたように、最初の法律である「ドイツ国公民法」は一般に「公民法」と呼ばれるが、これは「ドイツ国公民」と単なる「ドイツ国民（国籍保持者）」を区別するものだ。その目的は、完全な政治的権利をドイツ民族《フォルク》に属する者だけに限定して与えることにあるが、このドイツ民族とはドイツ民族共同体という神秘主義的な解釈にもとづくものだった。

ドイツ国公民法

第一条

一　国民 Staatsangehöriger とは、ドイツ国の保護団体に属し、このために特別の義務を負う者をいう。

二　国民の資格はドイツ国公民・国籍法の規定に従ってこれを取得するものとする。

第二条

一　ドイツ国公民 Reichsbürger はドイツ人またはこれに類縁の血を有する国民に限られ、公民はその行動を通じて、ドイツ民族およびドイツ国に誠実に奉仕することを欲し且つその能力を有することを証明しなければならない。

二　ドイツ国公民権はドイツ国公民証の交付を受けることによってこれを取得する。

三　ドイツ国公民は法律の規準による完全な政治的権利の唯一の担い手である。(38)

もう一つの法律である「ドイツ人の血と名誉を守るための法」は一般に「血の法」と呼ばれるが、これはユダヤ人とドイツ人との結婚および性的関係、そしてユダヤ人がドイツ人女性を家政婦として雇うことを禁じるというものだ。異人種間の結婚については二つの条項が定められた。一つに、これは民法上、無効であるとし、二つに、これは犯罪行為とされた(「血の法」には、ユダヤ人が自身のユダヤの旗を掲揚することを許可する、といった嘲笑的な条項もふくまれた。ゲーリングが帝国議会でこの条項を読みあげると、その場にいた議員たちが「どっと笑った」との報告がある)(39)。この「血の法」では、「ユダヤ人」とは誰をさすかという難しい問題が未解決のまま残された。

ドイツ人の血と名誉を守るための法

ドイツ民族が生き延びるにはドイツ民族の血の純粋性を守ることが不可欠だと知って慄《おのの》いた帝国議会は、ドイツ国家を今後永久に維持すべく不屈の決意に駆られ、次の法律を満場一致で可決し、よってこの法律が公布されることとなった。

第一条

一　ユダヤ人と、ドイツ人の血またはそれと類縁の血を有するドイツ国民の結婚はこれを禁止する。この禁止を犯して行われる結婚は、たとえそれが本法を回避するため外国において行われた場合においても無効とする。

二　無効の告訴は検察官のみが、これを提起することができる。

第二条　ユダヤ人とドイツ人の血またはこれに類縁の血を有するドイツ国民とが内縁関係を結ぶことは、これを禁止する。

第三条　ユダヤ人がドイツ人の血またはその類縁の血を有する、四五才以下の女子ドイツ国民を女中として雇用することはできない。

第四条

一　ユダヤ人によるドイツ国旗の掲揚およびドイツ国記章の表示は、これを禁止する。

二　これに代えてユダヤ人がユダヤ人章の表示をなすことは、これを許可する。右の権利行使は、国家がこれを保護する。

第五条

一　本法第一条に定める禁止に違反する者は、重懲役に処する。(40)

二　本法第二条に定める禁止に違反する者は、軽懲役または重懲役に処する。

三　本法第三条または第四条の規定に違反する者は、一年以下の軽懲役並びに罰金刑、またはその何れか一方の刑に処する。(41)

このニュルンベルク法の人種主義をアメリカで大きく報じた数少ないメディアの一つ『ニューヨーク・ヘラルド・トリビューン』紙によれば、この忌まわしい法令をゲーリングが読み終えると、集まっていた帝国議会の議員たち、すなわち「大半が褐色の制服を着た六〇〇人あまりの男たちが跳びあがって」喝采した。(42)

ここで問うべきは、この迫害計画を立てるうえでナチスがアメリカから何らかの着想を得たのかどうかだ。最初にこの問いを正しく提示することが肝心だ。ニュルンベルク法には何が書かれておらず、逆に、この時代のアメリカの法律には何が書いてあったのか。それを知っておく必要がある。ニュルンベルク法がめざしたのは、アメリカの人種隔離や南アフリカのアパルトヘイトのような制度を設けることではなかった。この法律には二つの目的があったが、一つは市民権にまつわるナチスの新たな法律をつくること、もう一つは異人種間の性的関係と結婚——本書ではアメリカの呼称である「異人種混交 miscegenation」を用いることにする——にまつわるナチスの新たな法律をつくることだ。そしてアメリカはどうかというと、市民権と異人種混交のどちらも戦間期における同国の人種法の中心をなしていた。隔離というのは、単にその一部にすぎなかったのだ。[43]

この最後の点にとくに注目してほしい。当節アメリカ人が人種法の歴史について考えるとき、南部のジム・クロウ法下の隔離政策にどうしても目がいってしまう。一九五〇年代にブラウン対教育委員会判決〔一九五四年、連邦最高裁が公立学校における白人と黒人の別学を定めた州法を違憲とした〕が転機となって、近代アメリカの人種法に対する私たちの認識が切り替わった。[44]以来アメリカの人種問題は、ブラウン判決とプレッシー対ファーガソン判決〔一八九六年、連邦最高裁が「分離すれど平等」の原則を確立し隔離政策を容認〕の対立という枠組みでとらえるのが通例になった。[45]人種法と聞いてアメリカ人の頭に真っ先に浮かぶのは、白人と黒人とで学校が分離され、水飲み場も別で、黒人はバスの後部座席に座らされる、などといったこと——こうした慣行が、初期の公民権運動の時代に大規模な座り込みや抗議運動、激しい衝突を引き起こした。人種法と隔離とをこのように同一視することは、アメリカがドイツに与えた影響を扱ったあらゆる英語文献を方向づけてきた。その理由から、アメリカの人種法がナチスに影響を与えたか否かを問うさいに、学者たちが問うたのは「アメリカの人種隔離法」の影響のほどだった。[46]とはいえアメリカの人種法はつねに隔離よりはるかに多くのものを内包し、それは戦間期のヨーロッパでもよく知られていた。このことを頭に入れておかないかぎり、ナチスの法律家が「北方人種」のアメリカをどう見ていたかはおそらく理解できない。

ブラウン判決以前のアメリカの人種法は、厳密には異なる法の領域に広くまたがっていた。プレッシー判決における「分離すれど平等」といった隔離政策だけでなく、インディアン法、[47]中国および日本からの移民を標的にした排斥法[48]、さらに民事訴訟や選挙法における各種制限まで存在した[49]。アメリカでとくに目をひくのは、黒人やアメリカ先住民、フィリピン人、プエルトリコ人に対して、法律上ならびに事実上の二級市民という目新しい制度をつくったことだ[50]。また州レベルでの異人種混交禁止法も、とりわけ顕著な特徴だった[51]。これは公民権運動時代の終わり間近、一九六七年のラヴィング対ヴァージニア州判決〔連邦最高裁が異人種混交禁止法を違憲とした〕によってようやく撤廃された[52]。連邦レベルでの移民・帰化法も同じで[53]、一九六五年に移民・国籍法が制定されるまでは――一九六八年に完全に施行された――人種にもとづく移民と帰化の措置が事実上、存続していた[54]。この多岐にわたるアメリカの人種法は、いくつかの面で優生学と密接なつながりをもっていた。とくに移民法と異人種混交禁止法は、優生学的見地から人種的に健全な集団を維持することに関連した方策だとの説明がしばしばなされてきた[55]。いっぽう隔離や二級市民の創設といった面は、優生学とそれほどまでの関連はなかった。それらはまた別のかたちの排除や迫害であって、人口工学というよりも「法的地位の剥奪」にからむものだった。

そしてこれらすべての領域で、合衆国はその法のもつ活力と斬新さでは並ぶものがなかった。二〇世紀前半のアメリカは人種法における世界のリーダーであり、その立法にかける情熱は、ナチスだけでなく世界のいたるところで称賛されていた。これもまた、アメリカの独創性が輝いた数ある領域の一つだったのだ。

アメリカ――人種主義的移民法における世界のリーダー

アメリカの異人種混交禁止法は、次の第2章のテーマとする。したがってここではまず移民、帰化、そして市民権にかかわるアメリカの法律を見ていこう。

ナチスの法律家がアメリカに魅せられた点は、ナチスの世界史家も注目したこの国の建国時代にまでたどることができる。ナチスの著述家たちも知るとおり、アメリカはそもそも建国当初から人種的排他主義の歴史をもつ国である。最初の議会が招集されたさいになされた多くの歴史的立法のなかに、一七九〇年の帰化法があり、これは「自由な白人であるすべての外国人」に帰化を認めるというものだった。[56] あるナチスの評者が一九三六年に述べたように、これは当時としては異例のことだ。一八世紀に人種制限は前代未聞というわけではなかったが、まず珍しいことだった。[57]

とはいえナチスを（さらに他のヨーロッパの人種主義者も同様に）惹きつけたアメリカとは、もっぱら一九世紀後半から二〇世紀初期のアメリカだった。あるナチスの有力な著述家が一九三三年にアメリカの移民の歴史をこう要約している。「一八八〇年代までの合衆国は進歩的な自由志向の概念に導かれ、自国を抑圧された万人の避難所とみなし、よって移民の禁止はおろか移民の制限すらも、自由な憲法に矛盾すると考えられた」。[58] ただし一八八〇年代以前に、制限がいっさいなかったわけではない。南北戦争以前には多くの州、とりわけ中西部の州が自由黒人の定住を防ぐ法律を導入し、[59] 一八五〇年代にコネティカットとマサチューセッツの両州は、望ましくないアイルランド系移民の入国を公式には禁じることなく阻止しようと「読み書きテスト」を導入した。[60] とはいうものの広い目で見れば合衆国は、一九世紀の三分の二までは国境のひらかれた国で、言わずもがなヨーロッパから大量の移民を引きよせた国だった。

ところが一八七〇年代後半を契機に、アメリカの移民と帰化の法律は方針を転換した。この変化には、アジアからの移民の到来が大きくかかわっていた。[61] 一九世紀後半のアメリカの移民立法は、とくにアジア人を排除の対象とし、[62] 一八七〇年代にカリフォルニアで中国人を排除する州法が成立したのを皮切りに、[63] 一八八二年には連邦政府による中国人排斥法が制定された。[64] 日本からの移民も同じく標的となり、何十年もの経緯を経て、ついには大日本帝国と合衆国との危険な外交摩擦につながっていく。[65] ところが世紀末になると排他主義的運動は、アジアからの移民というすでに察知された問題から再びヨーロッパに目を向けはじめた。とりわけ重要な一八九六年の法案は、読み書きテストを用いて移民を制限する意図があった。[66] この法案はクリーヴランド大統領によって拒否権を行使されたが、[67] 二〇世紀に入っても引き続き一連の措置が講じられた。初めは一九一七年のアジア移民禁止区域を定めた移民法だ。これにより（その名が示すとおり）アジアの広範な地域を望ましくない者の出身地と定め、ここからの移民に対し、同性愛者や知的障害者、無政府主義者などとともにその入国を禁止した。[68] 続いて「出生国」に応じた二つの主要な移民と帰化の法律が成立した。一九二一年の緊急移民割当法[69]ならびに一九二四年の移民法だ。[70] とくに後者は明らかに「人種にもとづく」もので、「東欧や南欧の「望ましくない人種」よりも北欧や西欧の「北方人種」」を優遇するものだった。[71]

ただし、合衆国だけがこうした対策を講じたわけでないことは留意すべきだ。ナチスは重々承知していたが、何しろアメリカはもっと広大な由緒あるブリティッシュ・ワールドの一角なのだ。イギリスの帝国主義は世界をまたにかけて「自由な白人男性による民主主義」のネットワークを築き、一八九〇年にコロンビア大学教授のJ・W・バージェスが「民族的に単一」の諸国家だと讃えて反響を呼んだものを維持する積極的な共通姿勢を披露した。[72] そこにふくまれるのはカナダとニュージーランド、[73] それから一八四〇年代後半に始まったカリフォルニアでの類似の運動と連関する中国排斥運動の拠点オーストラリア、[74] そして言わずもがな南アフリカだ。[75] 一九三六年にイギリスのある人口統計学者は、この英語圏の世界をこう表現した。「非ヨーロッパ人を排除する目的で合衆国とイギリス連邦自治領が過去五〇年かけて築いてきた囲いには、ほとんど隙間がない[76]」。これから見ていくが、この英語圏の手法をナチスは熟知し、合衆国のみならず、さらに広域のイギリス連邦自治領のなかにも手本を探していた。

それでも一九世紀の後半に、ドイツをはじめとする世界の目から見て先頭に立っていたのは合衆国だった。一九世紀後半以降に合衆国は、「国籍や移民に関して露骨な人種主義政策を立てるうえでの指導者《リーダー》」とみなされるようになり、[77] 移民と帰化に関するアメリカの手法はナチスが台頭するかなり前からすでにヨーロッパで注目を浴びていた。

注目のいくらかはアメリカの展開を嘆くヨーロッパの左派から寄せられた。わけてもフランスの文献に敵意のこもった口調が目立った。「自由、平等、友愛」という共和主義の伝統を擁するフランスの識者は、アメリカの民主主義が人種主義を臆面もなく披露することにしばしば面食らった。たとえば一九二七年にフランスの社会思想家アンドレ・シーグフリードは、アメリカ社会についての研究を発表し、移民政策とは、この国の不穏なほど広がる人種主義が機能するために欠かせないものだと考えた。[78] フランスの他の著述家たちもアメリカのことを似たように見ていた。[79]

とはいえ他国にはアメリカの試みをもっと好意的に見ている者もいた。アメリカの移民法は英語圏全体に影響を与え、[80] さらにヨーロッパ大陸の人びとをも惹きつけた。[81] なかでもとくに無視できないのは、アメリカの移民法が、話題を呼んだとある本で注目されたことだ。一九世紀後半にテオドール・フリッチュが発表した『ユダヤ人問題の手引き』である。このフリッチュこそ、『シオンの長老の議定書』〔世界支配を企むユダヤ人の陰謀が存在するとした架空の文書〕ならびにヘンリー・フォードが書いた反ユダヤ本という二つの書籍のドイツ語版を発行した人物だ。ドイツにおける反ユダヤ主義の先導者の一人で、自身が書いた『手引き』の冒頭で合衆国をとりあげ、この本はナチスの時代に何度も増刷された。一九世紀後半のアメリカは、その平等主義路線が間違っていたことにようやく気づいた国である、とフリッチュは書いた。「アメリカは自由と平等の思想にどっぷり浸り、これまであらゆる人種に平等の権利を与えてきた。しかしこの国はその姿勢とその法律をあらため、ニグロと中国人に制限を設けざるをえないと悟ったのだ」[82]。フリッチュにとってアメリカの移民法の歴史とは、愚かな平等主義のために人種をないがしろにすることの危険を教える、いわば聖書のたとえ話のようなものだった。後から見ていくように、ヒトラーをはじめとするナチスは、このフリッチュの解釈に沿った言葉を何度も繰り返し発していた。

アメリカの二級市民

移民と帰化の法律は、一九世紀後半に合衆国を世界のリーダーにしたものの一分野にすぎない。アメリカの市民権の法律もまたしかりだ。やはり一九世紀後半の同時期に、合衆国は二級市民という独自のかたちを編みだしていた。マーク・マゾワーはそのやり方のいくつかをあげて、ナチスの法律家がユダヤ人を対象にした独自のニュルンベルクの二級市民権法をつくるさいに、アメリカの二級市民の法律にすでに関心をもっていたと推測する。「合衆国（その人種主義的法律と優生学運動は一九二〇年代に早くもヒトラーの称賛を得ていた）の内部では、一九二四年までアメリカ先住民は「国民」とみなされていても市民とみなされてはいなかった――この違いを一九世紀後半のアメリカの評者らは「偉大なる宗主国」の特権だと見ており、プエルトリコ人の憲法上の定義の仕方は、ドイツがのちのチェコ人にしたのと同じようなものだった――彼らは「合衆国内の見方からすれば外国人」であった」[83]。まさにマゾワーの言う通りだ。すぐ後で見ていくが、マゾワーの言う通り、ヒトラーはテオドール・フリッチュにならってアメリカの人種法を称賛した。そしてマゾワーの言う通り、アメリカ先住民とプエルトリコ人の処遇についてはどちらもドイツの法律文献で綿密に論じられ[84]、ナチスの政策立案者の興味をかきたてる二級市民の手本になった。とはいえ話の全貌には、さらに二つのとくに重要な集団がふくまれる。フィリピン人、そしてとりわけアメリカ黒人だ。

そう、とりわけアメリカ黒人なのだ。黒人の市民権の問題はアメリカできわめて古くから存在し、その歴史はここで振り返るにはあまりに長く、そしてあまりに複雑なものだ。本書の目的にとって何より重要なのは、そしてナチスの側にとって何より重要だったのは、二級市民という黒人の立場をつくった経緯だが、これもまた一九世紀の後半にさかのぼる。南北戦争前の時代に黒人は、アメリカの憲法史上最も悪名を馳せた判決の一つ、ドレッド・スコット対サンフォード判決〔一八五七年、黒人奴隷が自由州に移り住んだことを理由に解放を訴えたが、憲法は黒人を合衆国市民と認めていないなどとして連邦最高裁がこれを却下した〕によって市民としての立場を否定され、[85]この判決は南北戦争勃発のきっかけの一つになった。[86]北部の勝利の後にドレッド・スコット判決は覆され、黒人の市民権は憲法修正第一四条〔一八六八年、市民権の平等な保障および法による個人の平等な保護を定めた〕ならびに第一五条〔一八七〇年、人種を理由とする投票権の否定・制限を禁止〕によって原則として保障されることになる。[87]ところが北部による南部再建計画が挫折すると、とくに南部の黒人（ただし南部だけにかぎらない）が、一九世紀末の数多の法的策略によって実質上の政治的権利を剥奪された。こうした策略は、南北戦争後の憲法修正による法の縛りをかいくぐるために編みだされたものだった。

なかでも投票権は、南部の黒人全員がこれを否定されたも同然になった。ここで使われた手法に「読み書きテスト」がある。これは人種による移民制限をひそかにおこなう手段として、一八五〇年代にコネティカットとマサチューセッツの両州で初めて導入されたものだ。[88]読み書きテストはアメリカの発明した巧妙かつ有効な新手法で、一九〇一年にはオーストラリアが自国の人種差別的な移民制限法にとりいれ、イギリスの有力な法学・歴史学者で政治家のジェイムズ・ブライスが英語圏の国々に広く推奨した。[89]読み書きテストとともに、奴隷解放以前に投票したことのある者の子孫のみに投票権を与える「グランドファーザー条項」[90]ならびに投票税などが導入され、南部民主党に独占支配を保障する予備選挙などの制度も設けられた。[91]連邦最高裁は再建期の修正条項の確約があったにもかかわらず、こうした策略をためらうことなく承認した。[92]その結果アメリカ黒人は、たとえ法律上はれっきとした市民でも、事実上は二級市民の立場に貶められた。

このことにもヨーロッパ、とりわけドイツは注目した。実際、アメリカでの黒人の二級市民という立場は、ナチスが権力を握る数十年も前にすでにドイツの有力な知識層の関心の的になっていた。マックス・ヴェーバーもその一人だ。一九〇六年に新聞掲載された評論のなかで、ヴェーバーは感嘆符（！）付きで興奮をあらわにこう述べた。「民主主義の国アメリカでは……」平等な投票権とは誰に与えられるものかというと「非有色人種にである！　なぜならニグロやあらゆる混血児《ミッシュリンゲ》にとって事実上そんなものは存在しないからだ」[93]（これはいかにもアメリカのプロテスタント倫理の産物に違いない、とヴェーバーは考えた）。[94]アメリカのこの人種主義の一面に興味をもった大物はヴェーバーだけではない。すこぶる博識な古代史家エドゥアルト・マイヤーは、アメリカについての著書のなかで、この制度についてこと細かに説明した。「ニグロの投票権をなきものにしようとあらゆる手立てを用いている」と、アメリカ人の発明したふんだんな法の手口を調べて綴った。[95]「英語圏のアメリカ人はニグロに対するいかなる平等な権利をも否定する」と著名な社会学者ロベルト・ミヘルスは述べている。[96]ミヘルスもまた法の詳細について検討した。二〇世紀初頭のドイツの著述家たちは、アメリカ黒人の政治的権利とは、あらかたの文書が語るように「空文化した法律《デッドレター》」であることに幾度となく気がついた。[97]再建期の修正条項によって保障されているにもかかわらず、こうした政治的権利は「取り消され」ていた。[98]大っぴらには言わずとも、南部諸州は黒人の投票権を無効なものにしていたのだ。[99]

世紀末前後のアメリカでの人種にもとづく二級市民権の法律では、たしかに黒人からの事実上の選挙権剝奪が最も顕著だったかもしれないが、これが唯一の特徴ではなかった。アメリカが二級市民をつくるにあたってやはり大きな意味をもったのは、プエルトリコ人とフィリピン人にまつわる今ではほとんど忘れられた一件だ。一八九八年に米西戦争に勝利したことで、合衆国はプエルトリコとフィリピンの領有権を獲得した。ところがその結果、アメリカの憲法上ちょっとした危機が生じた。これまでアメリカはヨーロッパ諸国が築いてきたような海外での帝国主義的支配を求めてはこなかったし、憲法修正第一四条には被植民者という階級をつくる余地はほぼ残されていないように見えた。したがってアメリカが新たな領土を獲得すれば、そこの住民は本来ならばアメリカ市民になるはずだった。とはいえ新たな領土の住民に完全な市民権を認めることにはあまねく強い反感があった。とくにアメリカによる卑劣な戦争で戦場となったフィリピンの住民は、アメリカ人が劣等もしくは現時点では救いがたく遅れた人種に属するとみなした太平洋の人種だった。連邦最高裁は島嶼《とうしょ》事件として知られる一連の判決〔米国統治下のプエルトリコの法的地位を決定した一九〇〇—〇一年の連邦最高裁判決。米国の統治権は完全な憲法上の諸権利を島民に与えるものではないとした〕により、新たに征服した土地の住民に対して二級市民という法的立場をつくることを認めた。「合衆国市民ではない国民」として被植民者が扱われることは憲法上認められるとの判断を最高裁がくだしたのだ。[100]

こんにち島嶼事件は一般のアメリカ人にはほとんど記憶にないが、これは一九世紀末から二〇世紀初頭にかけてかなりの関心を集めた事件で、現代の法学者もこれをアメリカの人種法における重要な進展、そして「アメリカ帝国」の発展の起源として注目する。[101] この事件はヨーロッパの人びとの注目も集めた。民主主義国家のアメリカが被植民者のために従属的な地位をつくるべく奮闘するさまは、ヨーロッパの帝国主義が猛威をふるう時代に世界的な関心事になった。[102] とりわけ二〇世紀初頭の傑出した学者をふくむドイツ人は、ナチスが権力を握る数十年前からアメリカの植民地法に関する大量の文献をこしらえていた。[103]

アメリカの二級市民にまつわる法律に関心をもったドイツの研究者のなかで最も際立つ人物は、おそらくエーリヒ・カウフマンだ。二〇世紀のドイツ系ユダヤ人法律家のなかでも指折りの、そしてとかく物議をかもす人物である。カウフマンは公法と国際法を専門とする才気あふれた教授で、一九二〇年代にドイツの極右に惹かれた一人でもあった。ヴァイマル共和国時代には初期のファシストとつきあい、ナチスが権力を握ってから一九三八年まではナチス・ドイツに傾倒した。戦時中は潜伏し一九四五年に帰国すると、名のある教授職についた（アメリカ当局は彼を「ドイツの若者に民主主義の価値観を説くにはふさわしくない」と評したが）[104]。戦間期の右派という薄気味悪い世界の出身で、政治的共感からファシズムの圏内に「危なっかしくも近づいた」多くの有力なユダヤ系知識人の一人であるカウフマンは[105]、一九〇八年に発表した最初の著書のテーマにアメリカの植民地経験を選んでいた。

この本のなかでカウフマンは、アメリカが「植民地権の獲得によってその領地と統治権を拡大する」との歴史的事業を天職とし[106]、「未開の住民を……合衆国憲法が高位の市民に認める規範にしたがって統治できるか」との問題にいかに向き合ってきたかを感心するほど長々と説明した[107]。カウフマンは島嶼事件における連邦最高裁の手腕について熱弁をふるい、アメリカの判事の巧妙さ、そしてアメリカのコモンローにみられる「あふれる活気と即時性」への深い尊敬の念を表明した。二〇世紀初頭にはドイツで一種のコモンロー崇拝のようなものが台頭し[108]、カウフマンも明らかにそれに染まっていた。

一見すると、［島嶼事件から］われわれが受けるイメージは、とくにドイツの断定的な法に慣れている者の目から見ればあまりに雑然とし、混乱を招きかねないものだ。ところが、もっと深く吟味し、先入観をもたずに向き合うと、これらの判決にはあふれる活気と即時性があることを認めざるをえない。実に多様な観点から証拠に対する徹底した知的および法的な検討がなされ、究極の問いを深く熟慮し、賛否の議論を公平に述べ、そしてその背後にあるアメリカ国民の血の通った法感覚に誇らしく呼びかける。こうしたことから合衆国の国民がいかに法的・政治的才覚にあふれ、洗練されているかがわかる[109]。

これから見ていくが、ナチスの法曹もまたアメリカのコモンローにおける人種主義の「活気と即時性」、そしてその根っこにあるアメリカ国民の「血の通った法感覚」におおいに感嘆していた。

アメリカの植民地経験とその法への影響について批評した著名人は、カウフマンだけではない。名高い二人の学者、ハーヴァード大学のドイツ人学者フーゴー・ミュンステルベルク、そしてシカゴ大学の親独家エルンスト・フロイントもまた、植民地の征服や立法にあたってのアメリカの大胆な手法を詳しく論じた著書を発表した[110]。わけてもフロイントは、合衆国が「市民権をもたない国民」という新たな範疇をいかにこしらえたかを説明した[111]。彼いわく、その過程でアメリカは、自由黒人を締めだした一九世紀前半の州法や一九世紀後半の中国人移民排斥法にきわめて類似した新たなかたちの法を編みだした。アメリカは人種にもとづくさまざまなかたちの二級市民権を発明したパイオニアなのだ[112]。同様の論評はほかにもある。第一次世界大戦の数年前にドイツのある有力誌はニュルンベルク法を予見させる論調で、プエルトリコ人とフィリピン人は「国家の保護下にあるも完全な政治的権利は付与されない二級市民」の立場に置かれてきたと報じた[113]。このドイツの文献から見てアメリカは、いわば市民権をいかに貶めるかを研究する実験室と映っていた。

ナチスが穂を継ぐ

かくしてアメリカの移民と二級市民権の法律を聞き覚え、ときにこれに魅せられたヨーロッパで、ナチスの運動が現れた。これらの法律を聞き覚え、ときに魅せられたのはナチズムの発展初期もしかりで、のちにニュルンベルクで公布される公民法がつくられた時期にもそれは続いていた。

アメリカの人種法へのヨーロッパの傾倒をナチスがいかに受け継いだかを探るには、まずナチスの聖書とされるヒトラーの『わが闘争』から見ていくとよいだろう。一九二七年に発表された『わが闘争』の第二巻には、ドイツの再生についてのヒトラーの構想が描かれている。もっぱらこの構想のもとになったのは一九二〇年に発表されたナチ党綱領で、その二五カ条のうち五カ条は市民権に関するものだ。一九二〇年の党綱領は市民権に明確な制限を求め、市民権は「ドイツ人の血統」を有する者に限定されるとし、同時に外国籍の者には彼らを無力化する策を弄し、排除するとの脅しをかけた。

第四条　民族同胞たる者に限り、国家公民たることができる。信仰のいかんを問わず、ドイツ人の血統をもつ者に限り、民族同胞たることができる。したがって、ユダヤ人は民族同胞たることを得ない。

第五条　国家公民に非ざる者は、単に正規の成員以外の者としてのみ、ドイツ国内に生活し得るに過ぎず、外国人関係法規を適用されねばならない。

第六条　国家の執行および立法の決定権は、国家公民にのみ与えられる。したがって我々は、各種の公共機関がその種類のいかんと、国・州または市町村のいずれに属するとを問わず、等しく国家公民によってのみ、担当されねばならないことを要求する。……

第七条　我々は、国家が、国家公民の生活の機会と手段を、第一義的に保護することを要求する。国家の全人口の食糧を充たすことが不可能な場合は、他の諸国民に属する者（非国家公民）はドイツ国から追放されるべきである。

第八条　今後における非ドイツ人の入国来住はすべて禁じられねばならない。我々は、一九一四年八月二日以後ドイツに来住したすべての非ドイツ人は、これを直ちにドイツ国から強制退去せしめることを要求する。(114)

これらの要求は、こんにちヨーロッパを再び悩ませている極右の主張の多くを先取りするものだが、ここに打ち立てられた計画は、のちの一九三五年にニュルンベルクで公布されるナチスによる公民法の根幹をなすものだった。

『わが闘争』の第二巻でヒトラーは、一九二〇年の党綱領を土台にし、人種にもとづく市民権のさらなる巧妙な概念をつくりあげた。ところが一九二七年に市民権の問題に向き合ったとき、ヒトラーは一九二〇年の時点ではまだ利用できなかった後ろ盾を得ることができた。それは一九二一年と二四年のアメリカの新移民法というかたちで現れた。この時期、たしかにこのナチ指導者には合衆国に対してもろもろ嫌悪することがあった。ヴェルサイユ講和条約の立役者であるウッドロー・ウィルソンを忌み嫌い、アメリカ社会にはユダヤ人の隠れた影響がかなり伝播しているとも感じていた。(115)とはいえ一九二〇年代後半のヒトラーの声明には、アメリカの人種政策に対する称賛と、この国の破竹の勢いに対する羨望が目立ち、とりわけアメリカの移民法の話になるとそれが顕著だった。ヨーロッパの多くの先達の例にならって、ヒトラーも合衆国をまさに「国籍や移民に関して露骨な人種主義政策を立てるうえでの指導者《リーダー》」とみなしていた。『わが闘争』で市民権をとりあげたさいにヒトラーは、ドイツの法律の現状について案の定、皮肉をこめた説明からはじめた。

市民権は、すでにのべたように、今日ではまず第一にある国家の国境内で生まれたことによって獲得される。この場合人種とか、どの民族に属しているかということは、一般に問題にならない。以前はドイツの保護領に住んでいた黒人が、いまではドイツ国内に住んでいるとする。そうするとかれは自分の子供を「ドイツ国家市民」として世に出す。同じようにユダヤ人やポーランド人、アフリカ人種やアジア人種の子供はだれでも、無造作にドイツ国家市民に登録されることができるのだ。

出生による市民権獲得のほかに、その後市民権を獲得する可能性もある。……そのさい人種を考慮することは、一般に問題にならない。

国家の市民になる全過程は、たとえば自動車クラブに入会するのとたいした違いのない手続で行われる。

市民権の獲得には人種にもとづくもっと有意義で高尚なかたちが必要だと訴えたあと、ヒトラーはこの世界で称賛に値する秩序をもつ唯一の例をとりあげた。

現時、少なくともよりましな解釈に向かっている微弱傾向が目につく一つの国がある。もちろんこれはわが模範的なドイツ共和国ではなく、アメリカ合衆国である。そこでは人々は、少なくとも他方一部分は理性にうったえる努力をしている。アメリカ合衆国は、健康上よくない分子が移民することを原則として拒否し、ある民族には帰化を全然認めない。すでにアメリカはたとえためらいつつも最初の数歩を踏みだし、民族主義的な国家観に敬意を表しているのだ。(116)

一九二〇年代の移民法に見られる人種主義について、アメリカの法学者たちはこれまで多くのことを書いてきた。だがこれらの法律をヒトラー自らが、一九二〇年代の民族主義的な公民法の主要な、そして実のところ唯一の例として称賛していたとの驚くべき事実には、どうやら気づいてなかったようだ[117]。

その後もヒトラーのこうした口調は続き、一九二八年にもアメリカの移民法にまつわる自身の判断が繰り返された。いかにもナチスらしい物言いでヒトラーが述べるに、アメリカは支配者人種の「血統とは無縁の者」である「外国人団体」を排除する必要に迫られ、その切なる願いが彼らの移民立法に現れている[118]。ヒトラーは一九二八年に草稿を綴った、『わが闘争』の未刊の続編『第二の書』のなかでこの手のことを明言していた[119]。この『第二の書』で驚くのは、アメリカをヨーロッパにとっての人種的モデル、さらに将来の人種的ライバルとして描いていることだ。一九二〇年代のドイツの人種主義者のなかには合衆国を人種混合のせいで深刻な危機に瀕している国とみなす者もいて、「合衆国の優れた血統」が「ニグロやユダヤ人、南欧人、混血児、黄色人、さらにミルクコーヒーの地から来た得体の知れぬ者からなる民族の混沌《カオス》」の攻撃を退けられないかぎり、おそらくこの国は衰退を免れないと見ていた[120]。ところがヒトラーはそうは思わなかった。これらの同胞の人種主義者たちとは違って『第二の書』でのヒトラーは、アメリカの将来について見るからに楽観的だった[121]。アメリカでの移民法の発展は、この国が光明を得たことの証だと考えたのだ。

中国人の構成分子に対しても日本人の構成分子に対してもアメリカ合衆国の同化力は機能を発揮しない。人々はそれを正確に感じており、知っている。それゆえにこの外国人団体の流入をまっさきに排除したく思っている。しかしそうすれば、アメリカの移住政策自身が、今までの融合はまさに特定の均一な人種基盤を持つ人間を前提としてきたものであり、原則的に他種の人間が対象となるとすぐに失敗するものだ、と認めた結果となる。アメリカ合衆国自身が自国を北方的なゲルマン的国家であり、国際的な民族のごたまぜではないと感じているのは、ヨーロッパ民族への移住数割り当てを見ても明白である。スカンディナヴィア人、〔すなわち〕スウェーデン人とノルウェー人、それからデンマーク人、イギリス人、最後にドイツ人。これらが最大の割合を占めている。ラテン系とスラブ系はわずかであり、日本人と中国人はできたら排除したい[122]。

喜ばしいことにアメリカは移民政策を転換したおかげで「北方的な」国家としての性質を保護できた、とヒトラーは結論した。そしてヨーロッパも同じことをしないかぎり太刀打ちできないだろうと警告した[123]。その同じ年にヒトラーはアメリカの西部征服への賛辞を表明し、この地でアメリカ人は「数百万人ものインディアンを銃で撃ち殺して数十万人まで減らし」たと述べた[124]。ヒトラーいわく、これもまたヨーロッパ人も見習ったほうがいい「北方的な」例だった。一九二〇年代のこうした文書を分析した歴史家のデトレフ・ユンカーは、ヒトラーにとってアメリカとは、「人種《ラッセ》と空間《ラウム》の主義のもと」すなわち人種と、人種によって定義される民族のための領土獲得という主義のもとに「まとまった唯一の国家モデル」だったと結論した[125]。ガザートもまた、人種差別的な移民法を臆面もなく掲げ、西部を壮大な「アーリア人の」植民地とした一九二〇年代のアメリカを、ヒトラーは賛美に値する「人種国家」とみなしていたと考える[126]。

この「人種国家」についての総統《フューラー》の見解は、当然のごとくナチス・ドイツにおいて計り知れない重みをもった[127]。とくに『わが闘争』のなかのアメリカの移民法についてのヒトラーの説明は、一九三三年のナチ政権誕生後、ナチスの法曹が市民権の問題を論じるさいに決まって引き合いに出されたし[128]、一九三〇年代の前半を通してアメリカの法律にまつわるナチスの文書に目立った論調となった[129]。つまりアメリカはいささか弱点のある国で、人種主義的体制としての将来はおぼつかないかもしれないが、それでも民族国家の建設に不可欠な人種法の成立をめざして司法組織が手探りで進んでいる筆頭例に変わりなく、それはもっぱら賢明なる移民制限によって成し遂げられると思われた。一九三三年一一月に『月刊国家社会主義』は、『わが闘争』やフリッチュの『ユダヤ人問題の手引き』の言葉を繰り返してこう報じた。「新世界の合衆国は過去数十年の推移を経て「人種の壮大なる融合」の猛烈な脅威を察知し、容赦ない移民法によって劣化に歯止めをかけることにした。……この種族的につながりのあるアメリカ人同胞に、われわれは友情の手を差しのべる」[130]。ヒトラーいわく、アメリカはためらいつつも最初の数歩を踏みだした。この松明《たいまつ》がナチス・ドイツの手に渡るときがきたのであって、ドイツは白人至上主義の合衆国との精神的な同盟を築く望みを捨ててはならない。

公民法に向けて――一九三〇年代前半のナチスの政策

ナチ時代にアメリカの移民や市民権の法律が検討された詳細を見ていく前に、政権掌握後にナチスがどんな目標を掲げたかをあらかじめ振り返っておくことが肝心だ。なかでもユダヤ人の絶滅計画はナチスの当初のねらいでなかった点に注目することが欠かせない。ナチ政権の初期には「国外追放と絶滅」はいまだ「想像しがたい」もので[131]、つねに「眼中」にある目標は、街頭での暴力もしくは法的障害の創設によってユダヤ人を移住に仕向けることだった[132]。一九三〇年代前半のナチスの目標については、ニュルンベルク法に関する定評ある解説書の共著者ヴィルヘルム・シュトゥッカートが存分に説明している。のちに親衛隊（SS）高級将校となったシュトゥッカートは、「〔ユダヤ人問題の〕最終的解決」を決定したヴァンゼー会議に出席し、ついには戦争犯罪人として裁判にかけられた[133]。しかし一九三〇年代前半に彼が口にしたのは「最終的解決

Endlösung」〔とくにナチ政権下でのユダヤ人絶滅計画を意味する言葉〕ではなく、「ユダヤ人問題の決定的な解決 endgültige Lösung」だった。

> この二つのニュルンベルク法〔すなわち公民法と血の法〕は、ドイツにおけるユダヤ人問題の決定的な解決の手始めとなるものだ。ユダヤ世界には宗教的共同体だけではなく血のつながりをもつ人びとの共同体——ドイツ民族とはなはだ隔たりのある共同体——がふくまれることをまず認識することから始まり、さらにこれらの法律およびその施行のための補足的法令・条項によって、最も重要な生活領域におけるドイツ世界とユダヤ世界の法的分離が完結するのだ。ユダヤ世界がドイツ民族と混合すること〔Vermischung〕も、ドイツの国政や経済政策、文化形成に干渉すること〔Einmischung〕も、今後は永遠に不可能になった。これらの法に定めた原則にしたがってもユダヤ人がなおもドイツ帝国との相互保護関係にあり、さしあたって国民のままであるならば、ユダヤ人問題の決定的な解決はユダヤ人をドイツ民族と地域的に分離させることでしか得られない。すなわち、ドイツによるユダヤ政策の目標は、ユダヤ人をドイツ国外に移住させることである。(134)

絶滅が話にのぼるのはまだ先のことだった。本書が注目するこの時期には、ナチスの方針は強制移住にあったのだ。

ナチスの公民法、そして合衆国の展開とのその関係を理解しようと思うなら、まずこのことを頭に入れておかねばならない。「外国人の血統」とされる人びとに移住を仕向けることを目標とする政権にとって、公民法は何より重要な意味をもった。そこでナチスは政権をとるとすぐさまユダヤ人をはじめとする「外国人団体」を不利な立場に貶めるため、ドイツの公民法を変更すべく動きだした。この計画は一九三三年七月一四日にスタートし、この日にナチスの基本的な優生法である「帰化取消およびドイツ市民権剥奪法」が公布された。[135] ナチスによるこの最初の公民法がおもに目的としたのは、「東方ユダヤ人《オストユーデン》」すなわち第一次大戦後にやってきた東ヨーロッパのユダヤ人の帰化権剝奪や追放を促進することだった。[136] ドイツ帝国内相ヴィルヘルム・フリックは、この法律を「ドイツにおける人種法の起源であり出発点」だと説明した。[137] その後二年にわたる議論や意見の対立を経るなか公民権の基本的な役割が一貫して重視され、ついにはユダヤ人を決定的に二級市民の立場に貶めるニュルンベルクの公民法に帰着した。

そしてこれは不愉快なことではあるが、ナチスがこうして躍起になってドイツのユダヤ人を貶め、悪者扱いし、追放しようとするさいに、かつてヒトラーがしたように彼らはアメリカの法律を決まって引き合いに出していた。アメリカはあいかわらずリーダーだったし、ナチスは自身の移民や市民権の法律をつくるにあたってアメリカの例に何度も目を向けていた。

首相の座に就くと、ヒトラー自身は法律上の技術的問題について論じるのをやめた。だがナチスの有力な法曹や役人らは穂を継いで、アメリカの例にかかわらず関心をもち続け、何度も繰り返しこれに注目した。初期の例で特筆すべきは、一九三〇年代前半におそらく最も名の知れたナチ政権下の法律家オットー・ケルロイターだ。一九三〇年からナチスの支持者となったケルロイターは一九三三年五月一日に正式にナチ党員となったが、同じ日にカール・シュミットも入党していた。同年にケルロイターはナチス発祥の地ミュンヘンで、ミュンヘン大学の公法学教授に就任した。また専門学術誌の編集にも携わり、学界の権威としての地位を築いた。[138]

一九三三年の後半に、ナチ法曹界のこの重鎮は、「国民革命」とナチスが呼ぶもののために公法の基本原理を打ち立てた著書を発表した。公法には移民と帰化の法律もふくまれ、この項目のところにくるとケルロイターは、アメリカの例について長々と論じた。まずはじめに触れたのは、合衆国はもとよりイギリス連邦自治領についてだった。ナチスの著述家らが気づいたように、イギリス連邦内には人種混合に対する「不文の社会規範」があり、たしかにナチスはこれらに、また数は少ないが成文法にも関心をもっていた(139)。ナチスが英語圏の伝統に関心があったことは留意すべきだ。ナチスは合衆国だけでなく、さらに歴史ある広大なブリティッシュ・ワールドで発達した慣習にも惹きつけられた。とはいえ、ケルロイターを何より魅了したのはアメリカの立法だった。ケルロイターは次のように書いている。

> 民族の健全な人種的まとまりを維持するために必要なさらなる対策は、移民の規制である。この点についてとりわけ興味深い成果をあげているのは合衆国とイギリス連邦自治領における立法だ。
>
> なかでも注目すべきは、合衆国における移民立法の発展である。一八八〇年代までの合衆国は進歩的な自由志向の概念に導かれ、自国を抑圧された万人の避難所とみなし、よって移民の禁止はおろか移民の制限すらも、「自由な」憲法に矛盾すると考えられた。ところがこの考えはたちどころに変化した。一八七九年には中国人の移民を禁止する目的で最初の法案が提出された。とはいえアメリカの移民立法がまったく新たな道を進みだすのは〔第一次〕世界大戦後のことだ。この立法はこんにち優生学的見地に立ち、移住してこようとする劣等分子から何はさておきこの国を保護するための、慎重に考え抜かれた制度であり……「身体的に劣等な、健康でない移民に対する規制は」容赦なしに厳しく適用される。
>
> 優生学的措置と並んでおこなわれたのは移民割当法の制定である。なぜなら世界大戦によってアメリカは、すべての移民が本来のアングロ・サクソン系の住民に等しく混合するのはどだい無理なことで、制限のいっさ

いない移民政策はアメリカ国民の特質を必ずや危険にさらすことをはっきりと悟ったからだ。よって一九二一年に最初の移民割当法が制定され、それによりヨーロッパ各国は国別に特定の移民数を認められたが、それは一九一〇年の時点で合衆国に定住していた当該国の移民数のわずか三パーセントに限定された。たとえば一九二四年には一六万五〇〇〇人がアメリカに移住したが、そのうちイギリス人とアイルランド人が六万二〇〇〇人、ドイツ人が五万一〇〇〇人、イタリア人が三八四五人、東ヨーロッパのユダヤ人をふくむロシア人が二二四八人であった。ここ数年のうちに移民はさらに制限されるようになってきた。(140)

この引用からは二つのことが断言できる。一つは、これが丹念な調査に依拠するものだということ。この一節とさらにすぐ後に引用する一節からわかるように、ドイツ人はアメリカの移民法にことさら学術的な関心を抱いていた。

もう一つは、外国で読まれることを意識してケルロイターがこの文章を書いたとはどうしても思えないことだ。ナチスがアメリカの法律に言及したのは、「単に批判をかわす目的で、自身の法令や政策にうっすらとでも関連のある先例を引き合いに出そうとしただけだ」と主張したがる学者たちは、そもそもが間違っている。たしかにナチスの書いた物には「批判をかわす」のが目的だと片づけてよいものもある。(141)とはいえヒトラーはナチスが政権につくかなり前からアメリカを褒めており、まだこの世にない政権への醜聞を打ち消すねらいがあったとはおよそ考えにくい。同じことがケルロイターについても言える。ケルロイターは自著をドイツ語で発表したが、そもそもドイツ語を難なく読める外国人はかぎられる（しかも、ナチスの慣例にのっとりケルロイターはドイツ文字《フラクトゥール》で自著を綴っていたが、この字体はドイツ語に相当強くないかぎり外国人には腹が立つほど判読しにくい）。ましてこの文章の論調にはプロパガンダめいたものはいっさい感じられない。ケルロイターの著書はのちにナチス・ドイツで広く引用されることになるのだが、(142)この本が外国で何らかの関心をひいた気配もなければ、これがドイツの対外的なイメージをよくするねらいがあったと考えてしかるべき理由もない。「国民革命」の黎明期にケルロイターは、ドイツ屈指の法律家としてナチスの政策決定における重要事項の研究に携わった。それはナチスによるナチスのためのアメリカ移民法の研究だった。

それから二年のうちに同じような研究がさらに多くおこなわれ、法律家や官僚は市民権と帰化に関する新法をつくるにあたり、その政治的および主義上の課題にとりくんだ。法律文献のなかでアメリカの法がいかに論じられたか少しばかり例をあげるだけで、一九三〇年代前半にアメリカに関心を寄せたドイツ国内の空気を感じとれるだろう。最初に『国家社会主義者のための法律入門』を紹介しよう。これはハンス・フランクが編纂し、一九三四年から三五年にかけての冬に出版されたかなりの大著である。当時、ナチ党法務部長を務めていたフランクは、のちにポーランド占領地におけるナチスの恐怖体制の長、すなわちポーランド総督となる人物だ。この書名が示すように『国家社会主義者のための法律入門』は、ナチスによる今後の立法方針を明らかにするのが目的だった。法律のあらゆる面について言及し、フランクの指示のもとナチスのさまざまな法律家が執筆にあたった。なかでも重要なのは、この『法律入門』がとりわけアメリカの範例について幾度となく触れていることだ。

『国家社会主義者のための法律入門(一九三四―三五年)』

一九三三年の帰化取消およびドイツ市民権剝奪法は、「望ましい移民」と「望ましくない移民」を区別するものである。ちなみに、ここ数年のあいだ合衆国の移民法において「望ましい帰化」と「望ましくない帰化」の区別が重要な役割を果たしていることは読者の注目に値する。(143)

とくに目を引くのは、この『法律入門』の「民族、人種および国家」についての項目である。これはナチスの新たな秩序のためにいかに人種法をつくるかを概説したものだ。執筆者のヘルベルト・キアーは当時ベルリン大学の新人研究者で、のちにハインリヒ・ヒムラーの諜報員として働くことになる。[144] キアーは自身の文書のまるまる四分の一をアメリカの範例の説明に費やし、異人種混交禁止法（これについては州別に詳細に説明した）および隔離をふくむ人種法全般について解説した。この項の最後の一節はアメリカの移民法に献じられ、アメリカをナチズムの先駆けとして歓迎している。

アメリカの移民法からわかるのは、この国で北米のまとまった民族集団が「人種の融合」から頭角を現すことができるのは、完全なる外国人種の多勢集団が中核集団に放り込まれない場合にかぎる、と明確に理解されていることだ。中核集団とはそもそもイギリス、スカンディナヴィア、ドイツ系で、人種的につながりのある民族からなるものである。これら二つの集団［すなわち「中核集団」と「完全なる外国人種の集団」］はもともと互いに根深い反感をもつため、融合されることに抵抗がある。この本質的な理解がなされていれば、このことを政治的イデオロギーのうえでも、またとくに民族という概念を創出するうえでも尊重するのはまったく筋の通った考えである。国家社会主義は先陣を切ってこれを実行するものであり、いつかはヨーロッパの文化圏に属する諸民族も、この画期的な行為を正当に評価するときがくるだろう。そのとき彼らは我に返り、自身に備わっている本来の価値に気づくのだ。[145]

上記のように、このナチスの入門書は結びの言葉として人種法をいかにつくるかを説いている。アメリカはこの「本質的な理解」を得て、最初の数歩を踏みだした。そしてナチス・ドイツはこの道理を堅実に推し進めている。やがて望むべくは「ヨーロッパの文化圏」がこぞって仲間入りすることだ。

ほかにも多くの文書を提示できるが、どれもおしなべて人種主義的であるがゆえに魅力を放つアメリカの法モデルの姿を描きだす。とはいえ、どれもアメリカにはそれなりの欠点があることを認め、いずれおそらくこの国は後戻りするか衰退すると警告するものも多かった。お決まりのナチス流の言い回しによれば、アメリカは民族共同体、すなわちゲマインシャフト〔地縁・血縁・精神的連帯などによって自然発生的に形成された集団〕を基盤にした国だと説明された。

エトガー・ゼービシュ『「国民」［「市民」とは対照的な］の概念』（一九三四年）

アメリカはゲマインシャフトという誇り高い意識をもつ。この国のように、入り込もうとする移民を基本的に拒絶する姿勢をとり、選別した移民にテストを受けさせ、忠誠を誓わせるいかなる国も、ゲマインシャフトに属することを貴重な徳とみなしていることがわかる。この高き自尊心は深い民族意識から育まれるもので、この意識が自身の閉じたゲマインシャフトを外国からの新たな侵入者から用心深く保護するのだ。(146)

それはすなわち、「北方人種」の至上性に傾倒する国だった。

マルティン・シュテムラー『民族主義国家における人種の純粋性の維持』（一九三五年）

アメリカが人種の純粋性を守ろうとの思いを抱き、優生学のみならず個々の人種の全構成員についても考慮しはじめたことが、この国の移民法から見てとれる。この法律は黄色人種の移民を全面的に禁じ、ヨーロッパ諸国からの移民を厳しく管理する。すなわち明らかに北方人種（イギリス、ドイツ、スカンディナヴィア諸国）の移民は原則として認めるが、南欧や東欧諸国からはほんの少しの移民数しか受けいれない。アメリカ人は自国を偉大な国にしたのは誰かをよく承知している。北方人種の血が枯渇しかけている事態を目の当たりにし、移民立法を通じてその血を蘇らせようとしているのだ。[147]

それはすなわち、支配者である白人種が異分子の侵入を食い止めようと決意した国だった。

デトレフ・ザーム『アメリカ合衆国と国家統一の問題』（一九三六年）

外国人はもとより人種的マイノリティの法的・社会的地位を見れば、この集団の大部分が支配的集団に属しておらず、むしろある意味それと正反対の立場にすらいることは明らかだ。［アメリカの歴史上］はるか以前に入国したとされる者の仲間は、自身の至上性 Oberherrschaft を維持し未来永劫これを確保しようと努力する。ゆえに彼らは外国人集団を、教育を通して国家に同化させ、外国人種分子の流入を防ぐことに注力する。移民および帰化の法律はこの努力の多くを物語る。[148]

こうした発言はいくらでも見つかる。ある著述家が述べたように、アメリカは人種混合の「脅威」に対し「大声で警鐘を鳴らして」いるのだ。彼らは「北方人種」の世界がおしなべて学ぶべき人種にもとづく移民立法を編みだした。要するに、これは白人種にとって「生きるか死ぬか」の問題なのだ。[149]

これらはアメリカの移民法が鳴らす「警鐘」についてたまたま触れたものではない。一九三〇年代前半の出版物には、アメリカの移民にまつわる法律や法体系について綿密に長々と証拠立てた研究がふくまれる。たとえばナチスがアメリカの人種法をとりいれるにあたっての、唯一かつ最大の功労者となった若きナチスの法律家ハインリヒ・クリーガーは、一九三六年に発表した重要な書籍『合衆国の人種法』のなかで、三五ページを費やしてアメリカの移民・帰化法についてのじゅうぶんな情報にもとづく思慮に富んだ解説を披露した。[150] クリーガーの書籍と彼の経歴については次の第2章でさらに詳しく見ていく。

クリーガーだけではない。ほかにもアメリカの公民法とのナチスの緊密なかかわりが見てとれる顕著な例として、ヨハン・フォン・レールスがあげられる。レールスはニュルンベルク法のごく初期の起草段階に関与した、第一級のいわゆる「ユダヤ人問題専門家」だ。[151] ナチスの法律家や反ユダヤ主義者のなかでも指折りの忌むべき輩で、かなり変わった経歴の持ち主でもある。ナチ党の早期から党員になったレールスは、戦後ドイツを逃れ、当初はアルゼンチンに向かった。一九五〇年代にはエジプトに移り住み、ガマール・アブドゥル・ナーセル〔元エジプト大統領。在任一九五六―七〇年〕のもとで反イスラエル・プロパガンダの顧問を務めた。キリスト教ヨーロッパ世界がユダヤ人との世界史的戦いを放棄したと考えたレールスはイスラム教に改宗し、「オマール・アーミン」として一九六五年にエジプトで亡くなった。[152] 一九三六年に発行した、本並みに分厚い小冊子『血と人種――諸民族の歴史をめぐって』のなかでレールスは、まるまる二三ページを費やしてアメリカの人種法について説明している。憲法修正第一四条やジム・クロウの隔離法、異人種混交禁止法についての州別の状況などの説明だけでなく、移民や帰化についても一三ページをさいて個々の人種的マイノリティに関連する法律の詳細な統計や解説を掲載した。[153]

アメリカの移民法にはとくにナチスの法律家を惹きつける面がいくつかあった。著述家らはアメリカの帰化および帰化権剝奪の扱いに興味をおぼえた。一九三四年に著書『「国民」の概念』を発表したエトガー・ゼービシュは、たしかに合衆国をいくらか懐疑的な目で見ていた。[154] それでも帰化に関するアメリカのとりくみについては賛美を込めてこれをとりあげ、「アメリカの法律が示す厳格な姿勢は戦時につくられた諸条項に現れている」と述べた。イギリスやフランスと違ってアメリカは第一次大戦を経験する前から、すでにいかなる対戦国の市民に対しても帰化権を拒否するとの法律を賢明にも制定してきた[155]。さらにこの著者は、ニュルンベルク法の経緯にとってとりわけ重要な意味をもつアメリカの発想にも注目した。それは既婚女性の市民権にまつわる一九二二年のケーブル法に見られるものだ。歴史上、西洋世界での妻の市民権は夫の市民権に組み込まれるものとされてきた。ところが二〇世紀初頭になると、近代の制度はこの方針をもっぱら否定するようになり、さまざまな国でこの旧来のルールを撤回した多くの法令が生まれ、ケーブル法もその一つだった。ところが他国の法律とは違って、ケーブル法には人種にもとづく例外がふくまれた。すなわち一九三〇年までこの法律は、アメリカ人女性が非市民であるアジア人男性と何かの間違いで結婚した場合はその市民権を剥奪するとしていた[156]。ゼービシュは、ケーブル法のこの条項がすでに撤回されていたことを知らず、これを人種意識が動機となった立法の好例だと称賛した。「アメリカ人女性は、他の外国人と結婚した場合は市民権を保持できるが、日本人男性と結婚した場合はこれを保持できず、結婚と同時にこれを失う。これがゲマインシャフトの構成員になれない者と結婚した女性市民に当然与えられるべき罰を意味するのは明らかだ[157]」。「外国人集団」との結婚によって自らを汚した女性を追放するこの手の人種のルールに、ナチスの著述家たちはすこぶる関心をもった。レールスは自著『血と人種』のなかで英米世界に類似の例を見つけた。「イギリス国籍をもつキリスト教徒の女性が、イギリス市民ではなく、たとえばイスラム国家の臣民か市民であるイスラム教徒と結婚した場合、その結婚によって女性はイギリス国籍を失うことになり、さらにその夫婦がイギリス国王〔王女〕陛下の領地でも保護領でもないイスラムの土地に住む場合、夫婦はイスラム法の支配下に置かれることになる[158]」。その三〇年後にレールス自身が「イスラムの土地」で「イスラム教徒」のオマール・アーミンとして死ぬなどと、この小冊子を読んだ誰が予想しただろう。いずれにせよ、結婚による国籍や市民権の剝奪といった英米の手法はナチスの政策立案者たちから一目置かれたようだ。そしてこれから見ていくように、これはニュルンベルク法の重要な一面といくらか関連する手法だった。つまりニュルンベルク法を施行するにあたって同じく結婚の選択が取り沙汰されたからだ。すなわち、ナチスは二分の一ユダヤ人である「混血児《ミッシュリンゲ》」のうち、誰を法律上「ユダヤ人」とみなすかという問題に直面した。彼らが出した一つの答えは、「混血児」が「ユダヤ人」と結婚し、それにより自身のユダヤ的「傾向」[159]もしくは自身の「ユダヤ人の血」の「濃さ」[160]を露呈した場合には「ユダヤ人」とする、というものだ。日本人と結婚したアメリカ人女性と同じく、彼らは健全な民族共同体とは相容れない外国人分子の仲間になることを自ら選んだ者というわけだ。

ナチスはアメリカの二級市民に注目した

ナチスの法律文献にはアメリカの移民法がとくに頻繁にとりあげられたが、その理由はおそらくヒトラー自身がこれを大仰に賛美していたからだ。だがナチスの著述家たちはアメリカの公民法も見逃さなかった。これは黒人、プエルトリコ人、フィリピン人、中国人、そしてアメリカ先住民に対し、法律上も事実上も二級市民というかたちをつくった法律だ。これが、第二のニュルンベルク法でナチス・ドイツがとくに関心をもっていた事柄だとマゾワーは考えたが、その推察は的を射ている。

一九三〇年代にナチスの著述家らは、アメリカの黒人が事実上、法的地位を剝奪されていることにとりわけ関心をもち続けた。ドイツの前政権の時代から、アメリカ黒人の市民権が「空文化した法律《デッドレター》」であることはすでに知られていた。[161]それでも合衆国における黒人の選挙権剝奪という話題は政治的にすこぶる重要とみなされたので、大量発行される党の出版物にもとりあげられた。たとえばナチスの広い読者層に向けた党の低俗機関誌『突撃隊指導者』は、合衆国における黒人の市民権がいかに無意味なものであるかを報じた[162]。同様にナチ党人種政策局の発行するプロパガンダ誌『新しい民族』も、一九三六年にとくに興味をそそる記事を掲載した。この目を見張る人種プロパガンダ記事は、ドイツの一般国民に「アメリカの白人と黒人」について説明すると謳い、まず冒頭に合衆国四八州の簡単な地図を載せてから、「法令によるニグロの権利の制限」として、合衆国全体における選挙権剥奪と異人種混交についての正確な法的状況を説明した。それから合衆国での黒人の生活と歴史についてざっと触れ、写真を七ページにわたり掲載した。記事がおもに注目したのはニューヨーク市で、読者に次のように教えた。ニューヨークの黒人は、夜はハーレムで彼ら独自の文化を守り、昼は市の中心部まで通い、「エナメル革のように黒光りし、子羊の毛のように縮れた髪をした、靴磨きの少年やエレベーターボーイ」として働いている（なかにはニューヨークで給仕として働く黒人もいるが、「白人客に一言も口をきいてはならず、メニューも手ではなくトレーに載せて運んでくる」と記事は報じた）。

他のナチスの文献と同様に、「人種問題はいかに生じるか」と題したこの記事もまた、ニグロの問題がアメリカにとって深刻な脅威になっていると警告した。とくに黒人の出生率が上昇していることに注目し、また皮膚の色を白くするクリームや髪の毛を直毛にするポマードの広告写真も掲載した――こうした製品を使って黒人たちは、その「黒光りする」肌や「子羊の毛」のような髪を隠して白人社会に紛れ込もうとするかもしれない。それでも迫りくる人種の危機と闘うべくアメリカは、ナチスと同じく健全な手段を用いていると記事は強調した――たとえアメリカの「一部」のメディアが国家社会主義を敵視していようと。すなわち「合衆国もまた［ナチス・ドイツと同じく］人種主義的な政治や政策をおこなっているのだ。リンチによる裁きとは、優位に立とうとする異人種に対する民族の自然な抵抗にほかならない。合衆国の大半の州にはニグロに対する特別な法律があり、ニグロの投票権、移動の自由、職業の選択を制限している。一時期は南部のいくつかの州にインディアン居留地と似たニグロ居留地をつくる計画もあった」[163]。この記事の執筆者が、アメリカには「ニグロ居留地」の計画があったという奇妙な話をどこで聞いてきたかは見当もつかない。レールスが気づいたように、南アフリカにはたしかにこうした居留地はあったが[164]、合衆国には存在しなかった。いずれにせよ記事からわかるのは、ニュルンベルク法が公布されたのちの一九三六年に、ナチスの官僚が事実上の二級市民をつくるアメリカの手法をドイツの大衆に喧伝しようと努めていたことだ。この時期にドイツもまた自国のユダヤ人を「人種主義的な政治と政策」に従わせようとしていた。これはたしかにプロパガンダではあったが、対外的なものではなく自国民に向けたプロパガンダだったのだ[165]。

かたや専門的な法律文献は、過去の一時期にそうしたのと同じく、あいかわらずアメリカの二級市民にまつわる法律を詳しく解説していた。一九三三年に出版されたある本の説明によれば、合衆国はその従属民のために、「市民権をもつこと」と「国籍をもたないこと」の中間にある新奇のカテゴリー、いわば前代未聞の法の「曖昧域《リンボ》」をこしらえた。この新たなカテゴリーには黒人だけでなく、フィリピン人やプエルトリコ人といった従属民も含まれた[166]。一九三四年に発表されてからたびたび引用され、(後から見ていくが)「血の法」の起草時の審議に影響を与えた論文のなかでクリーガーは、合衆国では黒人だけでなく中国人も実質的な投票権を剥奪されたことを指摘した[167]。法務関連の党の有力機関紙『ドイツ司法』も同じことに注目した[168]。またある著者は、ジョン・C・カルフーン〔白人至上主義者として知られた一九世紀のアメリカの政治家〕をドイツにとって人種主義者の模範だと褒めそやした一九三五年刊行の書籍のなかで、「ニグロは法の前では平等ではない」と述べ、黒人がついぞ平等とはなりえない理由として、「完全な政治的平等が達成されれば異人種間の性的隔離に当然終止符が打たれるが、これまでのところアングロ・サクソンの健全な人種的本能がそれを拒んでいる」と説明した[169]。

Wie Rassenfragen entstehen

Weiß und Schwarz in Amerika

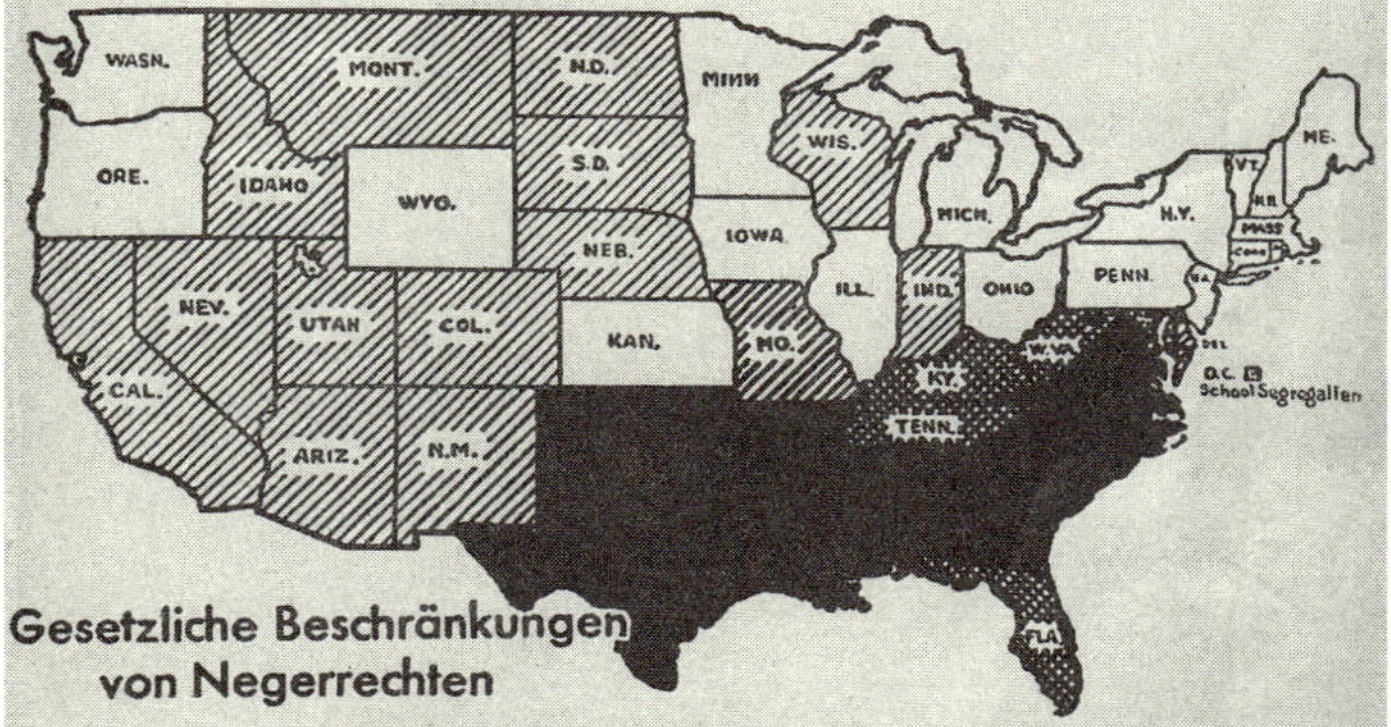

- Kein Wahlrecht, Verbot von Ehen mit Weißen, Rassentrennung
- Alle obigen Beschränkungen mit Ausnahme des Wahlrechtes
- Mischehen verboten, Rassentrennung in der Schule
- Mischehen verboten

Die größte Negerstadt der Welt heißt Harlem, ihr Name stammt noch aus jener Zeit, da Neuyork, an dessen Rande Harlem liegt, Neuamsterdam genannt wurde. Es ist nicht lange her, noch vor dem Weltkriege war auch Harlem weiß; als aber in Europa der Weltkrieg tobte, vollzog sich in den Vereinigten Staaten eine Völkerwanderung. Die Munitionsfabrikanten der Oststaaten brauchten Arbeitskräfte, und die Neger — bis dahin meist Landarbeiter in den Südstaaten — ergriffen die Gelegenheit und eroberten in unblutigem Kampfe ein Stadtviertel nach dem anderen. Stückweise mußten die Neger Harlem bezwingen, jedes Haus, in das Neger einzogen, galt als entwertet, weil sofort alle anderen Mieter kündigten, und neue Negerfamilien zogen ein. Bald sah man auf den prächtigen Avenuen von Harlem, der nördlichen Vorstadt Neuyorks, die kurz zuvor an Reichtum und Eleganz dem Broadway ernste Konkurrenz gemacht hatte, nur noch Schwarze. Durch Grundstückskäufe besiegelten die Neger ihren Besitz.

Mit seinen 300000 farbigen Einwohnern ist Harlem die größte Negerstadt der Welt, mit eigenen Theatern, eigenen Kinos, eigenen Verkehrsunternehmen, eigenen Banken, eigenen Zeitungen, eigenen Hotels und Restaurants — schwarz für Schwarz. Und als „Schwarz" oder „Farbig" wird in Amerika nicht allein der Vollblutneger, so wird jeder bezeichnet, der auch nur einen Tropfen Negerblut in den Adern hat und der infolgedessen aus der Gemeinschaft der weißen Bevölkerung ausgeschlossen ist.

Freilich wird das ungeschriebene Gesetz gegen die Neger in den Nordoststaaten nicht so streng gehandhabt wie im Süden. Jeder Staat der Union hat nämlich seine eigenen Verhaltungsmaßregeln zwischen Weiß und Schwarz. So dürfen Schwarze in St. Louis, soweit der Stadtbezirk im Staate Missouri liegt, nur Straßenbahn fahren. Soweit der Bezirk aber ins Gebiet von Indiana reicht, können sie auch Autobusse benutzen,

9

図3　「「人種問題はいかに生じるか」。「法令によるニグロの権利の制限」を示した48州の地図」。出典：*Neues Volk. Blätter des Rassenpolitischen Amtes der NSDAP* 4, no. 3 (1936): 9. ミシガン大学図書館提供。

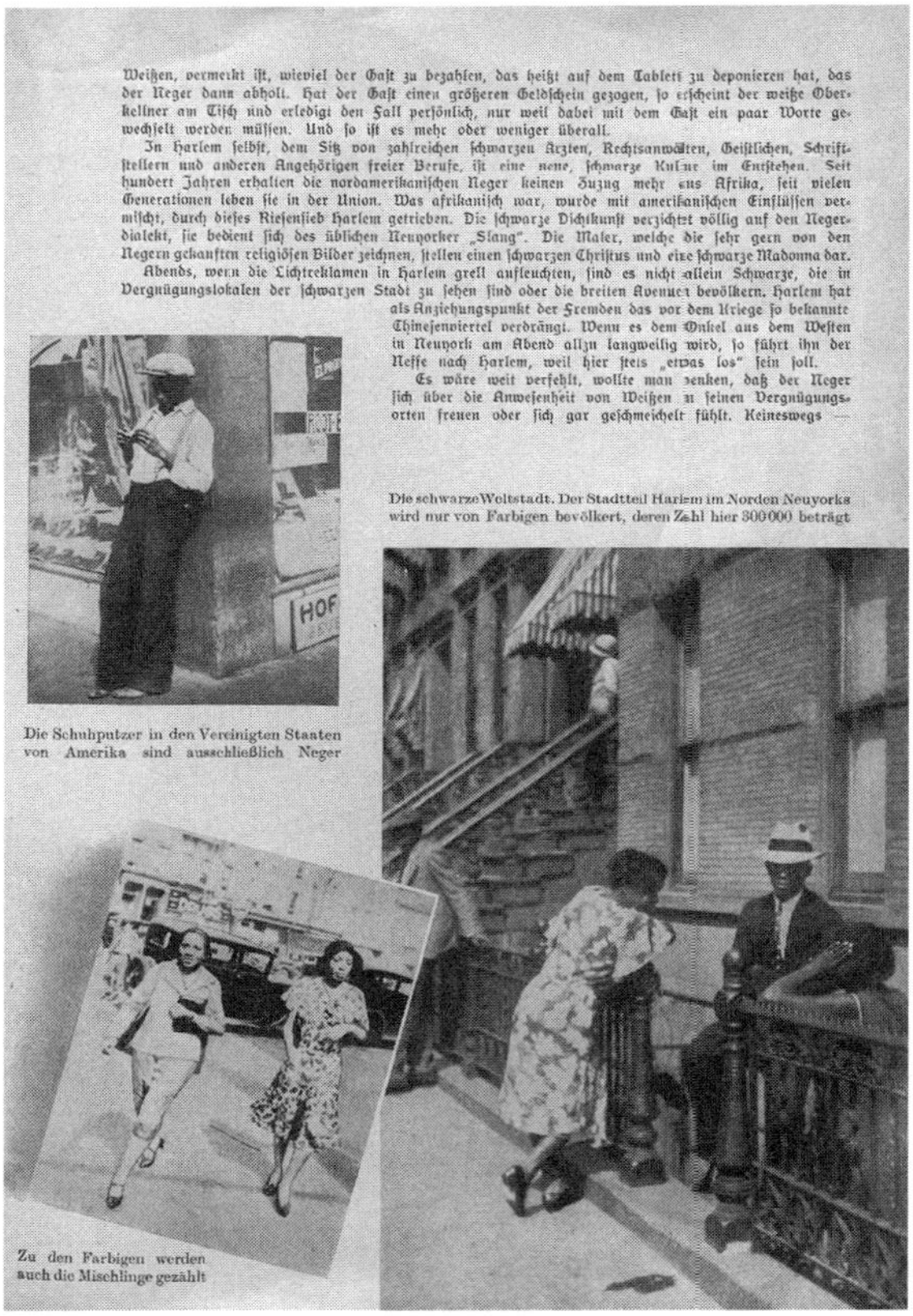

Weißen, vermerkt ist, wieviel der Gast zu bezahlen, das heißt auf dem Tablett zu deponieren hat, das der Neger dann abholt. Hat der Gast einen größeren Geldschein gezogen, so erscheint der weiße Oberkellner am Tisch und erledigt den Fall persönlich, nur weil dabei mit dem Gast ein paar Worte gewechselt werden müssen. Und so ist es mehr oder weniger überall.

In Harlem selbst, dem Sitz von zahlreichen schwarzen Ärzten, Rechtsanwälten, Geistlichen, Schriftstellern und anderen Angehörigen freier Berufe, ist eine neue, schwarze Kultur im Entstehen. Seit hundert Jahren erhalten die nordamerikanischen Neger keinen Zuzug mehr aus Afrika, seit vielen Generationen leben sie in der Union. Was afrikanisch war, wurde mit amerikanischen Einflüssen vermischt, durch dieses Riesensieb Harlem getrieben. Die schwarze Dichtkunst verzichtet völlig auf den Negerdialekt, sie bedient sich des üblichen Neuyorker „Slang". Die Maler, welche die sehr gern von den Negern gekauften religiösen Bilder zeichnen, stellen einen schwarzen Christus und eine schwarze Madonna dar.

Abends, wenn die Lichtreklamen in Harlem grell aufleuchten, sind es nicht allein Schwarze, die in Vergnügungslokalen der schwarzen Stadt zu sehen sind oder die breiten Avenuen bevölkern. Harlem hat als Anziehungspunkt der Fremden das vor dem Kriege so bekannte Chinesenviertel verdrängt. Wenn es dem Onkel aus dem Westen in Neuyork am Abend allzu langweilig wird, so führt ihn der Neffe nach Harlem, weil hier stets „etwas los" sein soll.

Es wäre weit verfehlt, wollte man denken, daß der Neger sich über die Anwesenheit von Weißen in seinen Vergnügungsorten freuen oder sich gar geschmeichelt fühlt. Keineswegs —

Die Schuhputzer in den Vereinigten Staaten von Amerika sind ausschließlich Neger

Die schwarze Weltstadt. Der Stadtteil Harlem im Norden Neuyorks wird nur von Farbigen bevölkert, deren Zahl hier 300000 beträgt

Zu den Farbigen werden auch die Mischlinge gezählt

図4　アメリカ黒人の暮らしの写真。上から時計回りに「アメリカの靴磨き少年はニグロばかり」「黒人世界の中心地——ニューヨーク北部のハーレム近辺には有色人だけが住んでいる」「混血児も有色人とみなされる」。出典：*Neues Volk. Blätter des Rassenpolitischen Amtes der NSDAP* 4, no. 3 (1936): 13. ミシガン大学図書館提供。

der Neger verachtet solche jeden Rassebewußtseins baren Weißen und belegt sie mit dem Spottnamen „jig-racers“, und diese „jig-racers“ sind es gewesen, die die Harlemer „Jazz“-Musik in die weiße Welt einführten.

Das Negerproblem ist noch immer ein Kernproblem im politischen und sozialen Leben der Vereinigten Staaten. Von seiner Lösung hängt vielleicht die ganze Zukunft der Union ab. Man darf nicht vergessen, daß es die Negerfrage war, die vor fünfundsiebzig Jahren zu einem erbitterten Bürgerkriege führte, der vier Jahre dauerte und die Einheit der Vereinigten Staaten ernstlich bedrohte. Damals gab es aber nur vier Millionen ungebildete, bettelarme Neger in der Union. Heute gibt es deren vierzehn Millionen, sie können alle lesen und schreiben, zum Teil sind sie sehr gebildet und reich.

Während bei der weißen Bevölkerung der Vereinigten Staaten die Geburtenziffer beständig im Sinken begriffen ist, vermehren sich die Neger dort beständig, obwohl sie keinen Zuzug aus Afrika erhalten. In dem sogenannten „Schwarzen Gürtel“ mit den Großstädten Neuorleans, Savannah, Richmond und Memphis leben bereits 5½ Millionen Neger und nur 4¾ Millionen Weiße.

In der Neuen Welt schimpft ein bestimmter Teil der Presse gegen die Politik zur Erhaltung der Reinheit der Rasse im nationalsozialistischen Deutschland. Aber auch in den Vereinigten Staaten ist stets eine Rassepolitik in bezug auf die Neger getrieben worden. Was ist denn die Lynchjustiz anderes als eine natürliche Auflehnung des Volkes gegen das Überhandnehmen von Fremdrassigen. In den meisten Bundesstaaten der Union bestehen Ausnahmegesetze gegen die Neger, welche deren Wahlrecht, Freizügigkeit und Berufswahl wesentlich beschränken. Eine Zeitlang beabsichtigte man, eine Negerreservation in USA., ähnlich den Indianerreservationen, in den Südstaaten zu gründen. Jetzt wird von Weiß und Schwarz das Thema der sogenannten „Segregation“, der Negerabschließung, lebhaft erörtert. Bisher war dieses Zusammendrücken von Schwarz zu Schwarz fast ausschließlich ein Gebot der Stunde. So weigerte sich das amerikanische Kriegsministerium, während des Weltkrieges Neger in die Offiziersschulen aufzunehmen, gab aber seine Einwilligung zur Errichtung einer eige-

Negerjungen in Harlem. Die Neger vermehren sich bedeutend stärker als die weiße Bevölkerung der Vereinigten Staaten. Ihre stetig wachsende Zahl macht den amerikanischen Staatsmännern große Sorge

„Du wirst weiß“ — Eine Anzeige aus einer Negerzeitung in den Vereinigten Staaten. Mit Hilfe des hier gepriesenen kosmetischen Mittels soll die Negerhaut in 3 Tagen weiß werden

„Junge, dadurch wird sie dich lieben!“ eine Anzeige aus einer Negerzeitung, die ein Mittel zur Glättung krausen Negerhaares anpreist; die Negerin, die sich mit der Herstellung dieses Mittels befaßt, ist zu einer der reichsten Frauen in St. Louis geworden

図5　アメリカ黒人の暮らしの写真。上「ハーレムにいるニグロの少年たち。ニグロは合衆国の白人よりもはるかに著しく増えている。彼らの数が増え続けていることは、アメリカの政治家にとって大きな悩みの種である」。出典：*Neues Volk. Blätter des Rassenpolitischen Amtes der NSDAP* 4, no. 3 (1936): 14. ミシガン大学図書館提供。

Die Gefahr, die seitens der Neger dem Bestand der Union erwächst, ist aber auch höchst konkreter Natur. Die Kommunisten finden bei den Schwarzen stets bereite Zuhörer und — Anhänger. Die Neger fühlen sich zurückgestellt, sie fühlen sich als „Bürger zweiter Klasse", und die Kommunisten versprechen ihnen in Sowjetamerika nicht nur völlige Gleichberechtigung, sondern auch eine selbständige Negerrepublik im „Schwarzen Gürtel".

Der erste schwarze Weltmeister, Jack Johnson, vor dem Weltmeisterschaftskampf im Schwergewichtsboxen gegen Jim Jeffries in Reno (Nevada), 1910

nen Negeranstalt dieser Art, die dann auch 700 farbigen Offizieren das Patent erteilte. Unter „Segregation" läßt sich eine Vielheit von Dingen verstehen. Der „Jim-Crow-Wagen", d. h. der Negerwagen, ist „Segregation".

Eine Schule, ein Krankenhaus, eine Kirche „nur für Schwarze" ist es ebenso wie eine Schule, ein Krankenhaus, eine Kirche „nur für Weiße". Alle örtlichen Bestimmungen darüber sollen jetzt durch ein Bundesgesetz zusammengefaßt werden.

Mischehen zwischen Weiß und Schwarz sind in den meisten Staaten der Union verboten. Der ehemalige Negerboxer und Weltmeister Jack Johnson darf nicht nach Amerika zurückkehren, weil er in Paris eine Weiße geheiratet hat

図6 「白人と黒人との異種婚は合衆国のほとんどの州で禁じられている。ニグロの元ボクサーで世界チャンピオンのジャック・ジョンソンは、パリで白人女性と結婚したためにアメリカに帰国できない」。出典：*Neues Volk. Blätter des Rassenpolitischen Amtes der NSDAP* 4, no. 3 (1936): 15. ミシガン大学図書館提供。

とくに注目すべきは、一九三〇年代前半のナチスの著述家たちが、アメリカの「ニグロ問題」と自身の「ユダヤ人問題」には明らかに類似点があると認めていたことだ。アメリカはユダヤ人の露骨な迫害がなかったのでナチス・ドイツの関心をまったくひかなかった、とこれまでの学者にならって断言するとしたら、それはまったくの間違いだ。たとえばジョン・C・カルフーンのこの信奉者は、アメリカにとって唯一の切なる願いは黒人をまとめて国外に追放することだと判断した――ドイツにとって唯一の切なる願いがシオニスト運動にあるのとまさに同じだ。(170)

それにも増して重要なのは、専門的な法律文献も同じ類似を認めていたことだ。一九三〇年代前半のナチスの法律家が見るかぎり、ドイツが直面するユダヤ人問題とは何はさておき、とくに政府や官僚、法曹界におけるユダヤ人の「影響力」の問題だった。(171)その理由から、一九二〇年のナチ党綱領には次の第六条がふくまれた。

第六条　国家の執行および立法の決定権は、国家公民にのみ与えられる。したがって我々は、各種の公共機関がその種類のいかんと、国・州または市町村のいずれに属するかとを問わず、等しく国家公民によってのみ、担当されねばならないことを要求する。

まさにこの理由から、ナチスによるごく初期のユダヤ人差別立法は、まずユダヤ人を政府や大学、法曹界から排除することではじまった。(172)そしてアメリカでの黒人の権利剝奪について検討したナチスの法律家らは、そこに黒人の「影響力」と闘うといった、奇妙にもきわめて類似したとりくみを見てとった。彼らから見たアメリカ黒人は、救いようのないほど抑圧され貧窮した集団ではなく、「優位」に立つ恐れがあるので阻止すべき危険な「異人種」だった（このひどくばかげた見方は、ナチスがアメリカの人種主義者から譲りうけたものだ）[173]。クリーガーが一九三四年に発表した有力な論文の説明によれば、アメリカの「支配者人種」が黒人の「影響力」を何としても阻止する必要があったので、憲法で市民権が名目上保障されているにもかかわらず、アメリカの法律家らは黒人集団から完全な政治的権利を剝奪すべく隠れた法的策略を弄していた[174]。この論文はこうした策略がいかに効力をもったかを微細にわたって説明し[175]、いずれアメリカは、祖国ドイツでつくられつつあるような、より「オープンな」人種法に向かうだろうとの、慎重ながらも楽観的な見方を示した[176]。同じくザームも黒人の政治的権利の剝奪にまつわる手法を論じ、これらは南部諸州で「ニグロの政治的影響力を最小限に抑える」ことが目的だと述べた[177]。ドイツ人は、アメリカのユダヤ人の立場にも同じ問題を見てとった。ザームによれば、アメリカのユダヤ人は厳密には法的制限を被ってはいないものの、大学の入学人数の割り当てなどの非法的手段を通して「従属的な社会的立場」に置かれ、とくに一流の法曹界からはあいかわらず締めだされていた[178]。このようにして合衆国は、憲法で保護された権利を表立って無効にすることなくユダヤ人を阻止すべく尽力していた（レールスも同じように考えたが、ユダヤ人による脅威を食い止めるには単なる慣習だけではじゅうぶんでなく、成文法が必要だと信じていた）[179]。

ザームにはとくに注目すべきだ。というのも彼はアメリカの法律にひとかたならぬ興味を抱き、第三帝国の新法との類似を明らかにしているからだ。ヒトラーは『わが闘争』のなかで、「民族主義国家は、その住民を三階級に分ける。すなわち、国家市民、国籍所有者、および外人である」と述べた[180]。ザームは、総統《フューラー》の言葉をはっきりとは引用せずとも、アメリカの法律はまさに『わが闘争』が正式に認める範例に沿っていると説明した。

アメリカの公法では国家市民と国籍所有者と外人とを区別している。

> 国家市民とは最も高位の権利である。人は生まれながらに、もしくは帰化することによってアメリカ市民になる。……
>
> 市民とは別に、市民権を享受できない国籍所有者、すなわち「市民でない国民」が存在する。こうした国民にはフィリピン諸島の大半の住民が含まれるが、かたやハワイ、ポルトリコ〔一九三二年までのプエルトリコの旧称〕、ヴァージン諸島の住民はアメリカの市民権を所有する。[181]

ニュルンベルク法は市民のみが「完全な政治的権利」を享受できると宣言した。ザームが認めるに、アメリカの法律にも「政治的権利」と「市民権」を区別する似たようなルールがあった。[182] さらにアメリカの法律では、法律上は「政治的」権利を所有する集団が投票から締めだされることが確約されている、とザームは指摘した。この冷遇された集団には黒人だけでなくアメリカ先住民もふくまれた。[183] さらに外国人はというと、アメリカの法律のもとで彼らはさまざまな障害に遭遇した。この点は言わずもがなナチスの関心をひいた。一九二〇年以降、ナチスは外国人には限定的な「正規の成員以外の者の権利」しか享受させるべきでないと主張してきたからだ。[184] ドラッシャーが自著『白人種の至上性』で述べたように、こうした手段を用いてアメリカは「国家の執行決定権をアングロ・サクソン人だけが握れるように計らった」。[185]

アメリカのこうした戦術に興味をそそられたのは、またしてもナチスだけではなかった。合衆国南部が黒人（ならびにメキシコ人やアメリカ先住民）の投票権を手順よく剝奪することで、ファシストの人種的秩序のまさにアメリカ版をつくろうとしていたことは、一九三〇年代から四〇年代にかけてヨーロッパじゅうに知られていた。[186]「クー・クラックス・クランはアメリカのファシストだ」とあるフランスの著述家は語り、彼らは黒人への投票権付与を阻止すべく組織された集団であるとした。[187] また一九三六年にアメリカの人種間の関係にまつわる興味深い本を発表したオランダの民俗学者ベルトラム・シュリーケは、南部の「再建期を帳消しにする行為――暴力や脅迫、あからさまな収賄、票の水増し、開票結果の操作や改竄、ティッシュ・バロット〔ちり紙でできた投票用紙を何枚も重ねて一枚の投票用紙に見せかけたもの。あとで投票箱を振るとバラバラになり票が増える仕組み〕など――はすべてニグロの投票者を排除するのに役立ったが……ドイツにおけるナチスの台頭を強く想起させるものだ」と述べた。[188] 一九四四年にスウェーデンの社会科学者グンナー・ミュルダールは「その一党独裁制と、市民の自由が危うい状態ゆえに、合衆国南部はときにファシストと称されることがある」と書いた。[189] ヨーロッパがこの考えを広く共有していたとしても、とりわけ驚くのはナチスがそれを自ら表に出していたことだ。クリーガーが述べたように、南部の民主党はその「人種主義的な選挙法」によって一党制を築いたが、残る唯一の問いは自分たちのようにうまく「党を国体に」できるかどうかだとナチスは明言していた。[190]

結論

ナチスがこれだけアメリカの白人至上主義をもてはやし、これだけアメリカの移民法や公民法を調べ尽くしていたとはいえ、この点については慎重に評価し、慎重に言葉を選ぶ必要がある。ナチスは明らかにアメリカの例に強い関心をもっていたが、彼らの公民法にアメリカのモデルが直接与えた影響について誇張した結論に飛びつくのは間違いだろう。アメリカに見いだした類似をナチスがどれほど褒めていたにせよ、ナチスが自身の公民法でそれをそっくりコピーしたなどということは断じてない。アメリカがおそらく人種法の創設では世界のリーダーたることは、ヒトラーが権力を掌握するかなり前からよく知られ、何度も引き合いに出されていた。とはいえナチスも折あるごとに認めたように、アメリカの法律は少なくとも市民権と移民に関するかぎり、その人種主義的目標をオープンにはしてこなかった（次章で見ていくように、アメリカの異人種混交禁止法に関していえば状況はまったく違っていたが）。市民権と移民についての法律の場合、アメリカは憲法修正第一四条の要件、さらに広い意味ではこの国が声高らかに謳ってきた平等の伝統をうまく回避する必要があった。その結果、アメリカの法律は裏の手口や法的策略と化したのだ。クリーガーが書いたように、アメリカの法律はまさに「法の抜け道《ウムヴェーゲ》」をこしらえた。アメリカの法がこのような悪さをしていることにナチスはもちろん気づいていたし、党のプロパガンダも専門の法律文献もアメリカの法に潜む人種主義の根深さをこれ幸いとばかりに指摘した。とはいえ彼らのほうは人種主義的な市民権のオープンな制度を本気でつくりたいと考えていた。その理由もあって、彼らにはアメリカの法律の文面を借用する必要がなかったのだ。ナチスの人種法は国別割り当てや投票税、グランドファーザー条項や読み書きテストといったものにはなりそうになかった。

いずれにせよ、そもそも修正を加えず借用したものが見つかることなどまずありえない。ナチスの法曹はドイツの法律家であって、誇るべき深遠なる法伝統の代弁者である。彼らはもっぱら諸外国に法を輸出する側で、どこかからまる写しで借りてくるなどもってのほかだ。しかもこのドイツの法律家たちは、人類史上大躍進となるはずの「国民革命」に自分たちが今まさに協力しているのだと信じて疑わなかった。こうした面々がアメリカの法律をサルまねしていたとすれば仰天ものだが、彼らはやはりそうしなかった。

というわけで、ナチスが公民法をつくるさいにアメリカのそれをそっくり「借用」したというのはおそらく間違いだ。これはアメリカからナチス・ドイツへの、比較法の用語でいう「法の移植」といった話ではない。

かといってアメリカの法に対するナチスの関心を過小評価するのもまた愚かで意気地のないことだ。『わが闘争』以来、ナチスはアメリカの白人至上主義をそれこそもてはやし、アメリカの移民や市民権の法律をそれこそ丹念に調べていた。『国家社会主義者のための法律入門』のなかでアメリカは、今やナチスに託された人種主義的使命の「本質的な理解」を得た国だと説明された。その点でこの本は、ヒトラー登場までは合衆国が「世界征服に向けたアーリア人の闘い」において「白人種の指導的役割」を担ってきたと謳う歴史文献とまったく合致している。ナチスの法律文献の著者たちがアメリカの人種立法をすこぶる「不完全」で、よって非難に値すると考えていたとしても[191]、またルイス・ブロッドスキーのようなニューヨークのユダヤ人の行動を嘲笑していたとしても、やはり彼らは合衆国のことを、この国の健全な人種意識にしたがって、健全な民族主義的秩序の政策に向けて手探りで進んでいる国[192]――『わが闘争』によれば、その最初の数歩を踏みだした国――とみなしていた。

したがって、公民法にアメリカからそのまま借用したものはなかったとしても、ナチスの法律家や政策立案者にとって無視できない重要な何かは存在した。アメリカの移民と市民権の例は、「北方人種」の有力な政体で「人種意識」がすでに法に決定的な影響を与えはじめた歓迎すべき証拠ではあるが、雛型そのものにはならなかった。とはいえ、たしかに歓迎すべき証拠だったし、そのことの意味を見くびってはならない。アメリカの法律は近代の法律家にとってすこぶる重要なものをナチスに提供した。それは、自分たちには歴史の追い風が吹いているに違いない、との確信だ。彼らにとってのアメリカを、ヒトラーはこう説明した。自身の人種意識に駆り立てられ、わがドイツがその成就を使命とする類いの人種秩序に向けて最初の具体的な行動を起こした活力あふれる国だと。比較法でいう影響とは、単にどこかの規則をそのままもってきたり、どこかの段落をそっくりコピーしたり、どこかの法令を移植したりすることだけではない。たとえナチスの法律家であろうと、法律家とは自分たちの法律の正当性や必要を実感したいと願うものだ。外国に類似のものがあれば安心するし励みにもなる。とくに近代の法律家は、自分たちがより良い未来に向けて頑張っていると信じたいものだ——そして他の国々もまた同じより良い未来に向けて、いくらへまをしながらも頑張っているという証拠は、彼らにとってありがたい。まして世論を気にしつつ革命的なことをやるはめになった法律家にとってはなおさらのことだ。

そして、これを認めるのは私たちには辛いことかもしれないが、先達の極右派と同じく、このナチスの「国民革命」に加担した法律家たちがアメリカの例に飛びついたのは無理からぬことだった。アメリカの人種にもとづく移民や市民権の法律は事実、二〇世紀の初めにおける基準を設定したのだ。ナチスの例を見れば、合衆国が「国籍や移民に関して露骨な人種主義政策を立てるうえでの指導者《リーダー》」であるとの見方がいかに嘘偽りなきものかがわかる。[193]現在、合衆国が会社法といった分野で流れをつくっているように、これこそ二〇世紀の初めに合衆国の独創的な法文化が世界の流れをつくった分野だった。ナチス・ドイツですらアメリカをめざした理由はここにある。

それでも公民法をつくる過程で見受けられたものを「借用」と呼ぶのはやはりふさわしくない。借用にもっと近い何かの、もっと物議をかもす証拠を探すとしたら、その対となる「血の法」に目を向けなければならない。

第2章　ナチスの血とナチスの名誉を守る

メビウス医師——あるアメリカ人から最近言われたことを思いだしました。彼はこう言ったのです。「私たちもあなたがたと同じことをしています。ですが、なぜあなたがたは自国の法律でそれを大っぴらに言う必要があるのですか？」
フライスラー司法次官——いやそれこそアメリカ人のほうが、自国の法律でもっと大っぴらに言ってるじゃないか！

——一九三四年六月五日

「血の法」を見ていくことは、ナチス・ドイツから逃れた人びとが「人種妄想《ラッセンヴァーン》」(1)と呼んだ世界に入っていくことだ——それはナチスがユダヤ人の脅威にまつわる妄言を喧伝した世界、人種的・性的純粋性を国が強制し、これを危険にさらした者を有罪とし追放することにナチスが狂信的に取り憑かれた世界である。「血の法」は性的関係および結婚による人種の混合を禁じる法律で、戦後のヨーロッパの法律家はこれを自然権〔人が生まれながらに有する権利〕への違反の典型例だと非難したが(2)、ナチ時代には帝国最高裁判所がこれぞまさしく「国家社会主義国の基本的な憲法」であると宣言した。[3] ナチスの法律家はこれを「純粋で混じり気のない」ドイツ人種を維持するのに必要な手段として提示した。[4] ニュルンベルク法の説明によれば、「血の法」は「公民法」と同じく「ユダヤ人の血がこれ以上ドイツ民族の集団に入り込む」のを防ぐためにどうしても必要で、[5] この法をめぐる言辞には、ユダヤ人との性的接触がもたらす危険への警告が声高に叫ばれていた。

「混合する」とは、「ユダヤ人の血がドイツ民族の集団に入り込む」といった脅威を説明するさいにナチスの著述家らが決まって用いる表現で、「混じる」という意味のドイツ語の語根 -misch をふくむさまざまな言葉を用いて脅威が喚起された。病んだ社会とは諸民族の「混合 Vermischung」に遭遇した社会で、こうした混合によって生まれるのは、ナチスの文献が再三言うように、堕落した人種の「ごた混ぜ Mischmasch」である。ニュルンベルク法の目的は、こうした堕落からドイツを守り、「ユダヤ世界がドイツ民族と混合する [Vermischung] ことを永久に不可能」にすることだ。ここで重要となる法律用語もまた同じ語根に由来する。「血の法」が禁じるのは「異人種間結婚 Mischehe / Mischheirat」で、何より性的混合から生まれる恐れがあるのは、堕落した「混じり合った者」すなわち「混血児 Mischling」である。

「血の法」の背後にある妄執じみた反混合感情を理解するには、ナチスのとくに印象深い二人の要人の発言を紹介するとよいだろう。一九三〇年代の初頭に「党指折りの法哲学者」となったヘルムート・ニコライ、[6] そして内務省に務め、「血の法」の初期の草案と、そのだいぶ後の政策決定に携わった「人種的予防措置」の専門家アヒム・ゲルケだ。[7] どちらもナチ政権の初期に一目置かれた人物で、どちらも一九三五年に同じ容疑で追放された。同性愛だ。[8] この容疑が真実であったのか——この性的純粋性を狂信するナチスが本当に同性愛者だったのか——は知るよしもないが、ことによると隣人の多くから性的嫌悪の目で見られていたのかもしれない。いずれにせよ二人は一九三〇年代前半に第一線で活躍し、彼らの演説や著述には、「血の法」

の制定に影響を与えた性的混合の危険にまつわるナチスの狂信的心理が如実にあらわれていた。

ニコライとゲルケは、ナチスが「人種汚辱《ラッセンシャンデ》」と呼ぶもの――ドイツ人（とくにドイツ人女性）と劣等人種（とくにユダヤ人男性）との性的結合――を激しく糾弾した。(9) ナチスの上層部が心配するに、一般大衆は種全体を危険にさらすドイツ人とユダヤ人との性的交渉のおぞましさを単に理解できないのだ。したがってドイツ人に「教育および啓蒙」を施す必要があり、言うなれば彼らを改心させる必要があった。(10) この目的のために、ゲルケは一九三三年の夏に「人種主義者の考えを身につけよう」という覚えやすい題目のラジオ演説をおこなった。あいかわらずナチスによる教化が必要なリスナーに、ユダヤ人と結婚するのは「病気」としか思えないと辛抱強く説いた。(11) いっぽうニコライはというと、一九三二年、すなわちヒトラーが首相に就任する前年の物騒な時期に出版した小冊子のなかで、ユダヤ人は雑種化の媒介生物であると有権者に熱心に説明した。それどころか厳密にいえば連中は「純粋な」人種ですらないのだ。全員が混血児《ミッシュリンゲ》で、何千年にもわたる粗忽な異種交配の産物なのだ。(12)

ニコライが一九三二年に発したユダヤ人の混血児がもたらす脅威への警告は、ナチスにお決まりの狂気じみた歴史観に依拠するもので、これは当時の文献に再三繰り返し現れた。人類の歴史とは何千年にもわたる人種の荒廃の物語――人種混合の結果、堕落し、やがてすっかり衰退してしまった優等人種の物語なのだ。「北方人種」のドイツが危機にある今、新たな結婚法の制定が急を要している。見境のない結婚による人種混合は、見境のない移民による人種混合と同類で、どちらの場合もユダヤ人が汚染源とされていた。

こんにち異なる民族は基本的に国境によって分かれている。これまで発生したあらゆる民族の混合［Vermischung］が今の程度ですんでいること、そのため諸民族が人種的に互いに区別できることは、大半の民族が定住していることにもっぱら関係する。ところが定住はユダヤ人にはありえない。現実に彼らはユダヤ教を支えとする強固に閉鎖的な共同体を通じて自身の民族主義的まとまりを維持している。とはいえ彼らはかねてから流浪の民で、今もかわらず流浪の民だ。彼らの感覚や道義心に一致するのは、国境が消滅し、民族主義的共同体をまとめるあらゆる結びつきが解かれ、さまざまな民族が無差別に混じり合い、ひとつにまとまった人類をつくることなのだ。(13)

ユダヤ人は諸国家の境界と性的な境界の両者を破った「外国人団体」であって、彼らは「ひとつにまとまった人類」という最悪の未来への扉をあけたというわけだ。「わが民族は危機にある！」と、別のナチスの法律文献は一九三四年に叫び、お決まりのスローガンを繰り返した。(14)

こうしたナチスの妄言のいっさいが合衆国のどんなものとも無縁であってほしいと願いたくもなる。ところが本章で見ていくように、まさにこの「血の法」において、アメリカの法モデルとナチスの直接のかかわりを示す最も物議をかもす証拠が、そして、直接の影響を示す不穏な兆候が見つかるのだ。アメリカの法律は、「血の法」の当初の枠組みを定めた急進派ナチスによる重要文書で、はっきりと引き合いに出されていた。一九三三年に急進派が配布した『プロイセン司法省の覚書』〔以後、プロイセン覚書〕のことだ。その後の討議においてーーとりわけ延々と続く速記録が残された一九三四年六月の重要な立案会議においてーーアメリカのモデルが何度も繰り返し論じられた。とくにアメリカのモデルを擁護したのはナチスの最も急進的な一派で、彼らは性的混合を厳しく禁ずるよう強硬に要求した。そしてこれから見ていくように、ニュルンベルクでついに公布された「血の法」に、アメリカの影響の跡が刻まれることになる。

本章で語らざるをえないアメリカの影響にまつわる話は、いかにも気の滅入るものに違いない。とはいえ二〇世紀前半のアメリカの人種史に精通する読者なら、さほどの驚きはないかもしれない。アメリカの大半が同じ人種妄想にとりつかれていたのは周知の事実だ。ナチスの文献が認めたように、黒人男性が頻繁に白人女性を強姦しているのを「知っている」と断言するアメリカ人はいくらでもいた[15]。ドイツの著述家たちが気づいたように、アメリカの裁判所は「二つの人種が混合すれば、混血児集団ならびに文明の退化が生じるだろう」との自明の判断をくだすだけの力量があったし[16]、アメリカの連邦最高裁はナチスのものと見分けのつかぬ主張をする南部諸州からの申し立てを歓迎し[17]、一九三〇年代前半にニューディール政策を熱烈に支持したセオドア・ビルボ上院議員のような南部の人種主義者は、混合による人種荒廃といったヘルムート・ニコライばりの狂気じみた話を広めもした。「一九三八年の反リンチ論争においてビルボは「雑種化」に非を鳴らし、それは地球の大半において白人文明を破壊してきた行為であると訴え、ヒトラーの『わが闘争』の真似をして、「最も純粋なコーカソイドの血液にニグロの血が一滴入るだけで、彼の精神における発明の才が破壊され、その創造的能力が麻痺する」と主張した[18]」（実際、ビルボはナチスですらためらうことにまで踏み込んでいた。これから見ていくが、ナチスは「血の一滴の掟《ワンドロップルール》」をあまりに厳しすぎると断固拒否したのだ）。

たしかにアメリカも人種妄想に汚染されていたかもしれないが、「血の法」にこの国が影響を与えたのは人種妄想ではなく、人種混交の脅威に立ち向かうべくこの国が独自に編みだした法的手法のほうだった。この分野でもやはりアメリカは世界のリーダーだったのだ。

とにもかくにも合衆国は、異人種混交禁止法という独自のモデルを提供した。「優等」人種と「劣等」人種間の結婚は避けるべきだとの考えは、二〇世紀初めの優生学の最盛期に世界に広まっていた[19]。それでも実際に法律で禁止される場合は稀で、アメリカ以外の例をナチスはなかなか見つけられなかったはずだ。これから本章の大半をあてて見ていく一九三四年六月の立案会議の場で、帝国法相のギュルトナーが宣言したように、「この問題に他の民族がいかにとりくんできたかを知るべく世界に目を向けることは、当然ながらすこぶる妙案といえる」。そしてこの法相にとって合衆国は、利用できるとわかった唯一のモデルだった。[20] ナチスの文献でも同様で、慣習上または社会的に禁止が強制された事例は多く見つかるも、実際に法令として存在する例は合衆国以外にはほぼ見つからなかった。[21]

とくに重要なのは、合衆国が例外的な立法手法の見本を提供したことだ。アメリカの三〇の州が異人種間の結婚を民法上無効と宣言しただけでなく、そのうちの多くの州がこうした結婚をした者に厳罰をふくめた処罰を科すと脅していた。これはすこぶる異例のことだった。結婚を犯罪とするのは法制史上稀有なことだ。さまざまな種類の結婚が何世紀にもわたって無効と判断されてはきたが、近代の西洋世界でたびたび犯罪とされ起訴されてきたのは重婚だけだ。[22]「白豪主義」〔一九世紀後半から二〇世紀半ばまでのオーストラリアにおける有色人種の移民を排斥する政策〕時代のオーストラリアのような徹底した人種主義国家ですら、アメリカの脅迫的な先例にならうことはなかった。一九一〇年のオーストラリアのある重要な法律は、「アボリジナルの女性とアボリジナル以外のいかなる者との結婚も、そのような場合に許可を与える権限を大臣から付与された擁護者の文書による許可がないかぎり、これをおこなってはならない」といったものにすぎなかった。[23] この法律によれば原則として起訴は可能だが、それでも違反者が厳しい処罰を受けるとは言っていない。[24] メリーランドのようなアメリカの州の異人種混交禁止法とはえらい違いだ。メリーランドの州法では、誰をどの人種に属するとみなすかがはるかにつまびらかに説明され、その脅しは苛烈なものだった。

> 白人とニグロとのあいだ、もしくは白人と三世代までさかのぼりニグロの血を有する者とのあいだ、もしくは白人とマレー人種に属する者とのあいだ、もしくはニグロとマレー人種に属する者とのあいだ、もしくは三

世代までさかのぼりニグロの血を有する者とマレー人種に属する者とのあいだの結婚は永遠に禁止されており、よって無効とされる。さらにこの条項に違反した者は破廉恥罪を犯したものとされ、一八カ月以上一〇年以下の禁固刑に処する。(25)

この手の容赦ない処罰は合衆国だけがもつ類いの法律だった。ほかにも一九三〇年代前半にナチスの文献が注目したいくらか似通った例が唯一南アフリカにあったが、これは異人種間の婚外交渉を罰するもので結婚を罰するものではなかった。(26)これから見ていくが、異人種混交を犯罪として処罰できるという発想は、ニコライやゲルケなどのナチス、さらには一九三三年にプロイセン覚書を起草したナチ急進派の法律家にとってすこぶる魅力的に映った。この異人種間結婚の犯罪化にこそ、アメリカがニュルンベルク法に直接影響を与えたことを示す何よりのしるしが見てとれるのだ。

アメリカの異人種混交禁止法には、ほかにも役立ちそうなものがあった。それは「混血児」の分類の仕方についての法律だ——本書ではこれを「雑種化の法律」と呼ぶことにする。人種混合の撲滅に乗りだしたナチスは、ドイツ内の混血児の処遇をめぐって由々しき問題にぶつかった。ドイツ・ユダヤ人の大半は間違いなくユダヤ人だった。ところがドイツ・ユダヤ人には異人種間結婚の長い歴史があり、処遇を決めかねる、血の混ざった人間がかなりの割合で存在した。一九三五年のナチスによる公式の集計によれば、ドイツには完全および四分の三ユダヤ人が五五万人、二分の一ユダヤ人が二〇万人、四分の一ユダヤ人が一〇万人いた。(27)「アーリア」人種の血を部分的にでも有する子どもを拭えないほど汚染させるには、一体どれくらいのユダヤ人の血が必要なのか。ドイツ国籍を所有する、どの雑種化したドイツ人にナチスの大なたが振るわれるのか。ここでもまたドイツの著述家たちが認めたように、合衆国には学ぶべきものがあった。この国には古くから主人と奴隷との性的関係が存在し、一九二〇年にエドゥアルト・マイヤーが報告したように、「途方もない数の混血児」の問題にまさに悩まされていたからだ。[28] そのため雑種化にまつわる大量の法律をこしらえ、誰がどの人種に属するか、もしくは属さないかを規定した。しかも、この法はこの国の移民や市民権の法律とは違って「オープン」なものだった。つまり人種主義的なねらいを隠そうともせず、法の抜け道や策略といったものをいっさい用いていなかった。

アメリカにおける雑種化の法律もまた、ナチスの政策立案者が調査し利用できる理論の集大成を提供してくれる他国の唯一の法体系で、実際にナチスはこれを利用した。ところがここで私たちは、これまでのうちで最も不快な皮肉に出くわすのだ。つまり雑種化の法律にかぎっていえば、ナチスはアメリカの法律をそのままとりいれる気にはなれなかった。だがその理由はアメリカの法律を、あまりに啓蒙的だとか、あまりに平等主義的だと考えたからではない。これから見ていくように、これは辛辣なパラドックスだが、ナチスの法律家はたとえ急進的な輩ですら、雑種化にまつわるアメリカの法律は第三帝国が受けいれるにはあまりに厳しすぎると考えたのだ。ナチスの目から見れば、この点についてはアメリカの人種法はやりすぎで、ドイツにはとてもついていけなかった。それでも後述するように、ナチスの法律家たちはアメリカ諸州の州法の研究に勤しみ、そこに学ぶべき知恵がないか懸命に探し求めた。

「血の法」に向けて——街頭での対立と政権内の対立

ナチスの政策立案者がアメリカの異人種混交や雑種化の法律をどう扱ったか詳しく見ていく前に、ここでも歴史的な背景をいくらか説明しておくことが重要だ。ナチスがアメリカの異人種混交禁止法の調査をおこなっていた当時、一九三三年前半のヒトラーの政権掌握から数カ月のうちに、いくつかの対立が生じていた。まずはナチスの計画を自発的なポグロム〔「破壊」を意味するロシア語。とくに帝政ロシアでおこなわれたユダヤ人虐殺をさす〕のような暴力によって達成したいと考える街頭の急進派と、「国民革命」を国家の統制下で進めたいと考える党上層部との政治的対立があった。次に、官僚内でも二手に分かれて対立が続いていた。かたやナチスの急進派はおよそ考えうるかぎりの厳しい措置を求め、かたや伝統的なやり方を踏襲したい法律家たちは、できるかぎり旧来の法慣習に従ってナチスの法律や立法にいくばくかの節度をもたらそうと努力していた。そして最後に、諸外国との関係をめぐっての対立があった。「有色」人種を冷遇する法律を通過させようとした急進派ナチスの計画は、日本やインド、南アメリカをはじめとする世界各地から怒りの抗議にさらされた[29]。不買運動の脅しに直面したナチスの政策立案者らは、人種主義的な立法計画をトーンダウンする必要に迫られた。こうした対立のすべてが、結婚と性的混合に関するアメリカの法律をナチスが利用するにあたって影響を及ぼした。

街頭での対立――「明快な法律」を求める

街頭での政治的対立はニュルンベルク法が誕生した直接のきっかけでもある。これまで歴史家が述べてきたように、ニュルンベルク法は街頭での過激な暴力に対処するかたちで公布された。「国民革命」当初の混沌とした時期にあった一九三三年、そして一九三五年にも、「下からの」暴力は広く発生していた。大半が死者を出すものだったが、ナチスはこれをユダヤ人に対する「個別行動」と称し、ベルリン当局が認めたものでも指示したものでもないとした[30]。とくに標的となったのは、例によってユダヤ人がドイツ人と性的に「混合」したかどで責められる「人種汚辱《ラッセンシャンデ》」の場合だった[31]。アメリカの人種法の研究では第一人者であるナチ党員のハインリヒ・クリーガーは、こうした街頭での「個別行動」を、アメリカでのリンチ制裁に類するものと見ていた。「人種意識」に突き動かされ、法の道にはずれた行動に出て、黒人の「人種汚辱者」に嘆かわしいほど狂気じみた野放図の暴力を働いたアメリカ南部の住民のように、ドイツ人もまたユダヤ人に狂気じみた野放図の暴力を働いているのだ。[32] ナチ党の人種政策局の言葉を借りれば、これは「優位に立とうとする異人種」に対する「蜂起」であった。

ナチスの上層部もまたこうした「個別行動」を嘆かわしいものと見ていたが、それには二つの理由があった。一つは、外国のメディアに悪い印象をあたえるからだ。ヒャルマル・シャハト経済相は、街頭での暴力によってドイツの国際的なイメージが悪化し、それが経済復興を遅らせていることにとりわけ気を揉み、厳重に取り締まるよう強く迫った。[33] もう一つの理由は、「個別行動」とは、ナチスの野望の達成に不可欠な党の統制に亀裂が生じていることのあらわれであるからだ。ナチスにとって都合がいいのは、国家の後押しする、公式の、しかるべく管理された迫害であって、街頭でのリンチや下っ端党員による「行動」などではない。一九四四年にグンナー・ミュルダールが述べたように、アメリカ南部の人種主義者とは違ってナチスの人種主義者は、迫害を「ファシスト国家の中枢組織」の仕事とみなし、[34] そのため大衆によるリンチはそこになじまなかった。

ドイツの街頭で起きた暴力へのこうした懸念が、ニュルンベルクでの「公民法」と「血の法」の公布につながった。「国民革命」が手に負えなくなることを懸念したナチ党は、迫害という仕事を国家の手中に留めおけるような「明快な法律」をつくることで事態の収拾をはかろうとした。[35] 一九三五年九月に「自由のための党大会」がひらかれるまでの数カ月間、内務大臣のフリックやその他の面々は、街頭に秩序を取り戻すべく市民権と性的関係に関する立法を準備していることを繰り返し明言した。[36]

政権内の対立――プロイセン覚書とアメリカの例

ところが必要とされる「明快な法律」をつくるにあたっては、ナチ党内の急進派と、より伝統を重んじる法律家との対立がつねにつきまとった。急進派は性的混合を広く犯罪とするよう要求した。一九三〇年にはすでに帝国議会のナチスの議員たちが、異人種間の結婚を犯罪とする法案を提出し(37)、一九三三年に党が政権を掌握すると、急進派は「ユダヤ人の血がこれ以上ドイツ民族の集団に入り込む」ことを阻止すべく、引き続き同じ要求を突きつけた。ところがこれには守旧派の法律家たちがかなり抵抗し、さしあたってその抵抗は功を奏した。このナチ党内急進派と、守旧派の法律家との対立は瞠目すべき話で、もっと詳しく見ていく価値がある。これは近代法制史上の重要なエピソード――ナチズムへと陥落するなかで法の伝統がいかに歯止めとして機能しえたかを示す先例的事件《テストケース》なのだ。しかもこれは当初からアメリカの範例の有用性をめぐって起きた対立でもあった。

ドイツの刑法をナチ化するための急進的計画は、プロイセン覚書と呼ばれる重要文書ですでに提案されていた。この文書が初めて配布されたのは一九三三年九月、夏に吹き荒れた街頭での暴力がすでに鎮静化した頃だった(38)。それから二年後に「血の法」として公布されることになる法律の基本路線を打ち立てた、この強硬な文書は、プロイセンの法相を務めるナチ急進派のハンス・ケルルの招集したチームによってまとめられた(39)。指揮をとったのは、本章で大きく浮上する人物、ローラント・フライスラーだ。のちに血塗られたナチスの人民法廷の長官を務める、悪名高きナチスの法律家――ある伝記作家いわく「ヒトラーに仕えた殺人者(40)」――で、ユダヤ人の絶滅を最終的に決定したヴァンゼー会議にも出席していた(41)。

フライスラーたち急進派が協力してつくったプロイセン覚書の主たる目的は、ナチスの政策でおなじみの手荒な新手法の導入に都合のいいようヴァイマル共和国の「リベラルな」刑法を廃止することにあった。そこでこの目的に沿って刑法を強化するための要求を並べたが、これは守旧派の熟練法律家からかなりの批判を浴びた。[42] この要求には、その二年後に「血の法」に組み込まれることになる計画を説明するくだりもふくまれた。そこには従うべきナチスの新たな秩序の例が二つあげられていた。中世ヨーロッパにおけるユダヤ人の追放、そして近代アメリカにおけるジム・クロウ法である。

国内外でも論議を呼ぶであろうこのくだりで、プロイセン覚書の作成者は「人種的反逆」「人種の名誉を傷つけること」「人種的脅威」という三つの人種的犯罪の創設を呼びかけた。まず序文において彼らはナチスの歴史観をもちだした。

> 歴史は、人種崩壊《ラッセンツェアゼッツング》が諸民族の衰退と没落につながることを教えている。対照的に、民族における外国人種の階層、とりわけユダヤ人を排除した諸民族は繁栄してきた（たとえば一三九四年にユダヤ人を追放したのちのフランス、一二九一年にユダヤ人を追放したのちのイギリスなど）。……人間の容貌をもつ者は誰しも平等であるといった、過去の利己的な時代の基本原則は、人種を、さらには民族のもつ生命力を破壊する。したがって国家社会主義国のやるべき仕事とは、ここ数世紀にかけてドイツで進んでいる人種混合を阻止し、今なおドイツ国民を決定づける北方人種の血を再びわれわれの生命に蘇らせるとの目標に向かって懸命に努力することである。

この目標を達成するには、異人種間の結婚を犯罪とすることが緊急に必要とされた。それでもこの覚書は、既存の異人種間結婚についてはこれを邪魔立てしないとした。

したがって、このいわゆる「北方人種化《アウフノルドゥンク》」のためにまず必要な条件とは、ユダヤ人、ニグロ、そのほか有色人種のいずれもドイツ人の血に入り込ませないようにすることだ。混合を犯罪として禁止することはこのようにとらえるべきで、法によりドイツ人の血と厳密に隔離することが定められた外国人の血を有する共同体や人種に属する者との混合は、以後禁止される。したがって既存の異人種間結婚については、差し止めが適用されることはない。ただし異人種間の結婚が今後とり結ばれることは帝国の法律によって阻止すべきである。

ともかく既存の異人種間結婚には手を出さないことは、あいかわらずナチスの方針だった――ただし党は「アーリア人」の伴侶に対して離婚するよう熱心に働きかけたが。[43] 次にこの覚書は、「人種的反逆」という新たな犯罪をつくることを提案した。

人種的反逆

ドイツ人と外国人種に属する者とのいかなるかたちの性的混合も、人種的反逆として処罰されるべきであり、よって両者とも処罰の対象とされる。……とくに処罰に値するのは、性的交渉または結婚が悪意ある詐欺によって誘発された場合である。……民法において、結婚が異人種間のものである場合はそれが解消の理由になることを明言しなければならない。

さらにこの覚書は「人種の名誉を傷つけること」にも話を向けた。ただちに物議をかもすことになるこの提案は、「有色」人種を標的とし、よって東アジアや南アジア、南米諸国からの反感を買うものだった。さらにこの提案には、本章でこれから見ていく、合衆国の度重なる援用の手始めとなるものがふくまれた。

人種の名誉を傷つけること

また人種の名誉を傷つけることも犯罪として処罰できるものとしなければならない。たとえばドイツ人女性が恥ずかしげもなくニグロと交際することは、目にあまるほど民族の感情をないがしろにするものだ。すなわちこの条項は、その交際が公の場でおこなわれ、慎みのないかたちでなされ、民族の感情をひどく逆撫でする場合にかぎるものとする（たとえばパブでニグロと淫らなダンスをする、など）。この条項はまた、有色人種に限定されるものとする。このように人種の名誉を守ることは、他の民族がすでに実践している。よく知られる例として、北アメリカの南部諸州では、公的ならびに私的な交流のいずれにおいても白人と有色人をすこぶる厳しく隔離している。(44)

アメリカの人種隔離法にナチスがまったく興味をもたなかったと考えるのがいかに間違っているかを、この文書ほど如実に示すものはないだろう。このプロイセン覚書は、ニュルンベルク法に帰着した人種計画にまつわる初期の最も重要な声明である。これがジム・クロウを例にあげた事実を無視することはできない。さらに驚くべきことにこの文書は、ジム・クロウをナチス自身が想定するものよりもっと過激なものとみなしていた。ナチスの計画はあくまでドイツ人と「有色人種」が公の場で交際する場合にかぎられ、起草チームに加わったある急進派のナチスが明言したように、この覚書の提案はその点では「きわめて制限されたものだった。(45) 反対にジム・クロウは覚書で指摘されるように、「公的ならびに私的な交流のいずれ」も対象としていた。後から見ていくように、アメリカの人種法はそのまま拝借するには厳しすぎるとナチス・ドイツは幾度か判断したのだが、これはその最初であった（またこの覚書がアメリカの法律に触れたのはここだけではなかった。「人種的脅威」という犯罪の提案が議論されたさいに、アメリカとオーストラリア両国の移民法も引き合いに出された[46]）。

守旧派の法曹による抵抗——ギュルトナーとレーゼナー

プロイセン覚書に体現されたナチスの法的急進主義はやがてニュルンベルクで勝利をおさめるのだが[47]、当初は、旧来の伝統を重んじる法律家からかなりの抵抗を受け、さしあたってその抵抗は功を奏した。それどころか守旧派の法曹人たちは数カ月にわたって急進派に歯止めをかけることができた。はたして効果的な抵抗などできたのか腑に落ちないかもしれないが——すでにドイツはナチスの独裁政権下にあったのでは？——それでも一九三〇年代前半のドイツの、もっと大局的に見た政治的背景を頭に描くことが肝心だ。ヒトラーが政権について最初の数カ月間、第三帝国はあいかわらず二つの国旗を掲げていた。まずナチ党の鉤十字旗、そして熟練法律家を多く擁する有力な官僚に浸透していたナショナリスト保守派を象徴する黒白赤の旗である。そしてついにある出来事により、この政権の急進主義への歯止めが解かれたことが白日の下にさらされた。「長いナイフの夜」〔突撃隊指導部の粛清〕、一九三四年六月三〇日に始まったナチスの殺戮の宴である。この「長いナイフの夜」の後には、ドイツはもはや法の支配（たとえ最低限のものでも）の伝統的概念とかろうじてつながっているそぶりすらできなくなった[48]。それまでは、ともあれ一九三四年の初夏までは、比較的穏健な法律家たちがどうにか前線にとどまっていたし、それはプロイセン覚書をめぐる対立の記録からもうかがえた。

ナチスの急進主義に法曹が精いっぱい抵抗した経緯を見ると、二人の魅力あるも正体の定まらぬ人物がとくに重要な役割を果たしたことがわかる。フランツ・ギュルトナーとベルンハルト・レーゼナーだ。彼らが急進的計画における二つの重要な局面で抵抗を試みたことは、じゅうぶんな証拠で裏打ちされている。その局面とは、一つは異人種間の結婚の犯罪化、もう一つは誰を「ユダヤ人」とみなすかという定義の拡大である。ただし二人とも英雄と呼ぶにはほど遠い人物だ。どちらも極右に属しており、ヒトラーに協力し、何らかの迫害計画の策定に向けて働くこともやぶさかでなかった。彼らが比較的穏健な態度をとったのは、進歩的な価値観にいくらか傾倒していた――もしくは表向きはそう見せていた――からではない[49]。むしろ情報源から明らかになるように、彼らは伝統的な法理を擁護し、ナチスによる迫害計画はドイツの看板である高度に発達した「法の科学」の論理や構造に合致したものでなければならないと主張していた。彼らは反体制派の街頭演説家などではなく、いわば熟練の法曹に本能的に備わる保守主義を披露した官僚的役人で、当座のあいだ彼らは合法性に関するこの国の旧来の基準をいくらか守ることができた。

まずは法相のギュルトナーから見ていこう。ナチスに協力し、ナチ政権で要職を歴任したナショナリストの保守派の一人だ。ドイツ国家人民党の主要メンバーであるギュルトナーは、一九二〇年代にナチスの地盤であるバイエルンの法相を務め、この地でヒトラーへの共感を示し、おそらくヒトラーを支援したと思われるが、この間ナチ党には正式に加わっていなかった[50]。一九三二年の夏にやはりナショナリスト保守派のフランツ・フォン・パーペンによって帝国法相に任命され、その後もシュライヒャーに、次にヒトラーの命により法相の職にとどまった。一九四一年に亡くなるまで現職を務め、ナチ党には一九三七年になってようやく加わった、ナチスとナショナリスト保守派との協力を象徴する人物だ。学者らはギュルトナーのことを、たとえ望みが薄くとも、ナチズムによる最悪の蛮行を可能なかぎり阻止したいと本心から願ったがために現職にとどまった人物だと解釈する。[51]
たしかに望みはなかった。結局のところギュルトナーはヒトラーのもとで引き続き任にあたったわけで、お世辞にも英雄とは呼べない。それでも一九三〇年代前半にナチスの急進化に歯止めをかけようと努力したことや、[52]とりわけプロイセン覚書による異人種婚の犯罪化の要求に、他の法律家ともども疑問を投げるのに一役買ったことはわかっている。
この疑問について丹念に見ていくことが重要だ。ドイツにおける守旧派の熟練法曹、なかでも諸手をあげてこの新政権を歓迎する者の目から見てすらも、プロイセン覚書が求める措置がはたしてこの国の法律に定められた規範内で実行できるのかははなはだ怪しかった。問題の大半はその提案の規模が大ざっぱに広いことに関係した。プロイセン覚書には異人種間の結婚を犯罪化するよう要求する苛烈なくだりが数カ所ある。とはいえ異人種間の結婚が民法で無効とされないかぎり、これを犯罪とすることがどうしてできるのか。法律のある箇所で合法とされているものを、別の箇所でどうして犯罪にできようか。刑法を修正するなら民法もまた同様に修正する必要がある――これはドイツの守旧派の法曹人にとって気の遠くなるような話だった。[53]しかも異人種間結婚が民法で無効であると宣言するのは簡単なことではない。プロイセン覚書ですら、国が既存の異人種間結婚を解消させるべきだとまでは言っていない。したがってこれらの提案を実行に移すとなれば、あいかわらず合法とされる異人種婚もあれば、厳しい刑事罰の対象となる異人種婚もありうるといった奇妙な事態が生じることになる。複雑で物議をかもす法の曲芸でもやらないかぎり、うまくいくわけがない。[54]
問題はそれだけではなかった。合衆国を除いたどの西洋諸国とも同じく、結婚はどのみち刑法の対象ではないというのがドイツでの一般の法理だった。歴史上、重婚は犯罪として起訴されてきたが、これを範例として異人種間結婚にすんなり適用できるわけがない[55]。むしろギュルトナーのような守旧派の法律家にとっては、重婚と通常の異人種混交との違いは鮮明だった。重婚の罪は心理的には詐欺行為に近い。重婚による起訴では通例いっぽうが無辜な犠牲者とみなされる[56]。重婚は夫婦の片方が相手に自身の婚姻状況について嘘をついたときに発生する。たしかにナチスの新法をつくるにあたって重婚の例を応用できる余地はあった。たしかにプロイセン覚書では、「人種的反逆」にまつわる法律は「悪意ある詐欺」、すなわち夫婦あるいは性的パートナーの片方が自身の人種について相手をだますことに、とくに強硬に対処すべきだと訴えていた。自身の人種について嘘をついた者は、自身の婚姻状況について嘘をついた者と同類である（前例として一九二七年の法律を援用することも可能だった。これは性病にかかっていることを打ち明けなかった者に刑事罰を科すものだ。急進派のナチスに言わせれば、ユダヤ人であることを明かさないのは性感染症にかかっていることを明かさないようなものだった[57]）。とはいえ異人種混交の場合は通例、両者とも嘘などつかず、互いに承知のうえで結びつきをもつものだ。それをどうやって犯罪にできるのか。ギュルトナー法相が認めてもいいと考えたのは「悪意ある詐欺」を犯罪にすることだけだ——とはいえそれすらも守旧派の法曹は論理上由々しき問題があると見ていたが[58]。

ではベルンハルト・レーゼナーはどうだったのか。彼がおもに一役買ったのは、「ユダヤ人」の定義という問題についてだった。「混血児」を分類するにあたって、党の急進派は当然ながら可能なかぎり広い定義を採用したがり、一九三三年七月の「帰化取消およびドイツ市民権剥奪法」によって祖父母のうち一人がユダヤ人であれば「ユダヤ人」とすることに成功していた[59]。これはナチスの政策の基準からすれば広範な定義だった——とはいえアメリカ諸州で広まっていた「血の一滴の掟」のような人種の定義にはおよびもつかないものだったが[60]。それでもナチ政権の穏健な法律家にとって、これは急進的すぎるものだった。彼らはもっ

図7　ベルンハルト・レーゼナー。出典：Ullstein Bild©Getty Images.

と控えめな慈悲深い方針をとることを希望し、それから二年にわたってさほど無謀ではない定義を提唱した。

レーゼナーはその筆頭にいた。たしかに彼はニュルンベルク法をつくるうえで中心的役割を果たした。内務省の「ユダヤ人問題専門官《ユーデンレフェレント》」を務め、ニュルンベルク法の主要な起草者の一人であり、起草過程の重要な報告書を作成した。これまでかなり辛辣な非難を浴びてはきたが、それは彼の状況説明が明らかに利己的なものだったからだ。それでも最も手厳しくレーゼナーを批判してきた者ですら、耳障りな言い方かもしれないが、彼のことをナチスの「穏健」な反ユダヤ主義者と呼ぶ[61]。レーゼナーは結局一九四〇年代にユダヤ人問題担当局を辞め、ヒトラー政権転覆計画の首謀者らを匿ったのちに一九四四年に逮捕され、一九四五年にナチ党から追放された。[62]

彼もまた意表をつく人物である。のちに逮捕され、党から追放されることになるニュルンベルク法の起草者。一部の同胞と同じく一九三〇年代のレーゼナーも法律家ならではの保守主義の本能を発揮した。たしかにナチ党員ではあったが——しかも不遜な反ユダヤ主義者で党初期からのメンバー、そしてのちに自身の記録を隠蔽しようとした輩だが——それでもレーゼナーは几帳面かつ周到な法曹で、ニュルンベルク法の起草過程に果たしたその役割からも、法的保守主義がナチスの急進主義の歯止めとしていかに機能しえたかがわかる。一九三〇年代の前半を通してレーゼナーをはじめとする法曹は「ユダヤ人」の定義を狭めるために闘い、ユダヤ人の血が半分しか入っていない者をできるかぎり保護しようと努力した。[63] 歴史家によって保管文書から驚くほどつまびらかに掘り起こされた彼らの試みは、部分的ながらも成功した。ドイツ国公民法に関する最終的な施行令は、一部の二分の一ユダヤ人の立場を貶めるものだったが、それでも全員ではなかった。一九三五年の一一月に成立したこの施行令では二つの部類が区別された。ユダヤ人の祖父母を少なくとも三人もつ、ユダヤ人「である」者、そしてユダヤ人の祖父母を二人もち、さらにユダヤ教の信徒であるかユダヤ人と結婚している、ユダヤ人と「みなされる」者。[64]「混血児」をめぐる官僚らの激しい闘いは、こうして一つの折衷案に落ち着いた——とはいえ、そこには一九三五年一一月の時点ですら、いまだレーゼナーのような者たちが表明した法的見解の重みを感じることができた。

☆

これがニュルンベルク法のつくられた背景である。街頭では群衆による暴力が頻発し、ナチスの法務官らは異人種間の結婚や性的結びつきを禁止する「明快な」法律を起草するよう迫られた。対外関係を気にしたナチスの上層部は、物議をかもす人種法の公布をためらった。党の急進派はあらゆる性的混合を犯罪としたがり、穏健派の法律家は不信感に充ち満ちていた。急進派は「ユダヤ人」の定義を拡大するよう求め、穏健派はこれに抵抗した。討論が続くなかドイツ人らは外国のモデルを探しはじめ、そして彼らはアメリカ諸州の異人種混交禁止法を発見したのだ。

一九三四年六月五日の会議

アメリカの移民や市民権の法律と同じく、アメリカの異人種混交禁止法の歴史もかなり古く、その草分けとなった一六九一年のヴァージニアの法令までさかのぼる。[65] 移民および二級市民の法律と同じく、異人種混交を禁止するこの国の伝統は、ナチスが登場するよりはるか以前からヨーロッパで関心を呼んでいた。[66] この分野でもまたアメリカは世界のリーダーと認識され、新旧合わせた禁止令を擁していた。アメリカ諸州は二〇世紀の初めにも異人種混交を禁じる法令を導入し続け、これはアメリカの人種主義的立法のなかでも盛んな分野であった。[67]

そしてドイツの法律家や政策立案者もまた、移民や市民権の法律と同じく、ナチ時代をはるかに先んじたアメリカの異人種混交禁止法に以前からかなりの関心をもっていた。ドイツの研究がアメリカの手法について初めて触れたのは、第一次大戦以前のドイツ帝国時代のことだ。一九〇五年を皮切りに、南西アフリカなどの地域に置かれたドイツの植民地行政官は反異人種混交対策を講じたが、これはドイツ人入植者集団の「純粋性」を先住民との混合から保護することが目的だった。この人種主義的対策はヨーロッパの植民地列強のなかでも類のないものだったが、アメリカにはモデルがあり、ドイツの植民地行政官はこれを熱心に調べていたことがゲッテルの貴重な研究から明らかになっている。たとえば彼らは調査のために南部諸州をまわり、外交官から届く報告書に目を通し、ハーヴァード大学の歴史学者アーチボルド・ケアリー・クーリッジと相談するなどの手を尽くした、植民地関連の保管文書には合衆国法に関する詳細な報告書がふくまれている。(68) またしても一九世紀後半から二〇世紀初期のアメリカは、「白人種の意識的団結」を築いた先達としてドイツに感銘を与えていた。(69)

アメリカの異人種混交禁止法に対するドイツの関心は、一九三〇年代になっても薄れることはなかった。戦前の植民地行政官らがつくった反異人種混交の手法がニュルンベルク法に直接影響したか否かは、歴史家のなかでも意見が分かれる。(70) だがニュルンベルク法の起草者がアメリカの法律を、その先達の植民地行政官と同じく熱心に研究したことは間違いない。アメリカは一九〇五年に素晴らしいモデルであり、それから三〇年後もあいかわらず素晴らしいモデルだった。

ここでついに一九三四年の六月五日にひらかれた刑法改正委員会の速記録の詳細を見ていくとしよう。(71) 書庫に保管されていたこの報告書には二つのバージョンがあり、これらは一九八九年に初めて出版された。(72) この報告書で文字に起こされた会議は、司法大臣のギュルトナーを議長とし、ほかに一七人の法律家や役人が招集された。出席者には「ユダヤ人問題専門官」であるレーゼナー、そしてのちにナチスの人民法廷の長官を務めることになる、当時は司法大臣付き次官のフライスラー、そのほかナチスの諸省の法律家や医師がふくまれ、そのなかにはフライスラーとともにプロイセン覚書の起草に加わった三人の急進派の顔もあった。(73) 会議はプロイセン覚書が提示した要求に応えるべく招集され、議題にのぼったおもな法的問題には、異人種間の結婚を犯罪とすべきか否か、こうした犯罪化はいかなるかたちをとるべきか、「ユダヤ人」をはじめとする冷遇すべき人種を定義するという難題にいかにとりくむか、さらに本書では省略するが、ほかにもいくつかの議題があった。

この速記録は、プロイセン覚書をつくった急進派と、ギュルトナー法相率いる穏健派の法曹の衝突――ただしおおむね礼儀をわきまえたものだったが――の記録である。この会議がひらかれた当時、「長いナイフの夜」はまだ起きていなかった。この会議がひらかれたのは、ナチス・ドイツの急進派の仮面がすっかり剥がれる数週間前のことで、この文書は穏健派が勝利した最後の瞬間を記録するものとなった。[74] 会議に出席したギュルトナーをはじめとする穏健派の法律家は、反ユダヤ政策を制度化することに異を唱えたわけではなかった。今一度断っておくが、彼らは断じてヒトラーに抵抗した英雄ではない。それでも彼らが度を越した犯罪化を阻止しようと努力したのは事実だ。なかには犯罪化を正式に導入せずとも、大衆に向けた「教育および啓蒙」運動をおこなうことで性的混合という悪行を徐々に断つことができるだろうと提案する者もいた。万が一犯罪化が施行されるにしても、それは重婚の犯罪化という唯一のしかるべき法的範例を下敷きにしたものでなければならない、とギュルトナーは主張した。[75] つまりユダヤ人が、相手の「アーリア人」に「悪意ある詐欺」をはたらいていた場合にのみ起訴されるというものだ。[76] 出席した法律家には一段と穏健な路線を推奨する者もいた。刑法分野の著名な教授であるエドゥアルト・コールラウシュは、いかなる類いの犯罪化もまったくの逆効果であると訴えた。[77] またレーゼナーは、旧来の法の教えにのっとれば「ユダヤ人」という概念そのものがあまりに曖昧なため、急進的な計画を実行するのは不可能だと言いきった。[78]

いっぽう急進派の出席者はというと、人種主義の厳格な法的施行という「国家社会主義の基本原則」に従って刑法を改正すべきだと、ときに声を荒らげて主張した。[79] とはいえ、その日が終わるころには、彼らはプロイセン覚書の全面的な施行を諦めざるをえなかった。一部の出席者は、外交上の圧力のせいで当面は自分たちが必要とみなす対策を実行には移せないと自ら認めた。「有色人種」を標的とすることに多くの国が反対していることは無視できなかった。[80] フライスラーは国家社会主義の使命に忠実であるべきだと熱を込めて語り、「有色」という言葉の使用を擁護しつつも、守旧派の法曹による技術面からの反対に屈し、さしあたって「悪意ある詐欺」という犯罪を創設することしかできないと結論した。[81] だがこうした譲歩をすると同時に、急進派はどうみても脅しとしかとれないことも口にした。まるで威嚇するかのように、会議の外で起きている政治運動にたびたび触れたのだ。[82] フライスラーは、最終判断は出席した専門の法律家ではなくナチ指導部の「政治的決断」によってなされるべきだと、丁寧だが不吉な口調で匂わせた。[83] この会議では穏健派の法律家が立場を貫いたが、後から考えれば政治勢力はこぞって彼らに反対していた。

ではプロイセン覚書に引用されていたアメリカの法律の役割はどうだったのか。その答えは実に気の滅入るものだ。ニュルンベルク法にいたる途上のこのきわめて重要な会議では、まさに冒頭からアメリカの例が繰り返し詳細に論じられ、しかもアメリカの法律を支持していたのは主として急進派の面々だった。

ギュルトナーの短い冒頭の挨拶が終わると、次にこの会議のための報告書を作成した二人の役人が説明に立った。最初はフリッツ・グラウというナチ党員で、のちに親衛隊の幹部に出世した人物だ。[84] グラウはプロイセン覚書の起草者の一人で、犯罪化が必要であるとの強硬な意見をもっていた。とはいえその場にいた他の強硬派と同じく、プロイセン覚書の計画を実行に移すのは現時点ではまだ無理があるとしぶしぶながら認めていた。そして、口にするのも「心苦しい」ことだが、当面は外交上の配慮から、刑法にあからさまに「人種の保護」をふくめることは差し控えるほかないときっぱり言った。[85]

それでもグラウには穏健派に主導権をわたす気など毛頭なく、ユダヤ人の脅威に対しては、ナチスとしてこれに断固対抗するとの決意に変わりなかった。犯罪化するかわりに「教育および啓蒙」計画を実行すれば事足りると考える法律家や役人がいることは、グラウも承知していた。それでも彼に言わせれば「教育および啓蒙」は受けいれがたい方針だった。他のナチ党員と同様に、グラウは性的混合の問題を市民権の問題と結びつけた——この二つはのちにニュルンベルクで同様に結びつくことになるのだが。彼の発言記録を見てみよう。

［一九二〇年の］党綱領は、ドイツの血統をもつ者のみが市民と認められ、外国人種は正規の成員以外の者の権利に甘んじるべきだとしています。したがって綱領が意図するのは、新たなドイツ国家は人種を基盤にして築くべきだということです。この目標を達成するために、ここ数年かけて多くのとりくみがなされてきました。民族集団から外国人種の分子を一掃する努力が払われてきたのです。まずは彼らからあらゆる影響力を剝奪し、国家の指導層をはじめ他の有力な地位や職業から追放し……

こうしたいっさいの策がわれわれを一歩先に進めたことは間違いありません。そうは言っても、ドイツの血統をもつ集団は、ドイツ国内の外国人種の分子から効果的に隔離されてはいませんし、それは叶いませんでした。外交上の方針から、必要な法律——ドイツ人と外国人種とのあらゆる性的混合を防ぐ法律——を制定できなかったからです。

ここでこう言う意見もあるかもしれません——そしてここで司法大臣殿が提示された二つ目の問いの話になるのですが——つまり、この目標は特別な法律を制定しなくても教育および啓蒙を通じて徐々に達成できるのではないか、と。(86)

まさにここでグラウはアメリカ、すなわち人種にもとづく法律の生誕国に注目した。すでにプロイセン覚書で俎上にのぼっていたジム・クロウの隔離法が、「教育および啓蒙」を基盤とするとりくみにとってのモデルになるという考えに言及したのだ。とはいえ隔離はドイツの状況には適さないというのが彼の意見だった。

他の民族もこうした目標［教育および啓蒙を通じて人種混合を根絶する］を要は社会的隔離を通じて達成してきた、と言う人もいるかもしれません。ですが、この発言が正しいのは特定の条件に合致した場合だけです。他の民族にとって——私の頭にあるのはおもに北アメリカで、ここではこの線に沿った法令すらあるのですが——この問題はまた別の、つまり有色人種に属する者を遠ざけるという問題であって、ドイツにいる私たちにとってはほとんど関係のない話です。私たちの問題はユダヤ人を明確に標的としたもので、彼らは間違いなくわが民族内の外国人集団であるため、永続的に分離しておかねばなりません。ドイツ国内のユダヤ人が尋常でない経済力をもつかぎりは、社会的な隔離や分離といった策を弄するだけでは、この目標は達成できないに違いありません。わが祖国ドイツの経済界に連中が今のような発言権をもつかぎり、連中が最高級の車、最高級のモーターボートを所有するかぎり、あらゆる娯楽施設や行楽地、金のかかるどんな場所でも派手に振る舞うかぎり、これらがすべて現実であるかぎり、制定法が存在しないなかドイツ民族集団から本当の意味で彼らを隔離するなどできるはずもありません。ユダヤ人とドイツ人の性的混合をすべて完全に禁止し、厳しい刑事罰を科す確実な法的措置を通じてのみ、この目標が達成できるのです。(87)

読んでいてまさに驚くことに、ジム・クロウ法下の隔離を強硬派のナチスはこのように見ていたのだ。隔離はドイツでは決して成功しないだろう。ドイツ・ユダヤ人はアメリカの黒人とは違って金持ちで傲慢すぎる。頼みの綱は彼らを「厳しい刑事罰」によって押さえつけることだけだ。ジム・クロウ法による隔離は――これがナチスの瞠目すべき判断であったが――すでに抑圧され貧窮したマイノリティ集団にのみ効果を発揮しうる戦略なのだ。

グラウがあえてジム・クロウ法による隔離という選択肢を却下したことは注目に値する。彼がそうせざるをえなかったことからして、明らかにこの会議に先立ち、裏でアメリカの法律についての議論がなされていたと思われる。誰かが大衆を「教育および啓蒙」するための穏健的な手法の柱として、ドイツ版ジム・クロウを採用することに賛成していたに違いない。すぐ後で見ていくが、たしかにグラウだけがこの会議でジム・クロウの魅力を伝えた唯一の出席者ではなかった。(88) グラウが報告を終えると、続いてコールラウシュがさらにいっそう穏健的な報告をおこない、犯罪化に反対する自らの言い分を述べた。(89)

その後、ギュルトナー法相が話にくわわり、それから全体の討論がはじまった。法相の発言から、グラウが提示したこのアメリカの例について司法省が積極的に情報収集していたことがわかる。

報告をしてくれたこの二人の紳士に深く感謝する。……私の考えをいくらか述べさせていただくとすると、次のようなものになろう。

人種法についていえば、この問題に他の民族がいかにとりくんできたかを知るべく世界に目を向けることは、当然ながらすこぶる妙案といえる。

私の手もとには、北アメリカの人種法について大変わかりやすく概要を説明したものがあるが、この資料を入手するのが簡単ではなかったことをここで申し上げておく。もしも興味のある方がこの場におられたら、この資料をお渡ししてもさしつかえない。(90)

おそらくギュルトナーはアメリカ諸州の法律を調査した司法省の資料を披露したに違いない。今も同じだが当時でも、全州の情報を収集するのは「簡単ではなかった」。それでも司法省は、ドイツの法律家がつねづね求めるもの、すなわち「基本概念《グルントゲダンケ》」を引きだすことができた。

この資料は、アメリカ諸州で人種法がどのような形態をとっているかという問いに答えるものだ。その全貌は、アメリカの地図と同じく多種多様である。アメリカのほぼすべての州が人種法を擁している。ただし、どの人種の脅威から身を守るべきかについてはさまざまな見方がある。それでも基本概念を引きだすのはきわめて簡単だ。これらの法律ではニグロやムラート〔白人と黒人の混血児〕、中国人やモンゴル人などさまざまな人種が列挙してある。アフリカ系の者についての言及が多く、この問題に、つまりニグロのことだが、これまでずっととりくんできており、またコーカソイドについて肯定的に述べているくだりもわずかながら存在する。これには関心をもたざるをえない。というのも、ユダヤ人がコーカソイドに属するか否かという問いにまつわる法律が、必ずやあるはずだからだ。(91)

ここでギュルトナーは、自身の補佐官を務めるハンス・フォン・ドホナーニのほうを振り返ったに違いない。ドホナーニはおそらく出席した穏健派のなかでも最も魅力にあふれ、そして最も英雄と呼ぶにふさわしい人物だ。ハンガリーの作曲家エルネー・ドホナーニの息子で、反体制派の神学者ディートリヒ・ボンヘッファーの義兄弟である彼は、一九三三年六月にナチスの司法省に入省した。ところがこの一九三四年六月五日の会議からわずか数週間後にはナチ政権にひそかに反旗を翻し、ナチ指導部をいつの日か告発するのに使えそうな資料を収集する危険な計画に着手した。(92) その後、ヒトラーの暗殺計画に関与した容疑で処刑されることになる。(93)

とはいえ一九三四年六月の初めには、ドホナーニはまだ反ユダヤ法の創設にとりくむ法務官の一人にすぎなかった。おそらくは司法省の調査の一部を担当していたに違いない。というのも彼がユダヤ人に関するアメリカの人種的法体系について説明しているからだ。

法務官フォン・ドホナーニ博士——はい、この法体系ではコーカソイドは単にあらゆる有色人種とは反対のものとされています。つまり、これは白人種のことで、ユダヤ人は白人種に属すためコーカソイドとみなされます。

ギュルトナー帝国法相——それは最高裁の法理なのかね？

法務官フォン・ドホナーニ博士——はい、その通りです。

［ギュルトナー］——このことから、そしてこの地図から、副議長のグラウ博士の見解がいかに正しかったかがわかる。つまり、この法律はユダヤ人を標的とするものではなく、むしろユダヤ人を保護するものだ。そうであれば何も参考にするものはない。［アメリカ式手法の］この目的は［われわれの目的とは］おそらく相容れないものだ。(94)

アメリカの法律についての出席者の発言がこれですべてなら、司法省が丹念に調査したアメリカのモデルはナチ政権にとって何の価値もなかったと結論するほかない。ところがギュルトナーは、アメリカの法律はユダヤ人を標的とするものではないと述べただけでは終わらなかったし、またこの問題をとりあげた最後の人物でもなかった。ギュルトナーはさらに司法省の資料について説明を続け、アメリカの法律の「興味深い」点に話を向けた。同省の調査から、アメリカの異人種混交禁止法について多くのことがわかっていた。「それから興味深いのは……」とギュルトナーは報告を続けた。「性的結合にいかなる法的結果が伴うかという点である。これもまたさまざまなのだ。ありとあらゆる表現が見うけられる。「違法」「無効」「完全に無効」「法的効力がいっさいなく無効」などだ。「禁止」もときに見られる。こうした表現の揺れや法的にさほど厳密に定義されていない言葉から、民法による帰結がすべての場合に、そして刑法による帰結がかなり多くの場合に伴うことがわかる」[95]。ここが肝心な点である。アメリカでは「刑法による帰結」が存在したのだ。アメリカのこの例は、会議に出席していた法律家を二分させる大きな問いを投げかけた。重婚の場合はおろか異人種間の結婚をも犯罪とする先例があったとわかったからだ。このことをギュルトナー自身は快く思わなかった。これほど広範に犯罪化を適用することには反対で、すぐさまアメリカのこの例を役に立たないものとして片づけようとした。アメリカの法律がどう言おうと、こうした「刑法による帰結」をこの国が日頃から実践しているとは思えない、とギュルトナーはただちに言い添えた。「われわれの調査によっても答えが出ないのは、刑法による人種の保護がいかに実際に適用されているかという点だ。思うに、ここで垣間見たことは現実の状況と必ずしも一致しているとはかぎらない[96]」。ギュルトナーは、異人種混交の当事者をアメリカが本気で起訴まですることを頑なに認めたがらなかったが[97]、その主張を裏づけるものは何もなかった。それでもアメリカの先例の影響をかわす論拠にギュルトナーがつとめて固執しようとしたと理解すべきだ。

それからギュルトナーは反ユダヤ立法の件に話を戻した。ユダヤ人に公式に法的迫害をおこなうことを拒否したのは合衆国だけではない、とギュルトナーは報告した。「われわれが調査対象とした国においては、既存のいかなる外国法にもユダヤ人を標的とした人種法は見つからない。おそらくこうした法律を見つけるには、中世ドイツの諸都市における法律にまでさかのぼらねばならないだろう[98]」。合衆国に反ユダヤ法が存在しないのは事実だったが、当時、同時代のいかなる体制にも反ユダヤ法は存在しなかった。それでも「興味深い」ことに――ギュルトナーはこれを些細なことだと片づけたかったのだが――まさにナチスの法律家がこの場に集まって討議するはずの法律の類いを、すでにアメリカはつくっていた。要は人種混合を「かなり多くの場合に」犯罪化するとの段階まで踏み込んでいたのだ。

ギュルトナーが司法省の資料を提示したのち、刑事処分を決めるにあたってのさまざまな技術的問題に話が移った。たしかにアメリカは冒頭で話に出たものの、議論の唯一のテーマではなかった。それでもすっかり忘れられることもなかった。会議ではその後も折に触れてアメリカの法律が話にのぼった[99]。とりわけ、この速記録から明らかになるように、午前も終わり近くに、会議に出ていた積極的な人種主義者のナチ党員二人がアメリカの例を再びとりあげた。フライスラーと、刑事裁判所の首席判事でベルリン大学の刑法教授そしてプロイセン覚書の作成にも加わった急進派のカール・クレーである[100]。この場にいた筋金入りのこの人種主義者たちに、合衆国はとくに魅力を放っていたようだ。

というわけで会議が三分の二近く過ぎたところで、クレーはまたもジム・クロウ法による隔離と、これがドイツにとっていかに価値があるかに話を戻した。クレーに関心があった問題とは、ナチスの新たな刑事法制を人種の分離を宣言するだけの人種にもとづくものにすべきか、それとも特定人種の優越性と特定人種の劣等性を宣言する人種差別的なものにすべきか、というものだ。ナチスのなかには、新たな法律はあくまで人種にもとづくものにすべきだと提案する者もいた。ユダヤ人が劣っているとのいかなる主張も控えることでドイツの対外的なイメージが改善するだろう。[101] だがクレーはそのやり方をつっぱねた。ドイツ国民がユダヤ人を劣等人種だとみなしているのは純然たる事実で、ドイツの法律は遠慮なくそう言うべきだとクレーは食いさがった。この点についてアメリカは役に立つ見本になるはずだとクレーは考えた。彼いわく、アメリカの人種法が人種の劣等性への信念を基盤にしているのは疑いようもない。ブラウン対教育委員会判決をくだした連邦最高裁と同様に、ジム・クロウ法は黒人の劣等性を派手に見せつけることをねらったものに違いないとクレーは確信していた。[102] そして隔離政策とは、黒人がもたらす脅威について白人に警告することを目的とした、いわばナチスのいう「人種の保護」の一手法なのだ。クレーに言わせればジム・クロウとは、一九三三年から三四年にかけてナチスが街頭で用いたおもな「人種保護」戦略の一つ、すなわちボイコットのアメリカ版だった。ナチスの突撃隊員たちはユダヤ人商店の前でわざと脅迫的なボイコットをおこない、それによって大衆を「教育および啓蒙」しようともくろんだ。[103] ジム・クロウ法のもとアメリカも同じことを、ただしもっと大々的にやっているのだとクレーは主張した。「アメリカの人種法もまた、［ドイツの大衆の見方と同じく］［単なる］人種の違いといった考えにもとづくものでないのは明らかで、ニグロなどを標的としたこの法律の規模から見て、他方の人種が劣等であるとの考えにもとづくのは間違いありません。アメリカの人種を彼らから保護しなくてはならないのです。それはニグロに対しアメリカのいたるところでなされる社会的ボイコットからもわかります[104]」。ここでもナチスは瞠目すべき解釈をおこなった。隔離はナチスによるボイコットのアメリカ版だというのだ。アメリカの人種主義者はアメリカ人の意識を高めるべく「いたるところで」ジム・クロウ法を採用したが、それはナチスの暴徒がユダヤ人の商店の外に立ち、「ドイツ人よ！自分の身を守れ！ユダヤ人から何も買うな！」と書いたプラカードを掲げるのと同じである。これもまた、

「影響力」をちらつかせ、「優位に立とうとする異人種」に対して自らを「守る」ことのもう一つの例だった。そしてアメリカの例が教えてくれるのは、真の人種にもとづく刑法とは、臆面もなく人種差別主義を主張する刑法たるべきだ、ということだ。

　とはいえアメリカの例をとりわけ大仰にとりあげたのは、それから数分後の、のちに「ヒトラーに仕えた人殺し」裁判官となるフライスラーの発言だった。彼が口をはさんだことから、ギュルトナーと同じく彼もまた、アメリカについて議論する心づもりで、この国の状況についての詳細な情報を携えて会議に出席していたことがわかる。

　レーゼナーなどの守旧派の法律家による異議に対して、フライスラーはナチスとしての反論を始めるさいにこのアメリカの例を利用した。ドイツの伝統的な法の基本原則に従えば、刑法にはそもそも明快で誤解の余地なき概念がなくてはならなかった。判事が曖昧な概念をもとに有罪判決をくだすことが許されるなら、法の支配の必須条件が満たせないことになる[105]。ところが――レーゼナーがこの会議で訴えたように――ナチスの政策立案者は明快で誤解の余地なき「ユダヤ人」の概念を見つけられずにいた。「ユダヤ人」とは誰かを決定する、どんな納得のいく科学的手法も存在しなかった。つまり「ある人間が、その態度や風貌《ハビトウス》、血統などを根拠にユダヤ人の要素をもつと決定づける有効な方法は存在しないか、少なくとも今のところ見つかっていないのです[106]」。このことが犯罪化を進めるうえでの障壁になっていた。一人一人の判事がただ漠然としたユダヤ人嫌悪の諸感情にもとづき判決をくだすことなど容認できるわけがない、とレーゼナーはきっぱり言った[107]。犯罪化を正当とするには、誰をユダヤ人種に属すとみなすかについての明快で科学的に納得のいく定義が不可欠だ[108]。いかなる場合でも、判事は推定無罪の原則にのっとり判決をくださねばならない、とレーゼナーは言い足した[109]。これはそもそも合法性の必須条件であって、これこそが、ナチスが急進的な計画を実行するにあたっての障壁となっていた。

まさにここでフライスラーは、いかにも急進派のナチスらしく、法理上の技術的問題をさげすむような態度を見せ、合衆国を援用することで反論に出た。もう一人の急進派の同胞とともにフライスラーは、問題は「科学的」なものでも「理論的」なものでもないと断言した。これは純粋に「原初的」で「政治的」な対応が求められる問題であり[110]——そして、アメリカの法律はフライスラーにとって「原初的」で「政治的」なモデルだった。フライスラーいわくアメリカの法律は、科学的に納得のいく人種の定義を見つけるのが技術的に不可能であろうと、人種差別的な法律をもつことはじゅうぶんに可能であることを証明したのだ。フライスラーは自身の言い分を通すべく、アメリカ諸州の法律、さらにアメリカの法体系の特徴について詳細な説明をはじめた。

さて人種の概念の説明については、このアメリカ諸州のリストを見てみるとおもしろいことがわかります。合衆国では三〇の州に人種法があり、私から見れば、これらが人種保護の見地からつくられたのは明らかです[「そして政治的にも!」と、プロイセン覚書の作成に加わった別の急進派が叫んだ][111]。それはたぶん日本人[の場合]だけでしょうが、そのほかは人種的な見地によるものです。その証拠に、ノースカロライナ州ではインディアンとニグロの結婚も禁じており、これが人種保護の見地からなされたのはまず間違いありません。……おそらくこれは日本人の場合でしょうが、あまりに強大になりかねない外国の政治的影響力を排除したいとのねらいは別として、どれも人種保護の見地からなされたにちがいありません。……[112]

続けてフライスラーは、このアメリカ版の「人種保護」は、科学的に正しい人種の概念化などにはわずらわされないと述べた。

しかも日本からの移民を懸念する必要のある州が、すべて日本人という言葉を使っているとはかぎらず、モンゴル人という言葉を使っている州もあります。もちろん日本人や中国人はモンゴル人とはみなされず、まったく異なる民族血統集団に属することは間違いありません。これらの州はなぜそのような言い方をしたのでしょうか？　ある一つの概念を説明するためにそうしたとは思えません。むしろ彼らがそうしたのは、ある種の人種イメージ《ラッセビルト》を標的とし、単に間違って日本人をモンゴル人と一緒くたにしてしまったに違いありません。彼ら［すなわち多様な人種］を一括りにするやり方から同じことが見てとれます。ある州はモンゴル人、ニグロ、あるいはムラートといった言葉を使っています。そこからわかるのは、人種的な見地が前面に出ていることです。……要するにアメリカは、たとえ今のところそうでないふりをしたがっていても、何はともあれ人種法を欲してきたのです。(113)

いずれにせよ、フライスラーいわくアメリカの例が素晴らしいのは、この国の法律にはよくあることだが、ドイツの法律家が大切にするような明快な概念がなくとも、実効力ある法制度をやりくりするのは可能であると証明したことだ。

この点について彼らはどこまでやったのでしょうか？　彼らはさまざまな手法を用いてきました。単に地理的な概念を採用している州もあります。アフリカの血統を問題にした州もあれば、アフリカ、朝鮮、マレーシアからの移民を問題にした州もあります。さらに地理的な出自と、彼らの考える特定の血族集団という概念をひとまとめにした州もあります。たとえば今ここにあげた例では、モンゴル人種のように後から追加したものもあります。また両者を並べてあげている州もあります。ネヴァダ州では、エチオピア人または黒人種、マレーシア人または褐色人種、モンゴル人または黄色人種といった言葉を使っています。これは、地理的出自の方式と血族にもとづく概念を合わせた、まさに見事な一例です。[114]

とはいえ、このような概念の混乱があっても、アメリカが人種主義的秩序を擁する妨げにはならなかった。アメリカの法律は「人種の政治的構築」とでも呼べるものを存分に達成しているとフライスラーは断言した。[115]この国は科学的に意味ある人種の概念が欠如していようとも、人種主義的秩序を構築するイデオロギー的な決意を見せ、この点でドイツはアメリカの立法技術から学ぶべきことがあるはずだとフライスラーは考えた。参考になるのはアメリカの立法だけではなかった。フライスラーはアメリカの判決手法にも学ぶべきことがあると主張した。アメリカの判事はそれが曖昧な概念であるにもかかわらず人種主義的法律を造作なく適用した。アメリカがユダヤ人問題に関心がないとしても、アメリカ式の法体系は「いかにもわれわれにぴったりだ」とフライスラーは言いきった。

これらの州はどこもまったく誤解の余地なき法体系を擁し、この法律はいかにもわれわれにぴったりだと思われますが、ただ一つだけ例外があります。あちらでは、だいたい有色人種と半有色人種だけが頭にあるようで、メスティーゾ〔とくにスペイン人と中南米先住民との混血児〕やムラート〔白人と黒人の混血児〕もそのなかにふくまれます。ところが、われわれが関心をもっているユダヤ人はどうかというと、有色人種のうちに数えられていないのです。いかなる州も外国人種という言葉を「ナチスが通例用いる言い方のように」使っておりませんが、むしろもっと原初的なやり方で人種を名づけているのです。[116]

けれど反ユダヤ主義の法律がないからといって、ドイツがアメリカの法律から何も教わることがないというわけではない。このアメリカの例は、科学的に納得のいく明快な定義にもとづく法律がなくとも、ドイツの判事がユダヤ人を迫害できることを教えてくれた。何しろ「原初的な」概念形成でじゅうぶんなのだ。アメリカを見習ってドイツの人種法も「有色人種」とだけ明記すれば、それで事足りるのだとフライスラーは言いきった。

> 有色人種と並べてユダヤ人と明白に記す必要があるのか私には疑わしく思います。判事なら誰もがユダヤ人を有色人種に数えるに違いありません。まあ外見は白人種にも、また黄色人種ではないタタール人にも見えますが。したがってこのアメリカ諸州が用いるのと同じ原初性《プリミティヴィテート》をもって、われわれも対処できるというのが私の意見です。ある州などは「有色人種」とだけ言っています。このやり方は大ざっぱ《ロー》なものかもしれませんが、それで事足りるのです。[117]

アメリカのコモンローのモデルがこの悪意に満ちた人物、法衣をまとった近代の殺人鬼、「第三帝国の基準に照らしてすら行き過ぎた司法の悪用」の罪を犯した男にとって魅力的に見えたのは、まさにこの点だった。[118] アメリカの裁判所は、法的または科学的に異論のない明快な人種概念に学者ぶってこだわって、自らの足を引っ張ることなどしなかった。彼らはただ仕事をしたのだ。アメリカはユダヤ人を標的にはしなかったが、この国の鷹揚で制約のない、行き当たりばったりなコモンロー式の法的人種主義には、ナチスの判事に

「いかにもぴったりな」「原初性」がそなわっていた。

かたやギュルトナーにとってこれは我慢のならないことで、ここでも彼はアメリカの「範例《モデル》」の利用価値を否定することでフライスラーに対抗した。「だがアメリカのモデルに何か役立つものがあるとの考えは、実際には活用できない。というのも次官のフライスラー博士がすでに述べられたように、アメリカの法律が関心をもっているのは、「有色人種」という概念の、微妙に意味の違うさまざまな異形であって、これらはそのときどきで使い分けられている。それがとくに顕著なのはヴァージニア州の例で、ここではムラートやメスティーゾなどをふくめて「有色人」としているのだ[119]」。この「有色人」という曖昧な表現はドイツでは役に立たないとギュルトナーは主張したが、それは異人種間の結婚をおしなべて犯罪とするなどあってはならないとの理由からだ。新たな立法がめざすとしたら、それは人種に関する悪意ある詐欺による結婚を犯罪化することだけであろうが、当然ながら「有色人」は自身の人種について誰かをだますことなどできない。すなわち「人種保護を目的とした刑法でめざすのが悪意ある詐欺を罰することであるならば、結局、有色人種の問題は途中で挫折するはずだ。というのも有色人種の側の悪意ある詐欺など、まず起きるとは思えないからだ[120]」。かくしてアメリカの問題は、硬派と穏健派の対立にとり込まれたことがはっきりした。容赦ない犯罪化と、法的というよりむしろ「原初的」な意思決定を支持するフライスラーは、アメリカの手法が「いかにもわれわれにぴったり」と言いきった。かたや穏健派の法律家ギュルトナーは、一九三四年六月初旬にはまだ現職にとどまっていたものの、翌年の政争に敗れ失墜する運命にあるのだが、自身の提唱するもっと穏健で、旧来の法にのっとった手法においては「アメリカのモデル」に出番はないと反論した。

その後も会議ではアメリカの法律が話題にのぼったが、そのすべてを本書でとりあげるつもりはない。とはいえ、その日の終わり近くに、ひときわ目をひくやりとりがあった。「有色人種」との交際を犯罪化する

図8　1936年の刑法改正委員会の会議。中央で鉤十字の腕章をつけているのがローラント・フライスラー。その隣で葉巻を手にしているのが司法大臣のフランツ・ギュルトナー。出典：Ullstein Bild©Getty Images.

ことで諸外国から反対された場合に生じる問題を、内務省付のナチスの医師エーリヒ・メビウスがいかにも口惜しそうに再度話題にしたのだ。[121] そして、あるアメリカ人との会話を振り返って報告したのだが、対するフライスラーの反応はなかなかに忘れがたいものだった。アメリカにいるメビウスの知人が、ナチスの外交問題はその計画の露骨な人種主義に原因があると述べ、それほど大っぴらにする必要があるのか聞いてきたという。

メビウス医師――あるアメリカ人から最近言われたことを思いだしました。彼はこう言ったのです。「私たちもあなたがたと同じことをしています。ですが、なぜあなたがたは自国の法律でそれを大っぴらに言う必要があるのですか？」

フライスラー司法次官――いやそれこそアメリカ人のほうが、自国の法律でもっと大っぴらに言ってるじゃないか！[122]

たしかにその通りだ。

☆

以上が、のちにニュルンベルク法となるものを立案すべくひらかれた重要な会議の速記録である。この記録は比較法におけるまさに注目すべき資料で、このような影響力ある会議の成り行きを、ありのままに詳しく記録した資料が入手できることはめったにない。

そして言うまでもなくこの六月五日の記録は、アメリカの法律が「驚くほど意味をもたなかった」証拠とはならない。それどころかアメリカの法律はこの会議の冒頭で話題にのぼり、きわめて確かな情報にもとづくその詳細が出席者によって提示され、そのなかでアメリカの津々浦々の異人種混交禁止法が逐語的に何度も引用された。しかもアメリカの例は一九三三年九月にプロイセン覚書ですでに注目されており、この会議がひらかれる前から明らかに議論され、司法省はわざわざこの件について詳細な資料を準備していた。とくにジム・クロウ法を輸入することがドイツの大衆の「教育および啓蒙」に役立つか否かについて、事前に議論が交わされていたのは明白だ。穏健派のなかにはジム・クロウによる「啓蒙」を犯罪化の代替策として提唱する者もいたが、かたやクレーのような強硬派は、ジム・クロウをナチスによる恫喝的なボイコットをさらに広範に適用したものだと解釈した。ギュルトナー法相は「アメリカの範例」に明らかに不快感を示したが、それでもフライスラーと同様に、これらをときには微に入り細にわたって引き合いに出していた。[123]さらにギュルトナーは、司法省の資料を提示することで議論の口火を切らざるをえないと感じていた。とりわけアメリカ諸州が異人種間結婚の犯罪化という稀有な慣習をもつことを認めざるをえないと感じていた。会議ではアメリカの例だけに時間がさかれたわけではないが、出席者は明らかにアメリカ諸州の法律から学べることに本気で関心をもち、この件について繰り返し議論していた。そしてアメリカの範例をとくに後押ししたのが急進派であったことは間違いない。さしあたって彼らは敗北したが、それから一五カ月後にとうとうニュルンベルクで勝利することになる。

これはアメリカの例を引き合いに出して対外的なプロパガンダをつくろうとした記録ではない。出席者が「外交」問題を懸念していたことは疑いないが、それでも彼らは刑法の起草委員会のメンバーで、彼らがこの非公開の会議をひらいた目的、とりわけアメリカの法律を収集するといった「簡単ではなかった」作業に奮闘した目的は、ナチス独自の法律をつくるための「資料」を見つけることにあった。

だからといって、アメリカのどこかの州の法律を「血の法」がそっくりコピーしたとはむろん言わないが、これまで見てきた記録を無視することはできない。ともかく一九三四年の夏の時点で急進派の法律家たちは、一九二〇年代のヒトラーと同じくアメリカを、たとえその教訓がドイツに支障なく適用できなくとも、間違いなく「人種国家」の傑出した例と見ていたことは断言できる。要はこういうことだ。一九三四年の六月初旬に、新たな第三帝国で人種主義をいかに制度化するか話し合うべくナチス屈指の法曹が集ったさいに、彼らは最初にアメリカがどうやったかを問うたのだ。

アメリカの法律に関するナチスの情報源

この会議については、いまだもどかしい謎がある。会議の出席者たちは、いったいどこからこうした情報を得たのだろうか。ギュルトナーが会議で提示した「北アメリカの人種法について大変わかりやすく概要を説明したもの」とはそもそもどこから出てきたのか。フライスラーが持ちだした三〇州の法律の「リスト」の出所は何か。問題の文書の原本はおそらく消失したと思われるが、かなり信頼にたるかたちで復元することは可能であり、それらは二〇世紀半ばにアメリカの人種主義的思想がいかに広まっていたかについて興味深いことを教えてくれる。

おそらくギュルトナーとフライスラーは、それから数カ月後に『国家社会主義者のための法律入門』に掲載された、アメリカ諸州の法を列挙した表を一つの根拠としていたようだ。この本についてはまたのちほど見ていこう[124]。司法省の資料についていえば、これは本書ですでに何度か登場した人物、ハインリヒ・クリーガーによる調査を援用したものに違いない。クリーガーの紹介については、編集したほうの速記録に後から加筆されている[125]。ここで少し彼の経歴について振り返っておくべきだろう。ハインリヒ・クリーガーを知ることは、一九三〇年代前半におけるアメリカの法律とのナチスのかかわりを知ることでもあるからだ。

クリーガーはナチスの若き法律家で、一九三三年から三四年にかけて交換留学生としてアーカンソー大学ロー・スクールで二学期を修了したのち、当時ドイツに帰国したばかりだった[126]。アメリカの法にどっぷり浸かり、一九三五年には『ジョージ・ワシントン・ロー・レビュー』誌に「インディアン法の原則」と題した優れた英語の論文まで発表している[127]。「国民革命」の真っただなかにドイツに戻ると、オットー・ケルロイターらの後押しで、フリック率いる内務省の管轄下にあるデュッセルドルフの学術機関で特別研究員の職についた[128]。デュッセルドルフにいたこの時期に、クリーガーの研究がギュルトナー率いる司法省の目にとまったのだ。一九三六年にクリーガーは、『合衆国の人種法』と題するアメリカの法律についての大著を発表し、その後、外国の人種体制について研究を続けるべく再びドイツを離れた。ナチ党人種政策局に加わり、南西アフリカに出向いたのだが、この地のドイツ植民地行政官はすでに三〇年も前に最初にアメリカの人種法の範例について調べていた[129]。クリーガーはアフリカで実り多い二年を過ごし、現地の人種法ならびに土着の法伝統の扱いについての研究を発表し、その間も南アフリカについての広範な研究論文のための資料を収集した。この国は列強への道を進む「北方人種」の国家だとクリーガーは書いている[130]。一九三九年のまさに第二次世界大戦が始まる頃にドイツに戻ると、彼いわくおそらく人種問題の「展開における最も重要な転機」となるこの戦争でたたかうべく軍隊に入った[131]。敗戦後、クリーガーの人生は新たな方向に転じた。一九五〇年代に彼は職歴を変えて著名な教師になっていた。国際理解と平和を声高に訴え、ヨーロッパの統合を提唱し、同時にアフリカやアジアの開発途上国のために留学生の交換や支援にとりくんでいた[132]。一九五〇年代に国際協調主義者となったクリーガーが、若きナチ党員だった自身をどう評するかは知るよしもない。

ともあれ青年時代の彼の著述からは、ナチスの価値観に対する強い忠誠が見てとれる。さらに彼がドイツの先端をいく学問の最高の手法を駆使していたこともわかる。ナチスの法律は、アメリカ人が「リアリズム法学」と呼ぶものへの強い傾倒を特徴とした。これはニューディール政策下のアメリカでも優勢だった法学派の一つである（本書では「終章」において再度この二つのリアリズム法学の比較をとりあげる）。一九三〇年代のリアリズム法学とは、基礎的法原則を超えて、より広範な社会的・文化的な力の影響にとりくもうとする手法だった。若きクリーガーはナチスにおけるリアリズム派を代表する人物だ。彼によるアメリカの解釈は、リアリズムの潮流にあるナチスの見事な著述の一例といえる。

アメリカの法律を解釈するクリーガーの最初の仕事は、『ジョージ・ワシントン・ロー・レビュー』誌に掲載されたインディアン法についての論文だった。これはリアリズム法学的研究で、その目的は、一見矛盾して見える基礎的法原則を説明する、法の下に隠れた社会的価値観を明らかにすることだ。フェイエットヴィルにあるアーカンソー大学法律図書館で一年かけて調査したかいがあって、ナチスのこの若き法律家はアメリカのインディアン法の歴史について緻密で造詣の深い考察を発表したが、その目的はこの成文法の根源的な矛盾を暴くことにあった。アメリカのインディアン法に見られるどうにも不可解な矛盾を説明する方法は一つしかない、とクリーガーは主張した。すなわちインディアンは人種が異なるのでまったく別の法体制下に置くべきだとの、一般には認めがたい信念に根ざした、いわば人種法の一種だと理解するほかない(133)。ナチスの歴史に照らすと、この論文は不吉な読みかたができる。ユダヤ人に対し、まったく別の法的・人種的体制をつくることは、言うまでもなくニュルンベルク法の核となる発想だったし、アメリカ人によるインディアンの処遇は、のちにドイツが東方を征服するにあたって先例として想起されることになる。ハンス・フランクが一九四二年にウクライナのユダヤ人を「インディアン」と呼んだと聞けば誰しも戦慄を覚えるだろう(134)。ただし、クリーガーの解釈は不吉なものかもしれないが、ばかげたものではなかった。アメリカのインディアン法に人種主義が一役買っていると気づくのはちっとも愚かなことではない。

彼の『合衆国の人種法』もばかげたものとは呼べない仕事だ。この本はたしかに醜悪なナチス流の判断であふれているが、それでも真の学びと数多の発見の成果でもある。ハインリヒ・クリーガーは、言ってみればナチス版のグンナー・ミュルダールだ。そして彼の本は、こんにち部分的であっても翻訳するに値する。この本でクリーガーは、その社会経済的背景をじゅうぶんに説明したうえでアメリカの法制史を語っている。今読んでみると驚かされる——何しろクリーガーにとっての英雄とはトマス・ジェファソンとエイブラハム・リンカンなのだ。『合衆国の人種法』は、合衆国の建国こそが「世界征服に向けたアーリア人の闘いにおける最強の支柱」になったとする、ナチスの世界史に法的に寄り添うものだ。これはアメリカ史を、アメリカの偉大なる大統領たちが陣頭に立ち、長きにわたり多くの困難に遭いながらも人種の混合と闘ってきた、いわば英雄物語だと解釈していた。

ジェファソンについてはすでに一九三四年のクリーガーの研究で注目され、人種の共存を不可能なものとした一八二一年の次の声明がとりあげられていた。「等しく自由な二つの人種が同じ政府のもとで共存できないのは明白である」。[135]『合衆国の人種法』には南北戦争時代についての説明もあるが、そこには、アメリカにとっての唯一の希望は黒人集団をどこかに移住させることだといった主旨の一八六二年〔奴隷解放宣言を発表した年〕以前のリンカンの声明も正確に長々と綴られていた。[136]これはドイツがニュルンベルク法を策定するにあたって有力な資料になった。ドイツ・ユダヤ人に対するナチスの方針は、まさに彼らを第三帝国から追放せねばならないというものだった。クリーガーはリンカンを政治家の手本とみなし、深い尊敬の念をもって評している。異なる人種は同じ国には住めないことを賢くも見抜いていたリンカンがもし暗殺されなかったなら、アメリカは人種にもとづく真に健全な秩序を体現していただろう、とクリーガーは断言した。[137]クリーガーの宿敵は急進派共和党で、一九三〇年代のアメリカについての彼の最終的な分析もまた、ナチスのリアリズム法学の一例である。急進派共和党は憲法修正第一四条というきわめて形式主義的な法体系でアメリカを縛りつけたが、これは人間の経験とはかけ離れた、またアメリカの大衆に本質的に備わる人種主義的世界観とも明らかにかけ離れた、平等という抽象的概念を基盤とするものだ。その結果、アメリカの法律は二つの「形成勢力」、すなわち形式主義的な自由平等主義と、現実主義的な人種主義のあいだで板挟みになった。[138]望むべくは現実主義的な人種主義が最終的に勝利することである。

これはアメリカの法制史の実に不愉快な解釈ではあるが、それでも当時、この類いを信じるアメリカ人は北部にも南部にも大勢いた。[139] そのうえクリーガーの本は、アメリカの制定法および判例法についての三五〇ページにもわたる詳細な研究に裏打ちされたもので、アメリカ社会の統計的ならびに質的研究も加えられ、この国の法的人種主義の仕組みについての洗練された理論と正確な考察にあふれていた。「ナチスによる第一級の学問的成果」と呼べば耳障りかもしれないが、これがハインリヒ・クリーガーの『合衆国の人種法』であった。クリーガーもまた、その才能をナチスの手に委ねることを拒めなかった多くの優れた法学者の一人だったのだ。

一九三四年六月の立案会議の記録には、若きクリーガーの影響の跡がはっきりと見てとれる。ギュルトナーが引用した「資料」とは、クリーガーの別の論文にふくまれた研究を援用したものであるのはほぼ間違いない。これも同じく「合衆国の人種法」との題で一九三四年の半ばに行政法の専門誌『行政論叢』に掲載され、その後もたびたびナチスの政策立案者らによって引用された。[140] この論文は一九三四年の夏にドイツ国内で知られていたことを要約したものだ。クリーガーは、一九三〇年代前半にアメリカで異人種混交禁止法が容赦ない潮流となっていたことを読者に説明している。

非合法である異人種間結婚をとり結ぼうとすれば、ほぼ一様にその結婚は無効とされ刑事罰の対象となる。それにより最初にもたらされる結果について、法令は次の言葉を単独でもしくは組み合わせて用いている。すなわち「無効」「非合法」「法的効力なし」「違法」「完全に無効」などである。市民権の無効がどこまで及ぶかについては全国一律の規定はないが、その子孫が非嫡出子となり相続が不可能となるのが常である。

これらの結婚禁止法に違反すれば、罰金ならびに禁固刑を科される恐れがある。法令が両者の処罰形態を認めている場合は両者を科してもさしつかえないし、またどちらか一方の処罰を科すこともある。よってこの犯罪の等級化については差異が生じ、たとえばネヴァダ州では軽犯罪とされるが、テネシー州では重罪、メリーランド州でも重罪（破廉恥罪）とされ、さらに処罰の方法にも差異がある。一〇年以下の禁固が科される州もあれば、最高で禁固六カ月の州もある。また一部の州（ミズーリ、インディアナ）の法律では、法に違反することを知っていたかどうかを考慮すると明記してあるが、この規定は個人の血統に対する無知が広まっているという認識に依拠するものである。(141)

おそらく以上のくだりか、もしくはそれに由来する何かを、ギュルトナーは六月五日の会議で提示したと思われる。

さらにクリーガーの論文は、アメリカの法律における制約のない、そして「法的にさほど厳密に定義されていない」手法をつとめて重視し、アメリカの法律がその全住民を、そもそも恣意的なカテゴリーである「白人」と「有色人」の二つに分けただけで満足していることにこだわった。フライスラーと同じくクリーガーも、こうした概念には科学的根拠がいっさいないことを強調した。この二つのカテゴリーは人種の現実にあらず、むしろ「人為的な線引き」の産物である。それでもアメリカの法律はドイツと同じきわめて重要な「問題」にとりくみ、何とか成果をあげてきた。それは「混血児」をどう扱うかという問題だ。「混血児」の法的処遇の問題には、ともあれアメリカの制定法の考えからすれば明快な答えが得られている。すなわち、白人種と有色人種というたった二つの集団間だけに本質的な区別がなされているのだ。したがってこうした規則に用いられる概念にはすべて、ときに法令によって、ときに法廷によってなされた人為的な線引きがからんでいる」。ここで暗黙に理解されたことを、六月五日の会議でドホナーニが指摘している。つまり、二つのカテゴリーしかないのなら、アメリカの法律はユダヤ人を「コーカソイド」に分類しているということだ。『合衆国の人種法』でクリーガーが説明するように、これは合衆国が「目下のところ」ユダヤ人問題にまで手がまわらなかったのが理由である。(142) とはいえ一九三四年の論文でクリーガーは、このユダヤ人の問題にとくに触れることはなかった。ギュルトナーやフライスラーと同様に、「途方もない数の混血児」が投げかける定義上の問題に対処すべくアメリカ諸州が用いた多くの手法の「興味深い」点に話を移したにすぎなかった。クリーガーの報告によれば、アメリカ諸州はたいていの場合、血の割合によって定義される血統に注目したが、ときには他の方針も採用した。

人種の区別をおこなった州は、有色人種の祖先の親等に応じて、もしくは有色人種の血の割合に応じて、有色人種集団に属するか否かを判断した。この線に沿って四つの州の法律は、有色人種を「たとえ各世代の祖先の一人が白人であっても、三世代までニグロの血統を有する者」と定義した。五つの州はもっと明快な判断をくだした。すなわち「有色人とは、ニグロの血を八分の一以上有する者である」。二つの州ではその比率は四分の一とされた。ときには「アフリカ人の血」がごくわずかでもふくまれていれば、法的には有色人種と分類するにじゅうぶんだった。またどちらの集団に属するかを判断するうえで外面上の特徴が決め手となる州もあった。たとえば元奴隷の立場にいた者（ノースカロライナ州）、どちらかの集団に日常的にかかわっていること（同上）、あるいは再婚の場合は、最初のパートナーの人種的アイデンティティ（テキサス州）などである。

ここでもまたフライスラーと同様に、クリーガーはアメリカの判例法における制約のなさに注目した。

裁判所における人種の概念化は、さらにもっと多様である。法による定義の極端な例は、稀有なものではあるがオハイオ州の判決である。これは白人の血統が二分の一を超える者を白人とみなすと宣言した。[143] 司法慣行においては、ほんのわずかでも目に見えるニグロの身体的特徴があれば有色人種に分類し、さらには親等がどれほど遠いかにかかわらず、ニグロの血統が世間に知られている場合にも、有色人種に分類する傾向が強まっている。[144]

おそらく以上のくだりか、その類いのものが、ギュルトナーが六月五日の会議でとりあげた資料にふくまれていたと思われる。

一九三四年のクリーガーによる説明は、たしかにユダヤ人についてのものではなかったし、ましてユダヤ人について触れることすらなかった。とはいえ、わざと愚鈍なふりでもしないかぎり、これがナチスの政策論議のための資料提供を意図したものであることは否定できない。とくに注目すべきは、フライスラーが賛美するようなアメリカの法律の「多様」な「人種の概念化」についての議論に、このクリーガーの論文が屋台骨を提供したことだ。この点について言えば、彼の論文はとくに目新しいものではなかった。これから見ていくが、たとえ「目下のところ」アメリカが自国のユダヤ人を押さえつける必要を理解していなくとも、アメリカの「混血児」に対するとりくみに学ぶべきことがあるとして注目するナチスは少なくなかった。

その後も、一九三五年九月にニュルンベルク法が正式に発効するまでのあいだ、ナチスはアメリカの範例にあいかわらず注目していた。一九三四年の夏に刑法改正委員会でアメリカの法律が議題にのぼったのと同じくらい意表をつくのは、『国家社会主義者のための法律入門』のなかの「民族、人種および国家」と題するヘルベルト・キアーの論説である。そのなかのアメリカの移民法をとりあげた箇所は第1章ですでに引用した。ここではさらにいくつかを引用しておこう。最初にキアーは、ナチスの目標に対する諸外国の理解のなさについて触れている。

ここで説明する国家社会主義のイデオロギーと、そこから引きだされるべき結論は、まったくの誤解に広くさらされ、国家社会主義ならびにドイツ民族は苛烈な攻撃の的となってきた。北アメリカの合衆国が多くの地域で人種的見地から生まれた法的規制を導入していることを考えれば、これははなはだ理解に苦しむことである。ちなみに合衆国で優勢な政治的イデオロギーとは、およそ自由主義的で民主主義的なものであるはずだ。ところが人間の容貌をもつ誰しもが平等であることをまず基本命題とする、かようなイデオロギーをもちながら、アメリカに人種立法があれほど広範に存在するとはなおさら驚きである。ここでいくつか例をあげよう。アメリカの以下の州法では、白人種と有色人種との通婚が禁じられている。[145]

それからキアーは、アメリカの三〇の州すべてについて、アルファベット順にその異人種混交禁止法を詳細に説明し引用した二ページにわたる表を掲載した。[146] この表は先の六月のギュルトナーとフライスラーによるアメリカの法律の説明と一致するもので、アメリカの法についての両者の詳細な情報の出所の一つとみてよさそうだ。フライスラーが六月五日の会議で触れた「リスト」とは、おそらくこれのことに違いない。その後も数年にわたりこの同じ表が流布し続け、「血の法」についての定番の解説にも再び登場する。[147] この表に続けてキアーは次のように書いている。

ここにあげた三〇州は、かようにどこも異人種混交を禁じており、唯一の例外を除いて、すべてヨーロッパ系アメリカ人が非ヨーロッパ系人種と混合することを防ぐ目的をもつ。ノースカロライナにだけは、さらにインディアンとニグロの異人種混交を禁じる法律がある。異人種間の婚外交渉を禁じる州もいくつかあり、たとえばアラバマやアーカンソーのように刑事罰の対象にすらなる場合もある。(148)

ここでもまたアメリカの法の詳細についてナチスが仔細に検討していたことがわかる。次にキアーは隔離の話題に移った。そしてアメリカの隔離政策がときにどこまで及ぶかに驚きを隠さなかった。

アメリカ南部の大半の州では、白人の子どもと有色人の子どもは法的規制に従って別の学校に通っている。さらに大半のアメリカの州は、出生証明書、結婚許可証、そして死亡証明書に人種を明記することを要求する。そのうえアメリカの多くの州は州法により、待合室、列車の車両、寝台車、自動車、バス、蒸気船、さらには拘置所や刑務所にすら有色人と白人を隔離する設備を要求する。なかにはフロリダのように白人だけが国民軍に入隊できる州もあれば、アーカンソーのように選挙人名簿が人種別になっている場合もあり、同州では課税台帳で白人と有色人が別に分かれている。(149)

キアーがこうしたことをどれも異様で、いささかやりすぎであると感じていたのは明らかだ。すぐ後に見ていくが、アメリカの法律が度を越していると考えたナチスの著述家はほかにもいた。キアーいわく、いずれにせよアメリカの法律からはっきりわかるのは、人種法がいかに当然かつ必然のものだったかということだ。

合衆国諸州に人種的な法的規制がこれほど多種多様にふんだんにあるのを見ると、政治的イデオロギー——すなわち人間はその血統に応じて価値に違いがあることを否定する政治的イデオロギー——の盾がある場合ですら、人種的血統にしたがって人間を分離せざるをえない、まさに自然の力の強さというものを痛感させられる。アメリカの人種法についてのごく簡単な概要は、『行政論叢』のなかでH・クリーガーが説明している。[150]

ここからキアーは結論に入り、「自由主義的で民主主義的な」イデオロギーをもちながらも、アメリカはナチス・ドイツの先達であると明言した——人種混合という害悪の「本質的な理解」に達した国で、それは当然ながら第三帝国に引き継がれまっとうされるだろう。

ここでもこれがすべて外国の読者に向けたプロパガンダにすぎないとの考えは捨てるべきだ。キアーはたしかにナチ政権が国際的に「誤解」されていることに触れている。とはいえ彼の文章は外国の読者に向けて書かれたものではありえない。これもドイツ文字《フラクトゥール》で綴られた難解な文章で、おそらく外国での配布もかぎられ、[151]むろん国内でナチスの判断材料にすることを意図したものだ。キアーが外の世界について触れているくだりでは、プロパガンダの行為というより、アメリカで見られるものとすこぶる似た制度を他国が「誤解」していることに、いわば心底困惑しているようすがうかがえる。それに当時まだナチ政権が絶滅計画を説いてはいなかったことも忘れてはならない。この政権が説き進めていたに違いないのは、いわばアメリカの人種法の理にかなった延長といったものだった。そうでないと思いたいのは山々なのだが。

アメリカの影響を評価する

アメリカの移民および市民権の法律と同様に、アメリカの異人種混交に関する法律も、前述のようにニュルンベルク法が登場した時代に繰り返し参照された。では残る疑問は、アメリカの異人種混交の措置に、ナチスが直接、何らかの意味あるかたちで「影響された」と言えるのか。その答えは（議論を呼ぶのは避けがたいが）「イエス」である。

最初に、アメリカの法律はユダヤ人をあからさまに標的としていないので、ナチスの関心をひくなどありえないといった説をきっぱり否定するのが肝心だ。アメリカの禁止法がユダヤ人に触れていないからといって、ナチスの法曹がアメリカの法の調査を躊躇することはみじんもなかった。たしかにアメリカの異人種混交禁止法はもっぱら「ニグロ」と「モンゴル人」という言葉を使っていた。だからといってアメリカの法律が何の参考にもならないわけではない。本章の冒頭で登場したナチスの狂信的な人種主義者ヘルムート・ニコライは一九三三年の重要な演説のなかで、「ニグロ」と「モンゴル人」はユダヤ人と同様に人種の純粋性を脅かすものだと明言し[152]、プロイセン覚書も同じ調子で、ユダヤ人だけでなく、「ユダヤ人、ニグロまたはその他の有色人」という言葉を使っていた[153]。一九三〇年代前半を通して急進派のナチスは、調べる価値のあるアメリカの範例が存在することを重々承知していたし、異種交配や性的関係に関する「国家社会主義国の基本的な憲法」を起草するにあたり、アメリカの法律を活用することにかなり乗り気でいた。アメリカでユダヤ人に対する正式な措置がなかったからといって、ナチスの法律家らがアメリカの先例を活用できなかったと主張するなどもってのほかである。彼らは優秀な法律家であって、自身の目標とは多少異なる目標をもつ法律から法的手法を引きだすなど朝飯前のはずだ。

この疑わしい説を捨てたあかつきには、耳障りな言葉に違いないが「影響」と呼ぶほかないものについて率直に語ることができるし、ぜひとも語らねばならない。何よりまず異人種間結婚の犯罪化において、どう見ても「影響」と呼ぶほかないものが見つかるのだ。「血の法」は、市民権の無効と異人種間結婚の犯罪化の二つを申し渡していた。

ドイツ人の血と名誉を守るための法

第一条

一　ユダヤ人と、ドイツ人の血またはそれと類縁の血を有するドイツ国民の結婚はこれを禁止する。この禁止を犯して行われる結婚は、たとえそれが本法を回避するため外国において行われた場合においても無効とする。

……

第五条

一　本法第一条に定める禁止に違反する者は、重懲役に処する。

この法律の文言はたしかにアメリカの法令をそのまま書き写したものではないが、その点は重要ではない。二〇世紀半ばのドイツの法律家ほど知見に満ちた法曹にとって、法的影響とは逐語的な転写とは無縁のものだ。法律家はもっと大きな概念的枠組みを用いて自身の状況に合致した文言を綴る。この場合、ナチ政権初期のドイツの有力な法律家たちは、重婚や「悪意ある詐欺」の場合を除いて結婚がはたして刑法の対象となりうるのかという問いとして、自身の概念的問いをとらえていた。アメリカの法律は異人種婚を犯罪とした西洋の制度の貴重な例だった。ドイツの法曹たちはそのことを二〇世紀初頭からわかっていたし、一九三〇年代前半になってもまだわかっていた。そして書面でも、また本書で速記録を掲載した重要な非公開の会議の場でも、このアメリカの情報源を詳細に検討していた。わけてもプロイセン覚書以降、広範な犯罪化を後押しするナチ急進派のフライスラーが、アメリカの立法と法体系の積極的な擁護者としてこの速記録に登場する。

とはいえ懐疑的な見方をする人は、たとえアメリカの例がなくても急進派ナチスは異人種婚の犯罪化に成功しただろうと反論するかもしれない。まんざらありえない話ではないが、それについては知りようもない。それでも資料に散見される、ナチスがアメリカの範例に注目していた証拠を無視することには言い訳がたたない。たとえ急進派の勝利が約束されていたとしても、アメリカの範例の存在が一九三〇年代前半の政争にまったく影響しなかったわけではないし、アメリカの法律を再三援用していた急進派が自分たちの発見したものからさしたる着想を得ていなかったわけでもない。この状況でアメリカの例をたいした意味もないと片づけるのは、世間知らずで愚鈍な法の理解――事実に向き合うことの頑なな拒否――をもってしかできないことだ。比較法のもっとささいな例でこの手の証拠が見つかれば、一瞬のためらいもなく私たちは「影響」という言葉を使うだろう。比較法における戦後ドイツの傑出した専門家コンラート・ツヴァイゲルトとハイン・ケッツは、法の革新に外国法が通例いかに影響を与えるかを次のように説明している。

世界じゅうの法律制定者は、それが全般的な研究を通してか、もしくは問題となる事柄についての報告を通してかを問わず、比較法の助けがなくては多くの点で良い法律をつくることはできないことを認識してきた。

一九世紀の後半以降、ドイツにおける立法に先立ち広範な比較法的研究がおこなわれてきた。[154]

戦後ドイツの他の学者と同様に、ツヴァイゲルトとケッツもナチ時代については沈黙を守っているが、法がいかにつくられるかという彼らの説明は、一九三三年から三五年にかけての時期のドイツにも等しく当てはまる。これは良法をつくるのと同じほど悪法をつくるのにも当てはまり、一九三〇年代前半のナチスの法律家らがおこなった「広範な比較法的研究」では、アメリカをニュルンベルク法の策定と不可避に結びつけている。

「混血児」の定義――「血の一滴の掟」とアメリカの影響の限度

異人種婚の犯罪化の場合、アメリカの果たした役割は明々白々だが、さらにアメリカの例は、人種的に劣等とされる「混血児」の分類をめぐるナチスの議論においても重要な意味をもった。ドイツの法律が「ユダヤ人」の定義に関心があるのと同様に、アメリカの法律は「ニグロ」の定義に関心があり、ナチスのなかには合衆国に模範になりそうなものがあるとじゅうぶん気づいている者がいた。アメリカの人種分類計画に興味をもったのは法律家だけではなかった。たとえばナチスの人種政策を生徒にどう教えるかという教師向け手引書として発行された一九三四年の本に、次のような一節がある。著者によればアメリカは人種の純粋性を重んじるあまり、ナチスですら厳しすぎると感じる分類法を採用することもやぶさかでなかった。「アメリカ合衆国では、外見上はほとんど白人に見える混血児ですら黒人《ニガー》とみなされるように、白人種と黒人種を社会的に厳しく分離することが人道的にいかに冷徹なものになろうと必要であることが認識されてきた」[155]。これがナチスですら動揺し、「人道的にいかに冷徹」かと身震いするアメリカの「血の一滴の掟《ワンドロップルール》」である。別のナチスの著者も、一九三六年に英語教師に向けて書いた論文のなかで同様の発言をしている。人種の純粋性を法制化するアメリカのとりくみを讃えるいっぽうで、この著者もまた「ニグロの血が一滴でも入っているアメリカ人の男性または女性」が黒人とみなされる「社会的慣習の容赦ない過酷さ」に青くなった[156]。

「血の一滴の掟」はナチス（少なくとも彼らの大半──ただし狂信的なアヒム・ゲルケはこの類いを好んだが）にとって過酷すぎたため[157]、その理由だけでアメリカの分類法の影響は必然的にかぎられたものになった。アメリカとナチスの人種分類法に類似を認める学者たちは、その点に関しては間違っている──とはいえ、それは彼らがアメリカの法の相対的な過酷さを見くびっているからだ[158]。ナチスの文献ではほかにも障壁があると見ていた。ドイツ・ユダヤ人は断じてアメリカの黒人とは違っていた。一九三五年に著者不詳の記事が説明したように、アメリカ黒人はもっぱら身体的特徴からそうと認識できるため、アメリカは「おおむね明快な皮膚の色による区別」に頼ることができた[159]。いっぽうユダヤ人を特定するのは、それよりはるかに難しかった。黒人と違ってユダヤ人は、肌の色ではなくその文化によって共同体としてのアイデンティティを保持していた。反対にアメリカの黒人は数世紀にわたる抑圧のすえに、その特徴的な文化をすべて失っていた。「ニグロ［自分たちの文化的伝統を失った］は今となっては、その身許を示す身体的特徴によって消極的にまとまっているにすぎない。……けれどもユダヤ人とアメリカのニグロに共通するのは、外見上は同化したいと望んでいる点だ。これについてはユダヤ人のほうがおそらく見込みがある。というのも、一目でそれとわかるほどの明確な身体的違いがないため、もっと上手に隠しおおせるからだ」[160]。ドイツの「ユダヤ人問題」はアメリカの「ニグロ問題」よりもはるかに油断のならないものだった。ドイツ・ユダヤ人は、この著者が案じるように、「勤勉で几帳面で倹約家」といったドイツ人の特徴を装うことで、共同体にいとも簡単に潜り込めるだろう。[161]

しかしアメリカは違った。ナチスの人種分類にアメリカが与えうる影響のほどはかぎられ、ナチスの著述家らはそのことをじゅうぶん認識していた。それでもアメリカの人種分類は否が応でも法的な関心を呼び、アメリカの異人種混交の法律がもつ魅力の大半はそこにあった。それがわかるのが、アメリカの法律が人種をいかに定義しているかについてのギュルトナー法相の報告である。それがわかるのが、『法律入門』のなかの、アメリカのどの州が黒人の血をほんのわずかでも有する者を黒人と定義しているかを、ナチスの読者に向けてつまびらかにした「民族、人種および国家」の項目である。それがわかるのが、アメリカ諸州の法律についてのヨハン・フォン・レールスによる一九三六年の論考である。[162] そして、それがわかるのが、クリーガーの一九三四年の論文、ならびに一九三六年の著書である。

さらに少なくともアメリカの法律のある一面が、ドイツでの討論にいくらか重要な意味をもったと思われる。アメリカ諸州は「混血児」を血統に厳密にもとづいて定義はしなかった。クリーガーが説明するように、合衆国の人種分類はおそらく他の要因にも依拠していた。アメリカの一部の州、とりわけノースカロライナとテキサス両州の裁判所は、そのほかの「外面上の特徴」にも注目した。わけてもテキサスは結婚歴を考慮した。「どちらの集団に属するかを判断するうえで外面上の特徴が決め手となる州もあった。たとえば元奴隷の立場にいた者（ノースカロライナ州）、どちらかの集団に日常的にかかわっていること（同上）、あるいは再婚の場合は、最初のパートナーの人種的アイデンティティ（テキサス州）などである」[163]

人種分類が血統ではない何か、とくに過去の結婚で決まるかもしれないという発想には注目すべきだ。この発想がナチスによる「ユダヤ人」の最終的な定義にきわめて重要な意味をもったからだ。先に述べたように、急進派はユダヤ人の祖父母がたった一人でもいればユダヤ人であると定義したがっていた——これはアメリカ諸州が「四分の一」有色人と呼ぶものに等しい。けれども一九三三年の四月には、すでに代案が俎上にのぼっていた。この新たな分類法では、二分の一ユダヤ人の救済が提案された——ただしそれは二分の一ユダヤ人がユダヤ教の信徒でなく、またユダヤ人と結婚していない場合にかぎられた。[164] この代案こそが、ニュルンベルク法のきわめて重要な以下の施行令に最終的に採用されたのだ。[165]

一九三五年一一月一四日に公布されたドイツ国公民法第一次施行令

第五条

一　祖父母の少なくとも三人が完全ユダヤ人である者はユダヤ人である。

二　祖父母の二人が完全ユダヤ人である混血児は、（a）この法律の公布時点でユダヤ教信徒共同体に所属していたか、もしくは公布後に所属を認められた場合、［もしくは］（b）この法律の公布時点でユダヤ人と結婚していたか、公布後に結婚した場合は、ユダヤ人とみなされる。

［そのほかそれほど重要でない条項が続く[166]］

こうして穏健派は二分の一ユダヤ人の一部をどうにか守ることができたが、それはやはり一部にすぎなかった。レーゼナーは問題となる「混血児」の「傾向」は人生の選択によって露顕すると考え、この妥協案を弁護した。「ユダヤ人」と「みなされる」二分の一ユダヤ人はドイツの文化的価値観に従っていない者たちだった。「さらにユダヤ人とみなされるのは、（祖父母の二人が完全なユダヤ人で、二人がユダヤ人でないか完全なユダヤ人ではない）二分の一ユダヤ人の一部の集団であり、状況によって彼らはユダヤ世界により強い傾向をもつとみなすべきである」[167]。ここでアメリカの例は何かの役に立ったのだろうか。ユダヤ人を分類するという問題の法的解決は結婚歴にある程度左右されるといった発想の出所は、おそらくクリーガーの論文だけではない。これまで見てきたようにアメリカの移民法に関するナチスの文献では、いわば身を落としてアジア人男性と結婚した女性の市民権を剝奪するアメリカのケーブル法が称賛されていた[168]。ニュルンベルク法の発効後の数週間にわたる白熱した議論でおそらく重視されたのは、人びとをある人種カテゴリーから別の人種カテゴリーに割り振るにあたって結婚歴が決定因子の一つになるとの発想を、異人種混交禁止法を擁する国の範たるアメリカがいくらか後押ししていたことだ。

とはいえ結局のところ真相はわからない。アメリカという範例のこの面がドイツの考えに影響したのか、もしそうならどのように影響したのかについてはっきりしたことは言えない。要は、ナチスはアメリカの分類法は過酷すぎるし、アメリカの人種問題は自分たちとは違いすぎて、無修正のまま借用することはありえないと考えた。とはいえ結局のところ重要なのは、アメリカの例が存在することを彼らは知っており、真っ先にそれに目を向け、その後も何度も繰り返しそれを頼りにしたことだ。

終章

ナチスの目から見たアメリカ

「自由のための党大会」で総統《フューラー》がニュルンベルク法を公布してから八日後の一九三五年九月二三日に、四五人のナチスの法律家からなる代表団が、豪華な遠洋定期船オイローパ号に乗り込んだ。この汽船は「国家社会主義ドイツ法曹連盟」が計画した「研修旅行」のために、これからアメリカ合衆国に向かうのだ。一行を率いるのは当時のナチ党法務部高官ルートヴィヒ・フィッシャー。それから四年後にフィッシャーは、ナチ占領下ポーランドでワルシャワ地区行政長官に任命された。フィッシャーが総責任者を務める間、かの地で数十万ものポーランド・ユダヤ人が容赦なく駆り集められ、ワルシャワ・ゲットーが創設され（ここに入れば「ユダヤ人は飢えと貧窮からくたばるだろう。ユダヤ人問題は一掃され、残るはただ共同墓地だけだ」とフィッシャーは請け合った(1)）、ゲットーで起きた蜂起が残忍に鎮圧され、およそ三〇万人が絶滅収容所に送られた(2)。

それでも一九三五年九月の時点では、すべてがまだ先のことだった。フィッシャーの引率のもとオイローパ号に乗り込んだナチスの四五人の法律家（うち男性が三八人、女性が七人）には豪奢な旅が待っていた。ナチスの法律系紙誌が報じたように、ニューディールの金融政策によって停滞したアメリカドルの低交換率のおかげで贅沢な気分を味わえそうだ(3)。この「研修旅行」の出発点はニューヨークで、代表団はニューヨーク市法曹協会が主催する歓迎会に招待された。[4] その後、「研究および講演を通じてアメリカの法的・経済的活動の専門的洞察［ならびに］新世界についての生活全般の多角的概観」を提供する教育プログラムを受けることになっている（ナチ会計士連盟の会員も招待されていたが、ナチスの会計士が旅行に参加したようすはない）[5]。

航海に先立ち船上の四五人に、党法曹界のお偉方ハンス・フランクからの「祝辞」がナチ法曹連盟会長ヴィルヘルム・ホイバーを通じて伝えられた。この挨拶で表明されたのは、ほぼ三年がかりでつくった党の反ユダヤ計画が鉤十字旗の下で正式に施行された、あのニュルンベルク党大会直後にナチスの法律家が覚えた勝利の高揚感に相違なかった。参加者たちは、連盟いわく「ドイツの法の信奉者」であり、ホイバーは一行の旅を、抵抗に勝利した新秩序のために奮闘した一年の褒美だと説明した。「ホイバー博士の説明したとおり……この研修旅行は、ドイツの法の信奉者にとって、かねてから生の現実を見ようとしない時代遅れの法曹と闘ってきた丸一年に対する当然の埋め合わせとなるだろう[6]」。八〇年のときを経た今でも、四五人のナチスがグラスを掲げ、両のかかとをカチッと鳴らし、その年の勝利の喜びを口にするさまが目に浮かぶようだ。

ところがこの旅はすべてが順調にいったわけではなかった。四五人がニューヨークに着いたのは九月二六日。彼らが乗ってきたオイローパ号の姉妹船ブレーメン号に、反ナチの暴徒一〇〇〇人が押し寄せたちょうど二カ月後、そしてマンハッタンの判事ルイス・ブロッドスキーが扇情的な意見表明をおこない、鉤十字旗を「海賊の黒旗」、ナチズムを「野蛮とはいわずとも中世以前の社会的・政治的状況に先祖返りすること」と言いはなった三週間後のことだった[7]。早い話が、ニューヨーク市は反ナチ感情の温床、無数の「ユダヤ人分子」の拠点であり、よってこの客人らはさっそく抗議にさらされるはめになった。ガーメン・ディストリクト［マンハッタンにある服飾産業の中心地］にある滞在先のホテルで彼らが「ハイル・ヒトラー！」と挨拶し、ナチ式敬礼を交わす姿を見たユダヤ人の毛皮商たちは、一行に反対する騒がしいデモを組織し、デモは六時間も続いて警察の大掛かりな出動が必要になった(8)。

代表団を率いるフィッシャーは、この騒ぎに怒りをあらわにした。一九四七年にフィッシャーは戦争犯罪のかどで絞首刑に処されるのだが、このときの彼は、ナチス・ドイツではユダヤ人は「思いやりをもって丁重に扱われた」と憤慨した。

われわれはアメリカの印象をじかに知るべく研修旅行に来たのだが、第一印象はひどいものである。……ニューヨーク市には感銘を受けたが、他の印象は最悪だ。良識あるアメリカ人はこのデモに反対し、すこぶる友好的に温かく迎えてくれているのはわかっている。デモで目につくのはユダヤ人ばかりだった。

ドイツは客人を大切に扱うし、たとえユダヤ人の客でも歓迎する。この夏、ドイツではユダヤ人も参加した国際会議がいくつもひらかれたが、彼らは思いやりをもって丁重に扱われた(9)。

ひとしきり怒りをぶちまけた後でフィッシャーは、「ニューヨーク市そのものの印象は言葉にできないほど素晴らしい」と強調し、ニューヨーク市法曹協会が自分と仲間のナチスのために設けてくれた温かい歓迎会には「たいへん満足している」と言い添えた(10)。

残念ながらフィッシャーたち一行のその後の旅の顚末はわからない（ただし興味のある方は、フィッシャーの絞首刑とみられる映像をオンラインで閲覧できるだろう(11)）。とはいえこれまで見てきたように、彼らがそれに先立つ「時代遅れの法曹と闘ってきた丸一年」のあいだ、ナチスがアメリカの法律に関心を抱いたことについては多くのことがわかっている。一九三〇年代前半にナチスの法律家がアメリカについて拒否したものは少なくない――とりわけルイス・ブロッドスキーに代表されるリベラルなアメリカ、ニューヨークのユダヤ人毛皮商、そして彼らに賛同する人びと。とはいえナチスが好んだものもたくさんあった。フィッシャーはユダヤ人と「良識あるアメリカ人」とを区別した最初のナチスの法律家ではないし、ヒトラーとゲーリングも、その一一日前にひらかれたニュルンベルク党大会で同じ類いのことをしていた。それにフィッシャーの代表団は最初にアメリカを調査したナチスの団体ではないし、素晴らしい印象を持ち帰ったのも彼らが初めてではなかった。

『わが闘争』からこのかた、ナチスの法律家や政策立案者はアメリカの人種法に絶えず関心をもち続けていた。とくに一九三〇年代前半のニュルンベルク法の策定時期に、ナチスはアメリカの移民法、アメリカの二級市民権法、そしてアメリカの異人種混交禁止法や雑種化の法律について詳細に調査していた。なかにはジム・クロウの隔離政策に関心をもつ者もいた。とりわけ急進派ナチスの立法計画における基本方針を説明した一九三三年のプロイセン覚書では、ジム・クロウへの明確な言及があった――とはいえこの文書は、ナチス・ドイツにはもっと「限定的な」規模のものを進言していたが。アメリカの人種法にはナチスから見て魅力的な面がいくつかあった。とりわけ異人種婚に重罰を科すアメリカの稀有な慣習が「血の法」の背景に見てとれる。いっぽう「血の一滴の掟」といった他の点は、あまりに過酷すぎると驚かれた。ローラント・フライスラーをはじめとする残忍なナチスには、アメリカの法体系から学べる教訓を支持する者もいたが、かたやギュルトナー法相のような穏健派は、アメリカの先例の使い道を控えめに評価しようと努力した。アメリカの慣習をそのまま採用することに賛成する者は誰もいなかった。アメリカがその人種主義とは相容れない自由主義の伝統を擁しているのは皆わかっていたが、『国家社会主義者のための法律入門』が述べたように、アメリカが法で定めた人種秩序を築く必要に対し「本質的な理解」をしていることを是とする者は多かった。ただし人種国家を完全なかたちで実現するのは国家社会主義のドイツが成し遂げる仕事であると、ナチスの著述家たちは決まって言い足したが。

これらをひっくるめて結論として何が言えるのか。

まず本書で見てきた歴史が何を語っていないかに注目することが肝心だ。そこではナチズムの起源につい て語ってはいない。分別のある人なら、ナチスのおかした数々の犯罪がアメリカの発想に起因するなどと結論したりはしないだろう。極端に右か左に偏った人びとがしてきたように、合衆国がこの世のあらゆる悪の根源だと主張するのは、どうかしているとしか思えない。また一九三三年から四五年のあいだにドイツとその領地で起きたことの責任がアメリカにあると考えるのもおそらくおかしなことだ。ナチズムが発生したのは数多の理由によるが、その大半はドイツ固有のものである。ナチスの犯罪の責任はドイツ人とその直接の協力者にある。結局のところ合衆国がヒトラーの打倒に一役買ったのはたしかだし、この世界を良くするためにときに存分に力を発揮したのもたしかである。

本書で提示した歴史が突きつけるのは、ナチズムの起源についての問いではない。むしろアメリカそのものについての問いだ。ナチスがどれほどアメリカの人種法に魅力を感じていたとしても、それとは関係なく彼らは極悪非道の犯罪をおかしただろう。そうは言っても、いったいなぜアメリカはナチスをこれほど惹きつける法律を生みだすことになったのか。

この問いに答えるのは、ある意味それほど難しくない。合衆国には人種主義が存在し、それが根深いことは私たちの誰もが知っている。二〇世紀前半にアメリカが忌まわしい人種法を擁していたことは、とくに目新しいニュースでもない。ジム・クロウ法下のアメリカとナチス・ドイツに類似点があることを私たちの誰もが知っているし、結局、これは火を見るより明らかなことなのだ。[12] アメリカの優生学にナチスが関心をもっていたことも誰もが知っている。アメリカの西部への拡張をナチスが賛美していたことも歴史家がすでに立証している。フランクリン・ルーズヴェルトがナチスに人気があったことはさほど知られていなくても、すでにわかっていることだ。ニュルンベルク法をつくるさいにアメリカの人種法にナチスがどれだけ深く関心を寄せていたかは知らなくても、聞いて仰天するほどの話ではないはずだ。一九三〇年代前半にナチスの目から見たアメリカのイメージは、私たちが大事にしているそれではないが、かといってまったく見覚えのないものではない。

それでもナチスの目からアメリカを見てみると、私たちの知らなかった、あるいはこれまであまり考えてこなかったことを教わるのだ——それはアメリカの人種主義の性質とその規模にまつわること、そしてもっと広い人種主義の世界史におけるアメリカの位置づけにまつわることだ。そして何よりナチスの目からアメリカを見ることで、アメリカの法文化そのものについていくつか不愉快なことを教わるのだ。

人種主義の世界史におけるアメリカの位置づけ

まず何よりナチスの目からアメリカを見て気づくことは、聡明な学者ならすでにわかっていても、世間ではまだよく呑み込めていないことだ。アメリカの人種主義の歴史はジム・クロウ法下の南部の歴史にとどまらない。[13] アメリカにおける人種法を、人種分離の法律とイコールで考える傾向はあらためなくてはならないし、ナチス・ドイツと南部諸州の「鏡像《ミラーイメージ》」の先に目を向けなくてはならない。アメリカにおける人種の歴史と聞いて、プレッシー対ファーガソン判決やブラウン対教育委員会判決、隔離政策や勇ましい公民権運動を思い浮かべるならば、実際に起きていたことの壮大な全貌を見抜けぬままになりかねない。一九三〇年代のヨーロッパの識者はみな、黒人と白人の対立はアメリカにおける人種主義の歴史の一端にすぎないと知っていた。[14] なるほどナチスがアメリカの黒人の処遇について触れるさいには、必ずと言っていいほど他の集団、とりわけアジア人やアメリカ先住民の処遇にも触れていた。ナチスから見れば、「北方人種」のアメリカが直面するのは「ニグロ問題」だけでなく、「モンゴル人」、インディアン、フィリピン人、そのほか「入り込もうと」するありとあらゆる非「北方人種」集団の問題だった。[15] その証拠に、二〇世紀の世界でアメリカが人種主義の立役者であることは、南部の隔離政策だけでなく同国のより広範な組織的活動や他の法形式と関係していた。とりわけ人種にもとづく移民政策、人種にもとづく二級市民の立場、人種にもとづく異人種混交禁止法といった国家による全米規模の計画と関係していた。ナチス・ドイツが何より惹かれたのはアメリカの法のこうしたもろもろの面であって、ジム・クロウにかぎったものではなかったのだ。

　これまで見てきたように、アメリカの法律のこうした面はナチスにとって強烈な魅力を放っていた。これは実に不愉快な事実だし、人種主義の世界史上のアメリカの位置づけについて、過去の不愉快な事実と向きあうことを私たちに強いるものだ。つまり二〇世紀初期の合衆国は、単に人種主義を擁する国というだけではなかった。いわば人種主義的法体系のまさに先頭をいく国——ナチス・ドイツですら注目し、感化されるほどの国だった。デイヴィッド・フィッツジェラルドとデイヴィッド・クック＝マーティンによる移民についての結論——「合衆国は、国籍や移民に関して露骨な人種主義政策を立てるうえでの指導者《リーダー》である」[16]——は、本書が調べた他の法領域にも同じく当てはまる。二〇世紀初期に、根深い白人至上主義と活発で革新的な法文化を擁した合衆国は、人種的法律の創設においてまさに最先端をいく国だった。だからこそナチスが重視したわけで、しかもそれはナチスだけではなかった。ブラジルもしかり、[17] オーストラリアや南アフリカもしかり。[18] そして異人種混交禁止法をつくるためのモデルを探していたドイツの植民地行政官もしかりだ。[19] さらにナチスが南アフリカを旅の道連れと好んで呼んだとはいえ、一九三〇年代前半に彼らが実際に引用した南アフリカの法律はごくわずかだった。[20] ナチスの圧倒的な関心は「典型例」、すなわちアメリカ合衆国にあったのだ。

ただし合衆国が人種主義的立法のリーダーだといっても、人種主義の咎めを受ける唯一の国というわけではない。それはたしかだ。ヨーロッパにはそれこそ何世紀にもわたる迫害の歴史があり、明らかにそれはナチスの政策の多くを予見するものだった。一九三〇年代前半のナチスは自国のユダヤ人を追放しようとした最初のヨーロッパ人ではなかったし、彼らもそのことはよくわかっていた。[21] それにヨーロッパが植民地主義的、帝国主義的拡大を続ける世界のいたるところで何らかの人種法は存在した。イベリアとラテンアメリカには、一部の歴史家が現代の人種法のルーツと認める伝統があり、それは一六世紀にまでさかのぼるものだ。[22] ブラジルには一九世紀末まで人種に露骨にもとづく排他的な移民法が存在したし、[23]『血と人種――諸民族の歴史をめぐって』の著者でナチ党員のヨハン・フォン・レールスのように、人種主義的法律の類いは何世紀にもさかのぼって見つけることができると嬉しそうに語る者もいた。[24]

わけてもイギリス帝国主義下の属国で人種主義はふんだんに存在した。オットー・ケルロイターのようなナチス屈指の法律家が、「合衆国とイギリス連邦自治領」で見つかった「興味深い結果」について触れている点は見逃せない。こうした引用からは、英米のコモンロー世界に対する関心がつねに頭にあることがわかる。ナチズムは部分的ながらもイギリスの伝統にその背景を見いだすことができる。アメリカのみならずオーストラリアや南アフリカ、そしてイギリス連邦内のもっと小規模な自治領のどこにも存在する、英語を話す「自由な白人男性」の民主主義社会に見いだすことができるのだ。そのいずれにおいても自由農民の入植者たちが、冷遇され、ときに戦争によって制圧されたマイノリティを犠牲にして平等主義的な自治権を主張したのであり、そのすべてにナチスは関心をもって注目した。[25]

けれどもこの世界のなかでもアメリカは、ヒトラーが台頭した時代のリーダーだった。これは事実であって、そこから私たちはどうにも逃れることはできない。ナチスが幾度も引き合いに出したのは、アメリカの移民、市民権、異人種混交禁止の法律だった。プロイセン覚書がとりあげたのは、アメリカのジム・クロウ法だった。一九三四年六月五日の立案会議で議論すべく司法大臣が用意したのは、アメリカの法律に関する資料だった。この会議の場で急進派が注目したのは、アメリカの法律だった。「血の法」の先駆けとなったのは、異人種間の結婚をアメリカが犯罪としたことだ。ナチスが一九四〇年代に血塗られた活動に勤しんだときに再三引き合いに出したのは、アメリカの西部征服だった——ヒトラーが早くも一九二〇年代にこれをとりあげていたように。[26] たしかにナチズムはアメリカで生まれてドイツに輸入されたものではないが、それでもナチスが人種秩序の構築に着手したときに、どんなモデルがあるかと真っ先に頼ったのがアメリカだったのは事実である。

☆

もちろん当節こうした考えは、ひどく奇異で、ひねくれたものにすら聞こえるかもしれない。アメリカは自由と平等の郷土《ホーム》であって、私たちはこの国を、第二次世界大戦という、連合国によるナチスとの苛烈な戦いにおける不屈の闘士だと考える。さらにもっと広くいえば、私たちはイギリスのコモンローの伝統を、権利という近代文化の重要な歴史的原点、ひょっとしたらその唯一のものとすら考える。それでもナチズムの主張について理解すれば、奇異な感覚もいくらか薄らぐ。ナチズムもまた、自由のためとはいわずとも平等のための運動だった。別の機会に述べたのだが、ナチズムの「国民革命」がドイツの大衆に誓ったのは、立場を一律に上げること——つまりナチスによって人種的ドイツ人と定義された者は、全員がドイツ社会の高位のメンバーとみなされると確約したのだ。もはや社会は高貴なドイツ人と平民のドイツ人に分けられることも、主人のドイツ人と従者のドイツ人に分けられることもない。今やドイツ人であれば誰もが、ただ支配者人種に属するとの美徳によって、支配者階級の同等のメンバーとみなされるのだ(27)。その意味で、ナチスの「国民革命」は徹底した平等主義的な社会革命だった。

英語圏とりわけアメリカ社会とのその類似は、こんにち想像するほど希薄なものではまったくなかった。アメリカの白人至上主義も「白人のあいだの不動の平等主義」を基盤にし(28)、優遇された人種に属するあらゆる人間の平等を主張する運動であり、過去の貴族社会のような立場の不平等を力ずくで否定した。これはとりわけジャクソニアン・デモクラシー〔ジャクソン大統領(在任一八二九—三七年)時代の民主的な改革の総称。ただし白人男性普通選挙制を普及させるも、先住民には強制移住を命じ、奴隷解放運動には敵対的〕の本質だった。その意味でアメリカの平等主義とアメリカの人種主義のつながりは深かったのだ。ヒトラーが『わが闘争』でアメリカを褒めそやした理由の一つは、まさにドイツに必要とされる類いの平等化をアメリカが認めていると確信していたからだ。ヨーロッパとは違ってアメリカは「重要な発明という富」を生みだしているが、それはヨーロッパと違ってアメリカが「最下層のものでも本質的に才能があれば」成功するチャンスを与えたからだ(29)。ヒトラーもまた「最下層のもの」を引きあげることでドイツ社会に変革をもたらすことを確約した。当然ながら、この平等主義の確約は非「アーリア人」の犠牲によってのみ実現しうるものだが、この点もまた広大な英語圏で見られるものと何ら違いはなかった。ちなみに「支配者」を意味するドイツ語 Herr と、「優位/至上」を意味するドイツ語 Vorherrschaft/Oberherrschaft には語源的に密接な関係があることに留意してほしい。ドイツ語の「支配者人種」は英語で言うところの「白人至上主義」と近い言葉であって、ナチス時代のドイツの著述家たちもそう理解していた。

したがって一九三〇年代にナチスがアメリカに関心をもっていたことは、こんにち感じるほど奇異なことではない。さらにこの時代の地政学的関係にも注目してほしい。ナチスが眺めていた世界は、英語圏の国々にあらかた支配されていた。イギリスはヒトラーよりはるかに先んじて世界支配をめざしていた[30]。さらに英米の指導者や知識層、なかでも有名なテディ〔セオドア〕・ルーズヴェルトやジェイムズ・ブライスは、自分たちがこの地球をこれだけ広く牛耳っていることを、あけすけな人種差別的主張を唱えて弁明した。テディ・ルーズヴェルトの言葉を借りれば、彼らは「この新世界、最も新しい世界の温帯は、白人が受け継ぐ遺産」であると信じて疑わない者たちだった[31]。そして「北方人種」の列強のなかでもアメリカは、学者たちがいみじくも述べたように、ナチス・ドイツにとって当然ながら格好の地政学的モデルとなった。この「アングロ・サクソン系」のアメリカ合衆国こそが、大陸に堂々たる帝国を築き、そのため東方征服を決意した第三帝国から拡張主義のモデルとして注目された。この「アングロ・サクソン系」の合衆国こそが、北半球における覇権国としての自身の立場を正当化する国際法の理念を発明し、それはモンロー主義〔孤立主義外交〕、そしてそれを拡大解釈した一九〇四年のルーズヴェルト系論〔合衆国によるカリブ海域への積極的介入の正当性を主張〕というかたちをとった[32]。たしかに戦間期のドイツの人種主義者は、合衆国が人種混交に屈して衰退するとしばしば予測していた――ただしアドルフ・ヒトラーの考えは、少なくとも第二次大戦の勃発までは違っていたが[33]。それでも、アメリカの失墜を予測する者がなかにはいても、彼らがアメリカの人種主義から教えを受けるのを拒否する謂《いわ》れはなかった。アメリカが地政学的に衰退するとの予想は、アメリカの政策をこの国自身は維持しえなかった厳格さをもって遂行する必要をナチス・ドイツに痛感させたにすぎなかった。

だが「北方人種」のアメリカがナチス・ドイツにとってこれほど魅力があったとしても、両者にはやはり顕著な、つまるところ根っからの違いがあるのではないか。

☆

言わずもがなその通りで、ナチス自身もそれを強調していた。何よりアメリカの人種法は、とくに再建期修正というかたちでこの国の法文化に歯止めをかける立憲主義の伝統と共存していた。たしかにその歯止めは、合衆国が人種主義的制度を開拓するのを阻止できるほどの力はなかった。一八七七年〔連邦軍が南部から撤退した年〕から数十年間のアメリカの法制史は、再建期修正が謳ったはずの平等の原則を恥知らずにもはぐらかしてきた、あいもかわらぬ記録といえる[34]――その原則とは、ナチスがこばかにして言ったように「人間の容貌をもつ者は誰しも平等である」というものだ。それでも再建期修正条項は現実に施行され、アメリカの法律家たちは、たとえ言い逃れを考えるさいにもつねにこれを考慮する必要があった。デズモンド・キングとロジャーズ・スミスが述べたように、アメリカでは二つの人種的秩序、すなわち「白人至上主義の秩序」と「平等主義的改革の秩序」とのあいだにつねに緊迫した対立があった[35]。たしかにナチス・ドイツにはそれに匹敵するものはなかったし、ナチスの側はアメリカの立憲主義的伝統を困惑と軽蔑の入り混じった目で見ていた。

けれどもアメリカをナチス・ドイツと隔てたのは憲法の伝統だけではない。もう一つ、まず間違いなくもっと重要な違いがあった。ナチスの人種主義者は、アメリカの人種主義者がしたのとはおよそ異なる、そしてはるかに容赦ない国家権力の使用に手を染めた。この件については前述のグンナー・ミュルダールに注目するといい。一九四四年にミュルダールが発表した書籍『アメリカのジレンマ――ニグロ問題と近代民主主義』は、アメリカの人種関係に揺さぶりをかけ、第二次大戦後の公民権運動の台頭におおいに貢献した。一九三〇年代から四〇年代にかけて、ジム・クロウ法下の南部を「ファシスト」とみなすべきかという問いがよく発せられたが、これにミュルダールはこう答えている。

南部はファシストか？

南部は一党制であり、市民的自由の権利が心許ない状態にあるため、ときにファシストと呼ばれることもある。だがこれは間違いだ。……南部はファシスト国家がもつ中央集権的組織をまったく欠いている。むしろ反対に南部の政治は分権的で、しばしば混沌とすらしている。民主党は近代のファシストという意味での「国家政党」とは真逆のものだ。明確に意識された政治的イデオロギーもなければ、堅固な地方組織や国家組織も存在せず、中央集権的で優秀な官僚ももたない。南部を政治的に結びつけている「統制機構」とは、何かを――とりわけ一般的な政策を――支持する組織ではなく、いわばニグロに反対する組織なのだ。南部は静的かつ防衛的であり、決して動的かつ攻撃的ではない[36]。

この分析には反論すべき点がいくつかある。南部の民主党は間違いなく一九三〇年代前半に「一般的な政策」をもっていたし、カッツネルソンが言うように、この時期にニューディール政策や、とりわけ南部の困窮地域を対象とした政府の貧困撲滅計画に欠かせない政治的支援を提供していた[37]。そしてナチス版のファシズムのほうも、何か前向きなヴィジョンを支持するだけでなく、ユダヤ人に血道をあげて反対していた。一九三〇年代前半の合衆国とナチス・ドイツとはミュルダールの見立てよりもよく似ていたのだ。

それでも結局のところミュルダールは、ナチス流の人種主義とその「種族的につながりのあるアメリカ人」の人種主義との、おそらく最も重要な違いを明確に指摘した。ナチスの運動の背景にはアメリカの、もっと広く目を向ければ英語圏の人種主義があるのだが、それでもナチスは何か違うものをもち込んだ。それは「ファシスト国家がもつ組織」である。ヒトラーの中欧に現れたものと比べると、たしかにアメリカはかつて（そして今も）「分権的で……混沌と」しているし、たしかにアメリカはかつて（そして今も）「中央集権的で優秀な官僚」をもたなかった。この違いは本書で何度も出てきた。前述のようにニュルンベルク法は街頭でのリンチの代替として国家が公式の迫害をおこなうことを意図していたが、かたや合衆国は逆にリンチによる裁きにあいかわらず熱心だった（むしろ一九三三年から三五年にかけてリンチの件数は顕著に上昇した）[38]。前述のように合衆国は、その移民や市民権の法律においては、国家の法令による大っぴらな人種主義を控えるかわりに、憲法修正第一四条に従っていると見せかけるのに必要な法的策略や裏の手口に頼ってきた。それとは反対に、ナチスは自らの人種主義を法令で大っぴらに布告した。人種にもとづく秩序の必要についてアメリカに「本質的な理解」があることにナチスはおおいに好感をもったが、それでも彼らは人種にもとづく独自の秩序の構築を、アメリカがつねに拒否してきた効率的な国家機関の事業にすることにした。

したがってもろもろの違いはあったし、それは紛れもない事実である。ナチズムとは、アメリカの人種主義をいわば中欧の地にそのまま移植した類いのものだと結論づけるべきではない。けれど類似もまた存在し、それをなかったことにはできない。合衆国建国は「世界征服に向けたアーリア人の闘い」の「最強の支柱」になったとの背筋の凍る見方をナチスがしたのには理由があった[39]。『月刊国家社会主義』が一九三三年一一月に、「種族的につながりのあるアメリカ人同胞に、われわれは友情の手を差しのべる」とやけに温かい言葉を載せたのには理由があった[40]。白人至上主義はアメリカでまさに語り継がれる歴史をもち、法制史でいえば少なくとも一六九一年にヴァージニアがアメリカで最初の人種にもとづく異人種混交禁止法を採用したとき、そして一七九〇年に第一回合衆国議会が「自由な白人であるすべての外国人」に帰化を認めると決めたときにまでさかのぼる。しかも一九三〇年代の初期にアメリカの白人至上主義はその絶頂期の一つを迎え、その間、南部を牛耳っていた民主党に政治的に依存するなかで初期のニューディール政策は実行された。

これらをひっくるめて考えたすえの結論とはこうに違いない。アメリカの白人至上主義、そしてもっと広域の英語圏の白人至上主義もいくらかは、私たちアメリカ人にとって恥ずべきことではあるものの、一九三〇年代のナチズムに何らかの使える材料を提供した。そう考えると、オットー・ケルロイターが「合衆国とイギリス連邦自治領」に認めた「興味深い結果」をとりあげないことには、ナチズムの歴史をじゅうぶんに語ったとはいえない。とはいえナチス・ドイツにおける至上主義の伝統や慣行は、イギリス帝国主義の落とし子の世界で見られるどんなものよりはるかに強力な、またエルベ川西方のヨーロッパにこれまで存在したどんなものよりはるかに容赦ない国家機構の後ろ盾を得ていた。

ナチズムとアメリカの法文化

投げるべき問いはアメリカや英語圏の白人至上主義にまつわるものだけではない。フライスラーがナチスの同胞に向けて「いかにもわれわれにぴったり」と褒めちぎった、アメリカ流の実用主義的《プラグマティック》なコモンローの法体系にまつわる問いもある。アメリカの人種法の魅力は、白人至上主義を信奉する「北方人種」の大陸帝国といった魅力だけではない。それはまた、制約のない柔軟なアメリカのコモンローという法手法の魅力でもあった。それはアメリカの「リアリズム」の魅力であり、この法手法はニューディール政権下の有力な法律家と同じく、ナチスの有力な法律家のあいだにも広まっていた。それは今も変わらず多くの法分野でアメリカを世界のリーダーにしている、この国のいわば革新意欲といったものの魅力に相違なく、それはまた一世紀前にこの国を優生学と人種法のリーダーにしたものと同じだった。ナチスの法律家を魅了したのはアメリカの人種主義だけでなく、アメリカの法文化でもあった。要するに私たちは、アメリカ流の物事の進め方について、いくらか居心地の悪い問いに向き合わねばならないのだ。

そのなかでも際立った、そして避けて通れない問いとは、コモンローの伝統にまつわるものだ。アメリカの法律についてフライスラーが称賛した点は、こんにち私たちがコモンローの伝統についてしばしば賛美する点とどう見ても同じものだ。それはコモンローの柔軟性と制約のなさ、そして「つねに変化する社会的要求」への順応性である。この順応性は、判事が中心となる、前例にもとづく手法の賜物と言われることが多い。[41] フライスラー以外のナチスも、アメリカでの判事主導のコモンローに称賛すべき点を見つけ、これは不毛な法的形式主義の産物ではなく、「民族から立ち現れた」健全な法の創生を促してきたと明言した。[42] このことをどう考えるべきなのか。

これはとくに頭の痛い問いだ。というのも昨今アメリカでは、コモンローを優れたものと賛美するのが通例だからだ――なぜ優れているかといえば、自由市場の偉大な擁護者であり、ナチズムによって故郷を追放されたオーストリア人のフリードリヒ・ハイエクが「自由の憲法」と呼ぶものを、これが体現しているとされるからだ。当節アメリカの著述家たちは、コモンローのもつ自由志向の長所と、ヨーロッパ大陸で発展した法典にもとづく大陸法の伝統の短所を盛んに対比し論じている。彼らから見れば後者は厳格すぎて、強力な国家の融通のきかない命令に法律を貶めた制度とされる。こんにち一般に、この二つの法体系のうちコモンローこそ優れた価値を体現するとされる理由を、アメリカ屈指の法学教授が次のように説明している。

ハイエクは法族間の違いについて……すこぶる優れた考察をおこなっている。イギリスの法伝統（コモンロー）

はフランスのもの（大陸法）よりも優れていると熱を込めて主張している。その理由は法の支配に重要な違いがあるからではなく、個人および国家の役割についての前提に違いがあるからだ。コモンローにおいてはおおむね経済その他の自由に対し政府の規制が少ないとハイエクは考える。……この見方は法制史に関するかぎり間違っていない。(43)

したがってコモンローの判事のほうに比較的自由があるのは、コモンローの自由が擁する、より大きな文化が制度上にあらわれているからだ。それとは対照的に、ヨーロッパ大陸の市民は比較的従属的な立場に置かれ、大陸法の法曹は法典に体現される国家の確たる命令に従わざるをえず、比較的不自由な立場に置かれる。(44)いっぽうコモンローの司法当局は、過度の国家権力に対する防波堤の役目を果たしている。コモンローのこの概念はつねに明白に述べられるとはかぎらないが、こんにちのアメリカでは、たとえ漠然とはしていても広く信奉されているといえる。それこそアメリカの自由とはいかなるものかという私たちの理解の、いわば中核をなすものだ。そこで一つ疑問が残るのだが、いったいなぜナチスは、そもそもこのアメリカのコモンローについて好意的な発言をしたのだろうか。

いっぽうナチズムは、ハイエクが恐れ、非を鳴らした国家中心の実証主義に助長されたと広く信じられている。ナチ党員であることは、総統の意志に無条件につき従い、個々の判断の全権限を引き渡すことで、自由のない法律を擁することと思われた。そう考えるとナチスの法哲学とは、哲学者が「法実証主義」(45)と呼ぶものの粗雑版であった。君主や独裁者がくだす命令そのものに法律を貶める哲学であり、「盲従」(46)と従順の哲学だ。ナチズムの犯罪から得られる教訓とは、国家中心の実証主義的手法のはらむ危険についての教訓であり、この手法は突きつめれば社会全体を隷属に貶めかねない。

ところが本書で振り返ってきた歴史をみると、明らかにもっと複雑な何かが働いているように見えるし、実際そうなのだ。ナチズムを注意深く調べた研究者らは、ヒトラーの下で広まった法哲学は粗雑な法実証主義といったものではまったくなかったことを証明している。[47] ナチスが信奉したものは、フライスラーが信奉したものにはるかに近い。それはコモンローのプラグマティズム〔リアリズム法学の誕生にも大きな影響を与えた哲学思潮〕にいくらか近いもので、ナチズムのおかした犯罪から法学上の教訓が得られるとしたら、それは粗雑な法実証主義や大陸法的姿勢にひそむ危険といった単純なものではない。

驚くことにナチスの法律家は、法を単なる服従に貶めるどんな法理論にも反対していた。「指導者原理《フューラープリンツィープ》」すなわち指導者への服従主義がドイツを支配したことは事実である。とはいえ一般の市民は盲目的に服従することを余儀なくされたが、ナチスの官僚はまた違った態度をとることを期待された。この点についてのナチスの指導は、たとえばヒトラーの右腕ルドルフ・ヘスが一九三四年から唱えた「アドルフ・ヒトラーへの忠誠の誓い」の初期のものに認められる。この誓いによれば、一般のドイツ人は総統の命令に無条件に従うことを誓わされるが、「政治的指導者たち」は次のように命じられた。「ヒトラーの精神に忠実であること。何をするにせよつねに問うのだ。総統の心中を察して総統だったらどのように行動するだろうか、と」[48]。これはナチスが目標を追求するさいに真の自由裁量を認める常套手段だった。イアン・カーショーが述べたように、役人たちは「総統を目標にして行動する」こととされていた。[49] たしかに「ファシスト国家がもつ中央集権的組織」にナチスが無限の権力を授けたのは事実である。けれどもナチスは、その権力をふるう役人たちが、個々の自発性を奪われた、ただの歩兵であるべきとの考えをはねつけた。ドイツの一般市民の自由を否定しておきながら、ナチスの役人たちには、「ヒトラーの意を汲んで」自主的に行動する、ある種の自由を与えるよう再三念を押したのだ。これがナチズムをこれほどおぞましいものにした一因である。

たしかにナチズムは、成文法という大陸法の伝統を擁するヨーロッパ大陸で生まれた。とはいえナチスがその大陸法の伝統を受けいれ、具現化したと考えるのはおそらくまったくの間違いだ。むしろその逆で、ナチスは大陸法の法曹に備わる伝統的な法姿勢を粉砕しようとした、というのが法制史上の決定的な真相である。ナチスは法尊重主義の国家の伝統を守るどころか、大陸の法律家が経験を積んできた手法を軽蔑する文化のほうになじんでいた。一九三五年九月にオイローパ号に集った四五人の法律家に向けたハンス・フランクの「祝辞」の言葉を借りれば、ナチスの急進派は自らを「生の現実を見ようとしない時代遅れの法曹」の対抗勢力だと考えた。つまり、ナチスが乗っ取る前にドイツに根づいていた大陸法の伝統に断固反対していたのだ。

その結果生じた衝突が顕在化したのが、本書で見てきた一九三四年六月五日の会議だった。フランツ・ギュルトナー、ベルンハルト・レーゼナー、ハンス・フォン・ドホナーニをはじめとする、ユダヤ人の迫害に節度を求める者こそ、まさしくフライスラーのような急進派が押しのけようと決めた「時代遅れの法曹」だった。会議の場での衝突の法律劇、そしてフライスラーのような人物の目から見たアメリカのコモンロー手法の魅力を理解すれば、彼らの態度をフリードリヒ・ハイエクよりも慎重に共感をもって論じざるをえない。これまで見てきたように、こうした大陸法の法曹は法律を科学として考える者たちだ。この科学によって、法曹、もしくはこの場合は立法者にできることを制限する基本的な規則が確立されていた。万有引力の法則や数学の法則をとり消せないのと同じく、立法者も法の科学の合理的な命令を無視することはできない。とりわけプロイセン覚書におけるナチスの急進的な計画は、刑法の体系に矛盾なく組み込むことなどできないため、これを否定するか、せめて抜本的に修正する必要があった。

この「科学的」を自任する姿勢は、大陸法の伝統に習熟した法曹の十八番《おはこ》である。コモンローの判事の姿勢とは異なるが、かといってこれは国家に恭順に従うといった姿勢ではない。むしろ逆で、法曹がこの法の「科学」に真剣にかかわることは、いかなる急進的な立法計画にも擬似憲法的な制限を課すことと考えてよい。法の科学の伝統とは、言うなれば法律が書き込まれるべき法典を意味する。したがって一九三四年の初夏の時点ですら、「科学的に」通じた法の専門家はいまだ急進派ナチスの要求を厳重に監視する立場にあった。とはいえ、急進派は大体において「科学的」な決断でなく「政治的」あるいは「原初的」な判断を強く迫ったかもしれないが。大陸法の世界に属するこの国は、理屈からいって比較的強大な権力をもっていたが、法の科学の伝統がこれを見張る役目を果たしていたのだ。

フライスラーのような人間がアメリカの法体系に惹かれた理由は、これが法の科学や法の伝統に対する、その手の「時代遅れ」の敬意に足を引っ張られていなかったからだ。そうだとすると、コモンローの自由度がはたしてナチスのような暴政に対する最善の防御となるのか当然ながら疑問が生じる。コモンローのアメリカがローラント・フライスラーを魅了した理由は、ナチスの目から見て私たちの国が、形式主義的な法の科学の束縛から解放された恩恵を享受していると見えたからで、ドイツと比較して見た場合、たしかにフライスラーは正しかった。アメリカはかつても今も、政治のなしうることを制限する、法の「科学的」原則が存在するとの考えがわりと希薄な国である。この国の熟練の「法の科学者」は、ギュルトナーやレーゼナーが一九三四年六月初旬にまだ発揮できたような影響力をついぞ発揮してはこなかった。

たしかにアメリカは自分たちが「法の科学」と呼んできたものをときに磨いてきたのは事実だし、[50] アメリカ版の法の科学がときに立法に制限を課してきたこともまた事実だ。とりわけ一九世紀後半から二〇世紀初期のアメリカで「法の科学者」を名乗る面々は、ハーヴァード・ロー・スクールなどの組織に君臨してきた。同時期に、連邦最高裁は憲法修正第一四条における法の適正手続条項《デュー・プロセス》〔いかなる州も「正当な法の手続き」なしに何人からも生命、自由、財産を奪ってはならないとした〕にもとづく独自の「法の科学」を発展させ、これを用いて進歩的な経済法案を却下したが、なかでも有名なのは一九〇五年のロックナー対ニューヨーク州判決〔労働時間を制限するニューヨーク州法を、契約の自由の侵害にあたるため無効とした〕である。[51]「ロックナー時代」と呼ばれる時代のアメリカの法律家たちは、ギュルトナーやレーゼナーのようなドイツの「法の科学者」が欲しがっていた権限と同じものをいくらか欲しがっていた。

　だがアメリカがときに自身の「法の科学」について語りたがったとしても、実際この国の法の科学はつねづねドイツの法の科学よりもはるかに脆弱だった。アメリカのロー・スクールにおける「法の科学」の理論は、ドイツ版の鋭敏さや系統的な厚みにはおよびもつかなかった。ロックナー時代の裁判では、経済的な立法をときに却下するだけでなく、多くの進歩的な立法にも手をつけなかった。もっと由々しきことには、人種主義的法律にもまったくといっていいほど手をつけず放っておいた。こと人種に関するかぎり、アメリカの「法の科学」はこの国の政治にあっさり屈するのがつねだった。[52]アメリカのコモンローの判事は、レーゼナーのようなドイツの「法の科学者」とは違って、自身の人種主義的判断が概念的に矛盾することについてどこ吹く風だった。科学的に異論の余地なき「ユダヤ人」の定義が存在しない以上、どう考えても犯罪化には無理があるとレーゼナーは主張したが、アメリカのコモンローの判事たちは、フライスラーが満足げに述べたように、「有色人種」という概念を間に合わせにつくっただけだった。

　これぞ急進派ナチスの法律家たちの尊敬を集めた人種主義国家のアメリカだった。それは政治が法律に比較的邪魔立てされないアメリカという国だ。ナチス・ドイツで起きていた法理上の大きな対立は、コモンローの自由と大陸法の国家権力との対立ではなかった。この大きな対立は、法の科学という大陸法的概念にもとづく合法性と、フライスラーのような人間がアメリカのコモンローを援用すべく支持した非合法性との対立だった。[53]フライスラーのような人間が考えたナチスの法律とは、法を上層部からの命令への服従義務に貶める粗雑な法実証主義の類いではなかった。ナチスの法とは、過去の法体系から解放された法律——すなわち継承される法の概念という足枷からナチス・ドイツの判事、立法者、党上層部を解放する法律で、それによって彼らはアドルフ・ヒトラーの意を汲んで自由裁量を発揮することを義務ととらえ、この政権の人種主義的な目的を達成することを「目標にして行動する」ことが許された。[54]とりわけ判事は、総統の目標に沿ってかなりの独立性を発揮することができた。[55]それによって、この国の法律は、無数の国家機関にいる無数のヒトラーの残忍な本能に采配を任せることで、国民革命という残忍な形態を制度化し、恒久化させることとなった。こうしてナチスのヒドラ〔ギリシャ神話に出てくる九つの頭をもつ巨大な海蛇〕が創造されたのだ。これはいかにも人民法廷での長官たるフライスラーのふるまいである。そしてこれが、「プラグマティズム」と「即時性」を擁し、判事に立法権を委ねるコモンローの法体系にフライスラーがことのほか魅了された理由だった。

☆

以上のことを踏まえて、いよいよ一九三〇年代の「リアリズム」の本質について考えてみよう。

一九三〇年代を通してナチス・ドイツとニューディール・アメリカ両者の有力な法律家たちが、自身を「リアリスト」——両国において「生の現実を見ようとしない時代遅れの法曹」との闘いに等しく傾注した——と名乗ったことがほぼすべてを物語る。アメリカについて言えば、これは「アメリカのリアリズム法学」と呼ばれる運動が最高潮に達した時期で、「なせばなる」の精神で社会問題に進んでとりくみ、独断主義への健全な抵抗を披露したアメリカ・プラグマティズムの偉大なる産物の一つとしてこれまで説明されてきた。このリアリズムは、これを支持するアメリカ人にとっては、現代社会のニーズに適応できない四角四面の疑似科学的法律を生みだす「形式主義」に鋭く対峙するものと思われた。[56]アメリカのこのリアリズム法学とニューディールにはたしかに緊密なつながりがあり、(57) アメリカの法律家は由緒あるリアリストとしての誇りをちらつかせることも多い。ブライアン・ライターいわく「二〇世紀におけるアメリカの最も重要な自国の法学運動」なのだ。(58)

いっぽうニューディール初期の経済政策は、それと緊密に関係するプラグマティズムの精神のもとに実行された。フランクリン・ルーズヴェルトが一九三二年の有名な演説で、このアメリカの風潮を「この国は大胆かつ持続的な試みを必要としている」と説明した。(59) ニューディールの歴史を振り返るときに決まって語られる一九三〇年代前半の壮大な法律劇は、政府の大胆な実験者と、これに敵対する連邦最高裁との対立のドラマだった。ジャック・バルキンは一九三〇年代の法律家がこの衝突をどのように見ていたかをこう説明する。すなわち、かたや保守的な最高裁は「形式主義的」な根拠をもとに、少なくともいくつかの進歩的な経済立法をつぶしてきた経緯があった。かたやニューディールの「プラグマティズム」は「社会の現実」に順応した。「ロックナー時代」の裁判所は、社会の現実を無視した頑なな形式主義にのっとったが、ニューディールは社会や経済の変化に鋭敏に対応した活力あるプラグマティズムを実践した。ロックナー時代の裁判所は、その国家権力の解釈とデュープロセス条項を用いて放任主義的な保守的価値観を押しつけたが、いっぽうニューディールは大衆の利害を保護するために必要な、柔軟でプラグマティックな国家権力の概念をもちだした」。(60) 保守的な最高裁がニューディールのおもな改革を、一九三七年の歴史的な「転ばぬ先の方針転換《スイッチインタイム》」まで阻止し続けたのは有名な話で、この年ついに最高裁は政府の計画を支援することを余儀なくされた〔ニューディール反対の立場だったロバーツ判事が突如賛成に転じた結果、ウェストコーストホテル判決で最高裁はワシントン州の最低賃金法を合憲とし、デュープロセス条項をもとに財産権保護や契約の自由を重んじる過去の一連の判決が覆された。大統領による最高裁改組を恐れての判断だと噂された〕。この行政と司法の壮大なる戦いは、ニューディールの他の側面と同様にナチスの文献で調査された。ナチスの著述家らはこれをアメリカのリアリストと同じ視点でとらえていた。つまりこれは、憲法の原理にのっとった「時代遅れ」の法解釈に対し、経済危機に面してやむなく「リアリスティックな」措置を支持するニューディール政策の「大胆な実験」が勝利するかどうかが試される闘いだった。あるナチスの評者いわく、初期のニューディール計画を却下した最高裁の判断は、「理解しがたいほど形式主義的で、現実の状況とはかけ離れた」ものだった[61]。

いっぽうドイツでは、同時期のナチスの著述でやはり反形式主義的な手法が優勢ではあったが、ナチスはアメリカほど頻繁に、あるいは一貫して「リアリズム」という言葉を用いることはなかった。ナチスに加わった法曹は二〇世紀を通してドイツでも指折りの有力者となった――とはいえ戦後は全員がナチスでの自身の活動記録を隠すことに躍起になり、一九三〇年代のこの国のナチス・リアリズムに対し、こんにちドイツ国家としての誇りはほとんど見受けられない[62]。それでも一九三〇年代のナチス・リアリズムと呼ぶにふさわしいものが存在したのは事実で、これは活気ある運動だった。そして驚くことに、合衆国とナチス・ドイツの両者の法体系を説明しようと試みた学者たちは、ほぼ同じ解釈の仕方にたどり着いた。つまり、アメリカのリアリズム法学者は「法と生が乖離したという認識」に駆り立てられたと解釈できる[63]。まさに同じくナチスにとっての大きな目標も「生と法との隔たりを克服すること」だと解釈できる[64]。「形式的な法より生の法を優先することは国家社会主義者の法的活動における原動力である」と、あるナチ党員が述べている[65]。法律を「生」や「社会の現実」と合致するものに戻すことは、この苦難の時期に大西洋の両側における合言葉だったのだ。

ではナチスとニューディールというこの二つの「リアリズム」のつながりとは正確にはどんなものだったのか。たしかに一九三〇年代においては、密な類似性をもつと考える識者は多くいた。G・エドワード・ホワイトが書いたように、この三〇年代を通してアメリカのリアリズム法学者は「自身の道徳的相対主義と、道徳観念の欠けた全体主義的政府の台頭とに認められる関連性」に葛藤せざるをえなかった。[66] たとえば一九三四年四月にアメリカのリアリズム法学運動の主導者の一人カール・ルウェリンは次のような言葉をかけられた。「あなたは新たなドイツ帝国の血液と融合する資格のある、真のナチ党員として受けいれられた」と。熱心なリベラル派のルウェリンはこう言われて心底憤慨したが、[67] 一九三〇年代に「リアリズム」の醜悪な連想に否応なく遭遇したのは彼だけではなかった。もう一つの特筆すべき例は、国際関係における「リアリズム」の首唱者ハンス・モーゲンソーだ。モーゲンソーはドイツで青年法律家としてキャリアをスタートさせ、ヴァイマル共和国における最先端のドイツ法思想を吸収した。けれど一九三〇年代にヒトラーが台頭すると国外に逃れ、アメリカに亡命してまもなく、「リアリズム」という言葉を使うのは控えねばならないと判断した。彼の伝記作家いわく「そうしないとアメリカの読者が自分をアメリカのリアリズム法学派に入れるか、さもなくばもっとまずいことに、やはり法律の「リアリスティック」な見方を提唱するナチスのイデオローグとのつながりを疑われかねないと心配したからだ」。[68] モーゲンソーが再び「リアリズム」を提唱する気になったのは、第二次大戦が終わってからのことだ。

ナチズムの影は一九三〇年代前半におけるアメリカの「最も重要な自国の法学運動」につきまとった。だからといってアメリカのリアリズム法学者がナチスの支持者だというわけでは断じてない。彼らの大半がそうでないことに疑いの余地はない。リアリストが現実にはファシストでないのは、ルーズヴェルトが現実には独裁者でないのと同じだ。[69] リアリズムにナチスの異形があるからといって、私たちは伝統として受け継いだあらゆるものから怯えて尻込みする必要はない。アメリカのリアリズム法学運動は優れた洞察を生みだし、私が思うにそこから学ぶべきことは多くある。[70] しかも一九五〇年代のブラウン対教育委員会判決のお膳立てをしたのは、このニューディール時代のアメリカのリアリズム法学であったことははっきり言っておきたい。[71]

どのみち、どんな類似があったにせよ、ナチスの裁判所がおぞましい無法の極みに堕落したことは変わらない。いくらひどいときでもアメリカの裁判所のほうがまだましだった。[72] とはいえたしかにニューディール・リアリズムとナチス・リアリズムには間違いなく類似があったし、そのことに向き合う努力をしないかぎり、アメリカの人種法にナチスが寄せた関心も、ヒトラー政権初期にナチスが合衆国に抱いた親近感をも正しく評価することはできない。

本書では立ち入らないが、ニューディール・アメリカとナチス・ドイツの「リアリズム」にはもっと多くのことが存在する。このテーマで一冊の本が書けるだろう。本書では一目瞭然のことだけをとりあげたい。つまり両国の「リアリスト」は、「形式主義的」な法の科学が「生」と政治にもたらす障害を打ちくだこうとする気概を同じくしていた――そしてニューディール・アメリカおよびナチス・ドイツの両者にとっての「生」には、大恐慌から両国を救いだすための経済政策だけがふくまれたわけではなかった。「生」には人種主義もまたふくまれたのだ。

ナチス・ドイツとニューディール・アメリカの両リアリズムの関連性が私たちを落ち着かなくさせるのは、まさにこの点である。アメリカのリアリズム法学は、カール・ルウェリンのようなリベラルの領分だけではなかった。これを信奉する、一九三〇年代の傑出したアメリカの人種主義者もまた多くいた。[73] アメリカの法律における「リアリスティック」な姿勢は、経済立法において政策決定者に譲歩するだけにとどまらなかった。人種主義的立法において政策決定者に譲歩することにも足を突っ込んでいたのだ。そして一九三〇年代にアメリカの人種主義に異を唱えた著名なリアリストもいたいっぽうで、ほとんどは人種問題を黙認していた。[74] その意味で一九三〇年代前半のアメリカのリアリズム法学は、経済改革支持者と南部人種主義者の悪魔の取引を土台にした初期のニューディール政策にあっさりと順応していた。ルーズヴェルトの「大胆な「経済的」実験」を擁護するために援用された同じ「リアリスティック」な法哲学が、南部の民主党による人種主義を擁護するためにも援用しえたというわけだ。

これがヒトラー政権初期のアメリカの光景で、これがドイツの法律家たちの目にとまったのだ。アメリカは大恐慌に直面するなか、経済改革を人種主義と結びつけた国だった。その人種主義の側面を鋭く論じたのがアーカンソー大学ロー・スクールの交換留学生だったハインリヒ・クリーガーだ。このドイツの法律家の報告が「血の法」を計画していた司法官僚の手にわたり、その研究がアメリカについてのナチスの理解に何よりの影響を与えたのだ。クリーガーの見立てでは、アメリカの人種法における根深い緊張は、アメリカの経済法における根深い緊張と何ら変わりはなかった。彼いわく、合衆国は形式主義とリアリズムという二つの「形成勢力」の板挟みになっている国だった。とくに人種について言えば、かたや憲法修正第一四条の形式主義的な法体系という、あらゆる人間の平等にあまりに「現実の状況とはかけ離れ」て傾注するものがあり、かたや法の「リアリスティック」な人種主義という、「アメリカ国民の法制度」に根ざし、異人種混交禁止法という露骨な人種主義と二級市民という見事な「法の抜け道」を生んだものがあった。[75] このアメリカの状況が健全なものであるとはクリーガーには思えなかった。アメリカは自身の人種主義を法的にオープンにすべく奮闘しており、それはそうすべきだが、今のところまだうまくいっていない。とはいえ形式主義を放棄しリアリズムを選択したあかつきには合衆国はじゅうぶん健全になるとの望みを捨ててはいなかった。

アメリカへの期待を存分に伝えるクリーガーの本に対し、ある南部の人種主義者は一九三八年に書評を発表した。この評者いわく『合衆国の人種法』は、クリーガーの「リアリズム」にあふれる「貴重な学術研究」である。このナチ党員のクリーガーは「この問題に真っ向から向き合う」「実直な」人物で、自身が英雄と崇めるジェファソンやリンカンの人種的排他主義を復活させるべく強く訴えていた。「クリーガーがその研究によって確信したのは——そして真摯ないかなる読者をも、そう確信させるだろうが——われわれの人種問題はわが国の偉大な政治家たちが掲げた見地に立ち戻ることでのみ解決できるということだ。それはリアリスティックな見地であり、まさにそれのみが、関係するあらゆる人種のための健全で公正な解決につながるのだ[76]」。これが、ハインリヒ・クリーガーがフェイエットヴィルからナチス・ドイツに持ち帰った「リアリスティックな見地」だった。

☆

当然ながら、ここでいったんプラグマティズムの伝統と、コモンローご自慢のオープンさと順応性をもつアメリカの法文化について考えてみるべきだろう。アメリカのコモンローは「法の科学」への執着が比較的薄く、その性質もまだ試験段階にあり、判事に気前よく権限が与えられているが、ときに優れた結果を生むこともある。たとえば私の意見では、アメリカの契約法にはその斬新さがよくあらわれている。アメリカの民主的政治過程はときに素晴らしい立法を生む。とはいえアメリカのようなコモンロー制度をもつことは、法の伝統が政治家の要求に歯止めをかける力のない制度をもつことを意味し、政治が悪ければ法律もまたとことん悪くなりうる。

その結果生まれる危険はまだ消滅しておらず、今も危険の察知される現代のアメリカの法領域をせめて一つでも指摘せずに本書を終えるのは間違いだろう。その領域とはアメリカの刑法である。アメリカの刑法は、世界の水準から見て驚くほど、そして恐ろしいほど過酷である。そこには、ときにナチスが用いたものを否応なく想起させる慣習までもがふくまれる——たとえば「三振即アウト法」〔過去に二度有罪判決を受けた者が三度目の罪を犯すと罪の軽重を問わず終身刑などの重い刑が科せられる〕という常習犯の量刑手続きがある。ナチスもまた常習犯の厳罰化を推し進めた[77]。現代のアメリカは、どうしてこれほど並外れて過酷になったのか。その答えは一つに、現代のアメリカの刑法は政治プロセスによって影響を受ける度合いが先進経済諸国のなかでも類をみないからだ。それは犯罪に厳しい法律ならびに判事や検事の選出によってなされるが、世界でも聞いたことがない慣習だ。[78] いっぽうアメリカの「法の科学」は、過去一世代にわたり他に類のないほど刑法の政治化の危険を回避できなかったこともわかっている。アメリカの法曹には、犯罪を厳しく取り締まるとの公約をもとにキャリアの階段をのぼる政治家たちの計画に歯止めをかける力がない。法の科学の伝統が再び力をもったナチス後のヨーロッパ大陸は、この点で違っている。現代のヨーロッパ大陸では、法曹は刑法制度の手綱を握ることがおおむねできている。[79] ところが合衆国ではそうはいかない。八〇年前にローラント・フライスラーがアメリカの人種法のなかに見つけて賛美したものは、アメリカの刑事司法にまつわる駆け引きのなかにいまだ残っている。そのなかに不気味に立ちはだかるアメリカの人種問題もまたしかりだ。その意味で本書の物語はまだ終わっていない。

☆

「現時、少なくともよりましな解釈に向かっている微弱傾向が目につく一つの国がある」とアドルフ・ヒトラーは書いた。人種法について考えるとき、人は「北アメリカ」を思い浮かべる、とナチスの法律家でのちに親衛隊中佐となるフリッツ・グラウは述べた。「外国のモデルを探すことはすこぶる妙案といえる」と第三帝国法相のフランツ・ギュルトナーは宣言したが、アメリカのモデルこそ、その先達と同様に司法省の法律家が見つけたものだった。たしかにアメリカはハインリヒ・クリーガーが認めるように、「これまでのところ」ユダヤ人を標的にはしてこなかったが、この「例外」は別として、ナチスの人民法廷の首吊り裁判官ローラント・フライスラーは、アメリカにはドイツにとって学ぶべきことがあると断言した。合衆国はほれぼれするほど制約のない人種主義的法体系を生みだしていた。こまごまとした法の技術的問題には頓着せず、したがっておそらく「いかにもわれわれにぴったり」のものだ。彼らナチスの目から見て合衆国はまさしく「典型例」だった。それはいかにも「興味深い」革新をもたらした国で、「人種国家」の創設にとりくむ者なら誰しもが真っ先に目を向けて当然の国だ。だからこそ『国家社会主義者のための法律入門』は人種国家をいかに築くかについての最終章で、アメリカのことを、人種主義の真理について「本質的な理解」をなし、必要な最初の数歩を踏みだした国だとし、ここから先はナチス・ドイツがその成就に向けて後を引き継ぐのだと説明した。

もちろん合衆国はかつても今も多くの偉大な法制度の開拓者であることもまた真実である。もちろんアメリカにはナチスが軽蔑するような多くの進歩的な民主主義の伝統がある。もちろんアメリカはナチズムの、少なくとも一部の被害者にとって寛大な避難所となった。それでも、こと人種法に関して言えば、多くのナチスの法律家たちがアメリカをいちばんの手本とみなしていた。そして私たちがどんなに否定したくとも、彼らが一九三〇年代前半の自らの計画を、黒人やアジア人、アメリカ先住民、フィリピン人、プエルトリコ人などに対するアメリカの政策を、よりいっそう厳格に徹底して実践することだと考えたのも決して突飛なことではなかった——たとえこの政権がユダヤ人という新たな標的にその目を向けていたとしても、たとえこの政権が近代国家権力による人種主義の実践を、のちに想像を絶するおぞましい新たな道に向けるとしても。

これもまた、私たちの国の物語の一部に違いない。

謝辞

この本を執筆すべく研究をはじめたのはプリンストン大学にいたときのことだ。ここで私は二〇一四年から一五年にかけて「法律・公共問題プログラム」のフェロー〔特別研究員〕を務める恩恵にあずかった。その後はイェール・ロー・スクールにおいてオスカー・M・ルーハウゼン基金の援助を受けてきた。さらには何人もの友人や同僚から、研究に関してかけがえのない助言や批評をたまわった。とりわけアリエラ・グロス、ダニエル・シャーフスタイン、サミュエル・モイン、パトリック・ウェイル、ヴィヴィアン・カラン、ケネス・レッドフォード、デイヴィッド・エング、ヴァン・ゴス、ダーク・ハートグ、ジャクリーン・ロス、デイヴィッド・シュライヒャー、ブルース・アッカーマン、ローレンス・フリードマンに感謝したい。ダニエル・ロジャーズは本書の初期の草稿を、労を惜しまず懐疑的に精読してくれた。出来上がった本書に彼が納得してくれることを願いたい。またとくに感謝したいのはクリストフ・パウルスだ。彼は感想を伝えてくれるだけでなく、時間をとって私の翻訳のチェックまでしてくれた。マーク・ピンカートはアメリカの法制史の研究において優れたアシストをしてくれたし、ジェニー・ヴォルコヴィッキは洞察力の鋭い、頼りになる制作担当編集者でいてくれた。コロンビア・ロー・

スクール、ハーヴァード・ロー・スクール、イェール・ロー・スクールそしてテルアビブ大学バックマン法学部でのワークショップにご参加くださった多くの方々の意見にも学ばせていただいた。すべてのみなさまに感謝したい。

本書は、プリンストン大学出版局の三人の匿名査読者からの批評におおいに助けられた。彼らの博学で思慮に富んだ、そしてときにいかにも不快そうな反応によって、本書を学術出版局にもち寄る選択をしてよかったと安堵した。

最後にサラ・マクドゥーガルはあらゆることをふくめ今回も私のパートナーでいてくれた。

ジェイムズ・Q・ウィットマン

ヒトラーのモデルはアメリカだった

法システムによる「純血の追求」

西川美樹訳

2018 年 9 月 3 日　第 1 刷発行

発行所 株式会社 みすず書房
〒113-0033 東京都文京区本郷 2 丁目 20-7
電話 03-3814-0131(営業) 03-3815-9181(編集)
www.msz.co.jp

本文組版 キャップス
本文印刷所 萩原印刷
扉・表紙・カバー印刷所 リヒトプランニング
製本所 東京美術紙工

ISBN 978-4-622-08725-0
[ヒトラーのモデルはアメリカだった]
落丁・乱丁本はお取替えいたします

著者略歴

（James Q. Whitman）

イェール・ロー・スクール比較法および外国法フォード財団教授．専門は比較法，刑法，法制史．シカゴ大学で精神史のPh.D.を取得．スタンフォード大学ロー・スクールで教鞭をとったのち、1994年からイェール・ロー・スクール教授．邦訳『過酷な司法――比較史で読み解くアメリカの厳罰化』（レクシスネクシス・ジャパン，2007）．

訳者略歴

西川美樹〈にしかわ・みき〉翻訳家．バスコム『ヒトラーの原爆開発を阻止せよ！』（亜紀書房，2017）ルイーズ・ロバーツ『兵士とセックス』（明石書店，2015）ほか．

索引

【さ行】

【た行】

【な行】

【は行】

【ま行】

【や行】

【ら行】

【わ行】

原注

はじめに

1. Johnpeter Horst Grill and Robert L. Jenkins, "The Nazis and the American South in the 1930s: A Mirror Image?," *Journal of Southern History* 58, no. 4 (November 1992): 667–94.
2. この類似についての考察は George Fredrickson, *Racism: A Short History* (Princeton: Princeton University Press, 2002), 2, 129〔ジョージ・M・フレドリクソン『人種主義の歴史』李孝徳訳、みすず書房、2009年〕; Judy Scales-Trent, "Racial Purity Laws in the United States and Nazi Germany: The Targeting Process," *Human Rights Quarterly* 23 (2001): 259–307 を参照。
3. Mark Mazower, *Hitler's Empire: How the Nazis Ruled Europe* (New York: Penguin, 2008), 584 については第1章でさらに詳しく論じる。また2002年に発表された学生論文 Bill Ezzell, "Laws of Racial Identification and Racial Purity in Nazi Germany and the United States: Did Jim Crow Write the Laws That Spawned the Holocaust?," *Southern University Law Review* 30 (2002–3): 1–13 における明敏な推論を参照。
4. Andreas Rethmeier, *"Nürnberger Rassegesetze" und Entrechtung der Juden im Zivilrecht* (New York: Lang, 1995), 138–39.
5. 同上、139.
6. 同上。
7. Richard Bernstein, "Jim Crow and Nuremberg Laws," *H-Judaica*, March 31, 1999, http://h-net.msu.edu/cgi-bin/logbrowse.pl?trx=vx&list=H-Judaic&month=9903&week=e&msg=BHhgu7G7S8og2GgfCEpHNg&user=&pw=.
8. Bernstein, "Jim Crow and Nuremberg Laws," *H-Judaica*, March31, 1999より引用。
9. Jens-Uwe Guettel, *German Expansionism, Imperial Liberalism, and the United States, 1776–1945* (Cambridge: Cambridge University Press, 2012), 204–6.
10. Rethmeier, *"Nürnberger Rassegesetze,"* 140. ナチスによる合衆国への言及についての興味深い追加資料もふくめた類似の評価については、以下を参照。Michael Mayer, *Staaten als Täter. Ministerialbürokratie und "Judenpolitik" in NS-Deutschland und Vichy Frankreich. Ein Vergleich* (Munich: Oldenbourg, 2010), 101.
11. ヨーロッパでこうした見方が広まっていたことについては、Karl Felix Wolff, *Rassenlehre. Neue Gedanken zur Anthropologie, Politik, Wirtschaft, Volkspflege und Ethik* (Leipzig: Kapitzsch, 1927), 171 および 173 を参照。それでもウォルフは人種混合がアメリカを衰退させると信じていたと言える。ヨーロッパから見た国際舞台でのアメリカの立場については、全般に Adam Tooze, *The Deluge: The Great War, America and the Remaking of the Global Order, 1916–1931* (New York: Penguin, 2014) を参照。
12. たとえば Wahrhold Drascher, *Die Vorherrschaft der Weissen Rasse* (Stuttgart: Deutsche

Verlags-Anstalt, 1936), 340; ならびに Michael Kater, *Different Drummers: Jazz in the Culture of Nazi Germany*（Oxford: Oxford University Press, 1992）29–56 でのとりあげ方を参照。アメリカのフォード方式や産業社会に対するドイツの関心については Mary Nolan, *Visions of Modernity: American Business and the Modernization of Germany*（New York: Oxford University Press, 1994); Volker Berghahn, *Industriegesellschaft und Kulturtransfer: Die deutsch-amerikanischen Beziehungen im 20. Jahrhundert*（Göttingen: Vandenhoeck & Ruprecht, 2010), e.g., 28–29 を参照。

13. Hitler, *Mein Kampf*, 143–44 ed.（Munich: Eher, 1935), 479（=Hitler, *Mein Kampf. Eine kritische Edition*, ed. Christian Hartmann, Thomas Vordermayer, Othmar Plöckinger, and Roman Töppel [Munich: Institut für Zeitgeschichte, 2016], 2:1093–95）〔アドルフ・ヒトラー『わが闘争　完訳』改版上下巻、平野一郎／将積茂訳、角川文庫、2001年。本文での引用は同書の訳文による〕

14. Victoria de Grazia, *Irresistible Empire: America's Advance through Twentieth-Century Europe*（Cambridge, MA: Harvard University Press, 2005); Egbert Klautke, *Unbegrenzte Möglichkeiten. "Amerikanisierung" in Deutschland und Frankreich (1900–1933)*（Wiesbaden: Steiner, 2003）を参照。

15. 以下に転載されたナチ党機関紙『フェルキッシャー・ベオバハター *Völkischer Beobachter*』より引用。Hans-Jürgen Schröder, *Deutschland und die Vereinigten Staaten 1933–1939; Wirtschaft und Politik in der Entwicklung des deutschamerikanischen Gegensatzes*（Wiesbaden: Steiner, 1970), 93 および全般には 93–119. デトレフ・ユンカーは1937年10月の〔ルーズヴェルトによる〕隔離演説とともに転機が訪れたと考える。Junker, "Hitler's Perception of Franklin D. Roosevelt and the United States of America," in *FDR and His Contemporaries: Foreign Perceptions of an American President*, ed. Cornelius A. van Minnen and John F. Sears（New York: St. Martin's, 1992), 143–56, 150–51.　また Klaus P. Fischer, *Hitler and America*（Philadelphia: University of Pennsylvania Press, 2011), 65–69 を参照。さらなる考察については第 1 章の注28を参照。

16. Schröder, *Deutschland und die Vereinigten Staaten*, 93–119 ならびに「ファシストのニューディール」については James Q. Whitman, "Commercial Law and the American Volk: A Note on Llewellyn's German Sources for the Uniform Commercial Code," *Yale Law Journal* 97（1987): 156–75, 170 を参照。ヨーロッパの進歩主義者も当然ながらニューディールに関心をもった。Daniel Rodgers, *Atlantic Crossings: Social Politics in a Progressive Age*（Cambridge, MA: Harvard University Press, 1998), 410–11 を参照。

17. Detlef Junker, "The Continuity of Ambivalence," in *Transatlantic Images and Perceptions: Germany and America since 1776*, ed. David E. Barclay and Elisabeth Glaser-Schmidt（New York: Cambridge University Press, 1997), 246.

18. Wulf Siewert, "Amerika am Wendepunkt," *Wille und Macht*, April 15, 1935, 22.

19. ユンカーの "Hitler's Perception of Franklin D. Roosevelt" は1937年の隔離演説のことをさしているが、Steven Casey, *Cautious Crusade: Franklin D. Roosevelt, American Public Opinion, and the War against Nazi Germany*（New York: Oxford University Press, 2001), 40 は、1939年までルーズヴェルトがヒトラーの名前をあげるのを渋っていた証拠を示してい

る。また同上、9を参照。対照的にフィリップ・ガザートはいくぶんためらいながらも1936年1月の一般教書演説について指摘している。Gassert, "'Without Concessions to Marxist or Communist Thought': Fordism in Germany, 1923–1939," in Barclay and Glaser-Schmidt, *Transatlantic Images and Perceptions*, 238.

20. Ira Katznelson, *Fear Itself: The New Deal and the Origins of Our Time* (New York: Liveright, 2013).

21. 人種主義という共通の基盤のもとに友好を呼びかけることについては、Waldemar Hartmann, "Deutschland und die USA. Wege zu gegenseitigem Verstehen," *Nationalsozialistische Monatshefte* 4 (November 1933): 493–94 を参照。

22. Katznelson, *Fear Itself*, 126–27. アメリカ大統領への賛辞がヨーロッパの別の場所でも認められたことも留意すべきだ。David Ellwood, *The Shock of America: Europe and the Challenge of the Century* (New York: Oxford University Press, 2012), 186–93 を参照。

23. 類似と影響に関する研究は John Garraty, "The New Deal, National Socialism, and the Great Depression," *American Historical Review* 78 (1973): 907–44; Wolfgang Schivelbusch, *Three New Deals: Reflections on Roosevelt's America, Mussolini's Italy, and Hitler's Germany, 1933–1939*, trans. Jefferson Chase (New York: Metropolitan, 2006)〔W. シヴェルブシュ『三つの新体制——ファシズム、ナチズム、ニューディール』小野清美／原田一美訳、名古屋大学出版会、2015年〕を参照。イタリアについては James Q. Whitman, "Of Corporatism, Fascism and the First New Deal," *American Journal of Comparative Law* 39 (1991): 747–78 を参照。

24. Grill and Jenkins, "Nazis and the American South."

25. 戦争を隠れ蓑にして実施されたこの計画について、ならびにドイツの法思想におけるその背景については以下を参照。Christian Merkel, *"Tod den Idioten"—Eugenik und Euthanasie in juristischer Rezeption vom Kaiserreich zur Hitlerzeit* (Berlin: Logos, 2006), 20–21 and passim.

26. Stefan Kühl, *The Nazi Connection: Eugenics, American Racism, and German National Socialism* (New York: Oxford University Press, 1994), 37 and passim〔シュテファン・キュール『ナチ・コネクション——アメリカの優生学とナチ優生思想』麻生九美訳、明石書店、1999年〕

27. たとえば Randall Hansen and Desmond King, "Eugenic Ideas, Political Interest and Policy Variance: Immigration and Sterilization Policy in Britain and the U.S.," *World Politics* 53, no. 2 (2001): 237–63; Véronique Mottier, "Eugenics and the State: Policy-Making in Comparative Perspective," in *Oxford Handbook of the History of Eugenics*, ed. Alison Bashford and Philippa Levine (New York: Oxford University Press, 2010), 135.

28. Timothy Snyder, *Black Earth: The Holocaust as History and Warning* (New York: Tim Duggan Books, 2015), 12〔ティモシー・スナイダー『ブラックアース——ホロコーストの歴史と警告』上下巻、池田年穂訳、慶應義塾大学出版会、2016年。本文での引用は同書の訳文による〕

29. 同上〔本文での引用は同書の訳文による〕

30. Ian Kershaw, *Fateful Choices: Ten Decisions That Changed the World* (New York: Penguin,

2007), 386–87〔イアン・カーショー『運命の選択 1940-41——世界を変えた10の決断』上下巻、河内隆弥訳、白水社、2014年〕に部分的に引用され、論じられている。Carroll P. Kakel, *The American West and the Nazi East: A Comparative and Interpretive Perspective* (New York: Palgrave Macmillan, 2011), 1 と比較。筆者は、カーショーが以下から引用したくだりの、より完全で多少手直しした翻訳を加えた。Adolf Hitler, *Reden, Schriften, Anordnungen* (1928; Munich: Saur, 1994), 3:1, p. 161.

31. 文献調査には Kakel, *American West and the Nazi East*, 1–2 を参照。また David Blackbourn, "The Conquest of Nature and the Mystique of the Eastern Frontier in Germany," in *Germans, Poland, and Colonial Expansion in the East*, ed. Robert Nelson (New York: Palgrave Macmillan, 2009), 152–53; Alan Steinweis, "Eastern Europe and the Notion of the 'Frontier' in Germany to 1945," *Yearbook of European Studies* 13 (1999): 56–70; Philipp Gassert, *Amerika im Dritten Reich: Ideologie, Propaganda und Volksmeinung, 1933–1945* (Stuttgart: Steiner, 1997), 95–97 も参照。
32. Guettel, *German Expansionism*, 193–95 and 209–11 は、どれほど多くの例があろうとその力を否定することで、こうした文献を却下すべく説得力のない努力をしている。
33. Norman Rich, "Hitler's Foreign Policy," in *The Origins of the Second World War Reconsidered: The A.J.P. Taylor Debate after Twenty-Five Years*, ed. Gordon Martel (Boston: Allen & Unwin, 1986), 136.
34. 1933年のプロイセン覚書（*Preußische Denkschrift*）ならびに他の文書および議論については第2章を参照。
35. Gustav Klemens Schmelzeisen, *Das Recht im Nationalsozialistischen Weltbild. Grundzüge des deutschen Rechts*, 3rd ed. (Leipzig: Kohlhammer, 1936), 84.
36. 第2章を参照。
37. Bernstein, "Jim Crow and Nuremberg Laws" より引用。
38. たとえば David Dyzenhaus, *Legality and Legitimacy: Carl Schmitt, Hans Kelsen and Hermann Heller in Weimar* (Oxford: Oxford University Press, 1997), 100 の意見を参照。
39. パウンドについては Stephen H. Norwood, *The Third Reich in the Ivory Tower* (Cambridge and New York: Cambridge University Press, 2009), 56–57 を参照。またもっと広くアメリカのナチズムについては Sander A. Diamond, *The Nazi Movement in the United States, 1924–1941* (Ithaca, NY: Cornell University Press, 1974) を参照。
40. その方向に転換したのは Hermann Ploppa, *Hitlers Amerikanische Lehrer: Die Eliten der USA als Geburtshelfer der Nazi-Bewegung* (Sterup: Liepsen, 2008).

第1章　ナチスの国旗とナチスの市民はいかにつくられたか

1. Hitler, *Mein Kampf*, 143–44 ed. (Munich: Eher, 1935), 313–14〔アドルフ・ヒトラー『わが闘争　完訳』改版上下巻、平野一郎／将積茂訳、角川文庫、2001年、本文での引用は同書の訳文による〕。さらに初期の版については Hitler, *Mein Kampf. Eine kritische Edition*, ed. Christian Hartmann, Thomas Vordermayer, Othmar Plöckinger, and Roman Töppel (Munich: Institut für Zeitgeschichte, 2016), 1:743 および注35の説明を参照。

2. "Reich Adopts Swastika as Nation's Offcial Flag; Hitler's Reply to 'Insult,'" *New York Times*, September 16, 1935, A1.
3. たとえば Wilhelm Stuckart, "Nationalsozialismus und Staatsrecht," in *Grundlagen, Aufbau und Wirtschaftsordnung des nationalsozialistischen Staates*, ed. H.-H. Lammers et al.（Berlin: Spaeth & Linde, 1936）, 15:23; *Meyers Lexikon*, 8th ed.（Leipzig: Bibliographisches Institut, 1940）, 8:525, s.v. "Nürnberger Gesetze."
4. Jay Meader, "Heat Wave Disturbing Peace, July 1935 Chapter 111," *New York Daily News*, June 13, 2000, http://www.nydailynews.com/archives/news/heat-wave-disturbing-peace-july-1935-chapter-111-article-1.874082. もっと広範な歴史については Klaus P. Fischer, *Hitler and America*（Philadelphia: University of Pennsylvania Press, 2011）, 50–52; Thomas Kessner, *Fiorello H. La Guardia and the Making of Modern New York*（New York: McGraw-Hill, 1989）, 401–2 を参照。
5. "Text of Police Department's Report on the Bremen Riot," *New York Times*, August 2, 1935 を参照。ブレーメン号とその姉妹船オイローパ号については Arnold Kludas, *Record Breakers of the North Atlantic: Blue Riband Liners, 1838–1952*（London: Chatham, 2000）, 109–17 を参照。
6. *U.S. Department of State. Press Releases*（1935）, 101.
7. たとえば Fischer, *Hitler and America*, 49を参照。
8. "Louis B. Brodsky, 86, Former Magistrate," *New York Times*, May 1, 1970, 35. 彼の学位取得の正確な年月日は "New York University Commencement," *New York Times*, June 7, 1901, 9 を参照。
9. Detlef Sahm, *Die Vereinigten Staaten von Amerika und das Problem der nationalen Einheit*（Berlin: Buchholz & Weisswange, 1936）, 92–96.
10. 最初は John F. Hylan 市長に、次に Jimmy Walker 市長によって任命されたことについては "Louis B. Brodsky, 86, Former Magistrate," *New York Times*, May 1, 1970, 35 を参照。
11. New York Inferior Criminal Courts Act, Title V, §§ 70, 70a, *Code of Criminal Procedure of the State of New York*, 20th ed.（1920）.
12. Herbert Mitgang, *The Man Who Rode the Tiger: The Life and Times of Judge Samuel Seabury*（New York: Lippincott, 1963）, 190–91 を参照。ブロッドスキーは市場投機でひと儲けしたようだ。
13. Terry Golway, *Machine Made: Tammany Hall and the Creation of Modern American Politics*（New York: Liveright, 2014）, e.g., 253–54 を参照。
14. Jay Gertzman, *Bookleggers and Smuthounds: The Trade in Erotica, 1920–1940*（Philadelphia: University of Pennsylvania Press, 1999）, 167.
15. "Court Upholds Nudity. No Longer Considered Indecent in Nightclubs, Magistrate Says," *New York Times*, April 7, 1935, F17.
16. 同上。
17. "Brodsky Releases 5 in Bremen Riot," *New York Times*, September 7, 1935, 1, 5.
18. たとえば "U.S. Apology for Reich. Hull Expresses Regrets on Brodsky Remarks," *Montreal Gazette*, September 16, 1935. 全般的には以下の文書を参照。*Foreign Relations of the*

United States (1935), 2:485–90.

19. たとえば Ian Kershaw, *Hitler, 1889–1936: Hubris* (New York: Norton, 1999), 419–68〔イアン・カーショー『ヒトラー 上 1889–1936 傲慢』川喜田敦子訳、石田勇治監修、白水社、2016年〕を参照。
20. Erlaß des Reichspräsidenten über die vorläufige Regelung der Flaggenhissung (vom 12, März 1933), Reichsgesetzblatt (1933), 1:103.
21. 筆者はここでは Dirk Blasius, *Carl Schmitt: Preussischer Staatsrat in Hitlers Reich* (Göttingen: Vandenhoeck & Ruprecht, 2001), 109 の分析に従った。
22. 1935年9月9日付のゲッベルスの日記。*Tagebücher*, ed. Angela Hermann, Hartmut Mehringer, Anne Munding, and Jana Richter (Munich: Institut für Zeitgeschichte, 2005), 3/1 に掲載。Peter Longerich, *Politik der Vernichtung. Eine Gesamtdarstellung der nationalsozialistischen Judenverfolgung* (Munich: Piper, 1998), 622n198 にて論じられている。
23. Johannes Stoye, *USA. Lernt Um! Sinn und Bedeutung der Roosevelt Revolution* (Leipzig: W. Goldmann, 1935), 140.
24. たとえば Arthur Holitscher, *Wiedersehen mit Amerika* (Berlin: Fischer, 1930), 45–49 を参照。
25. "Thoroughly decent and honorable"（至極まっとうにも）は "in loyalster Weise" の拙訳である。Max Domarus, *Hitler: Reden und Proklamationen, 1932–1945* (Neustadt a.d. Aisch, 1962), 1:537.
26. 同上、1:536–37 のヒトラーの発言。
27. 同上、1:538:「われわれは汚らわしいものを否応なく見せられているアメリカの人々に同情する」。「高慢なユダヤ人」ブロッドスキーについては同上を参照。
28. Philipp Gassert, "'Without Concessions to Marxist or Communist Thought': Fordism in Germany, 1923–1939," in *Transatlantic Images and Perceptions: Germany and America since 1776*, ed. David E. Barclay and Elisabeth Glaser-Schmidt (New York: Cambridge University Press, 1997), 239. 1937年が転換の年だったことについては Junker, "Hitler's Perception of Franklin D. Roosevelt," 150–51; Fischer, *Hitler and America*, 65–69 を参照。
29. Albrecht Wirth, *Völkische Weltgeschichte (1879–1933)* (Braunschweig: Westermann, 1934), 10. ヴィルトは "Westarier"（西アーリア人）という言葉を使ったが、本書では簡潔にすべく "Aryan"（アーリア人）の訳語を用いた。このくだりはすでに1924年版のヴィルトの書籍に掲載されていたが、そこにはヒンデンブルクの胸像の口絵が添えられていた。Wirth, *Völkische Weltgeschichte*, 5th ed. (Braunschweig/Hamburg: Westermann, 1924), 10.
30. Thurgood Marshall, "Reflections on the Bicentennial of the United States Constitution," *Harvard Law Review* 101 (1987): 2.
31. Wahrhold Drascher, *Die Vorherrschaft der Weissen Rasse* (Stuttgart: Deutsche Verlags-Anstalt, 1936), 159–60. ドラッシャーと彼が「党から注目されていたこと、ただし全員一致でこの本が是認されていたわけではないこと」については、Albrecht Hagemann, *Südafrika und das "Dritte Reich"* (Frankfurt: Campus, 1989), 117–18 を参照。
32. Drascher, *Vorherrschaft der Weissen Rasse*, 339.
33. 同上、217.

34. Alfred Rosenberg, “Die rassische Bedingtheit der Aussenpolitik,” *Hochschule und Ausland*, October 1933, 8–9.
35. Hitler, *Mein Kampf*, 313–14〔アドルフ・ヒトラー『わが闘争　完訳』改版上下巻、平野一郎／将積茂訳、角川文庫、2001年。本文での引用は同書の訳文による〕。1930年まではこのくだりは「自分もまた血の冒瀆の犠牲となって倒れるまで」であり、「自分もまた血の冒瀆の犠牲となって倒れないかぎり」ではなかった。アメリカが人種主義国家として当分のあいだ生き残るだろうと、ヒトラーはますます思いたがっていたようだ。Hitler, *Mein Kampf. Eine kritische Edition*, 1:743 を参照。
36. たとえばドラッシャーは、合衆国は白人種の大義への忠誠を証明したが、それでもその国境の背後に引っ込み、白人至上主義のための世界戦争に貢献するのはやめるかもしれないと考えた。Drascher, *Vorherrschaft der Weissen Rasse*, 294–95 を参照。また合衆国が人種主義の大義への忠誠を守るかどうか確信がもてないことについては同上、351を参照。
37. Waldemar Hartmann, “Deutschland und die USA. Wege zu gegenseitigem Verstehen,” *Nationalsozialistische Monatshefte* 4 (November 1933): 481–94; Hartmann, “Politische Probleme der U.S.A.,” *Nationalsozialistische Monatshefte* 4 (November 1933): 494–506; Karl Bömer, “Das neue Deutschland in der amerikanischen Presse,” *Nationalsozialistische Monatshefte* 4 (November 1933): 506–9.
38. Reichsgesetzblatt (1935), 1:1146, https://de.wikisource.org/wiki/Reichsb%C3%BCrgergesetz〔本文中の訳文は、ワルター・ホーファー『ナチス・ドキュメント 1933–1945』救仁郷繁訳、ぺりかん社、1982年、より一部修正して引用〕
39. Domarus, *Hitler*, 1:538.
40. 本書では *Zuchthaus*（重懲役）を簡潔にすべく “hard labor” と訳した〔日本語訳では同じ「重懲役」とした〕。*Zuchthaus* の詳しい説明については James Q. Whitman, *Harsh Justice: Criminal Punishment and the Widening Divide between America and Europe* (New York: Oxford University Press, 2003), 132〔ジェイムズ・Q・ウィットマン『過酷な司法――比較史で読み解くアメリカの厳罰化』伊藤茂訳、レクシスネクシス・ジャパン、雄松堂出版、2007年〕を参照。
41. Reichsgesetzblatt (1935), 1:1146, https://de.wikisource.org/wiki/Gesetz_zum_Schutze_des_deutschen_Blutes_und_der_deutschen_Ehre〔本文中の訳文は、ワルター・ホーファー『ナチス・ドキュメント 1933–1945』救仁郷繁訳、ぺりかん社、1982年、より引用〕
42. “Nazis Bar Jews as Citizens; Make Swastika Sole Flag in Reply to Insult,” *New York Herald Tribune*, September 16, 1935, 1.
43. 隔離政策を重視する従来の見方を超えた説明については Ariela J. Gross, *What Blood Won't Tell: A History of Race on Trial in America* (Cambridge, MA: Harvard University Press, 2008), 5–7 を参照。
44. 347 US 483 (1954).
45. 163 US 537 (1896).
46. 「はじめに」を参照。
47. たとえば James E. Falkowski, *Indian Law/Race Law: A Five-Hundred Year History* (New York:

Praeger, 1992), 47–80.

48. Ian Haney López, *White by Law* (New York: New York University Press, 2006), 27–28.

49. たとえば Christopher Waldrep, “Substituting Law for the Lash: Emancipation and Legal Formalism in a Mississippi County Court,” *Journal of American History* 82 (1996): 1425–51, 1426; Bruce Ackerman and Jennifer Nou, “Canonizing the Civil Rights Revolution: The People and the Poll Tax,”*Northwestern Law Review* 103 (2009): 63–148.

50. 後出の「アメリカの二級市民」を参照。

51. Peggy Pascoe, *What Comes Naturally: Miscegenation Law and the Making of Race in America* (Oxford: Oxford University Press, 2009).

52. 388 US 1 (1967).

53. Haney López, *White by Law*, 27–34.

54. Immigration and Nationality Act of 1965 (Pub. L. 89–236, 79 Stat. 911, enacted June 30, 1968). この法律のリベラル化の限界については Christian Joppke, *Selecting by Origin: Ethnic Migration in the Liberal State* (Cambridge, MA: Harvard University Press, 2005), 57–59 を参照。

55. Stefan Kühl, *The Nazi Connection: Eugenics, American Racism, and German National Socialism* (New York: Oxford University Press, 1994), 21–22, 38–39〔シュテファン・キュール『ナチ・コネクション――アメリカの優生学とナチ優生思想』麻生九美訳、明石書店、1999年〕

56. An Act to Establish an Uniform Rule of Naturalization, ch. 3, 1 Stat. 103 (1790). この1790年の法令の歴史的重要性については David Scott Fitzgerald and David Cook-Martin, *Culling the Masses: The Democratic Origins of Racist Immigration Policy in the Americas* (Cambridge, MA: Harvard University Press, 2014), 82 を参照。人種にもとづく移民および帰化法の歴史のなかでのその位置づけについては Haney López, *White by Law*, 31 を参照。その可決当時の「議論の余地なき」性質については Rogers Smith, *Civic Ideals: Conflicting Visions of Citizenship in U.S. History* (New Haven, CT: Yale University Press, 1997), 159–60; Douglas Bradburn, *The Citizenship Revolution: Politics and the Creation of the American Union, 1774–1804* (Charlottesville: University of Virginia Press, 2009), 260 を参照。

57. これは Heinrich Krieger, *Das Rassenrecht in den Vereinigten Staaten* (Berlin: Junker & Dünnhaupt, 1936), 74 のことだ。フランスでいかなる制限もなかったことについては Peter Sahlins, *Unnaturally French: Foreign Citizens in the Old Regime and After* (Ithaca, NY: Cornell University Press, 2004), 183–84 を参照。しかし1777年 8 月 9 日の法令では “noirs, mulâtres et gens de couleur”（黒人、黒人と白人の混血、ならびに有色人）に対し、個人的な使用人を除いてフランスに入ることを禁じていた。Joseph-Nicolas Guyot, *Repertoire Universel et Raisonné de Jurisprudence* (Paris: Panckoucke, 1778), 23:383–86. フランス革命のさなかの対照的な空気については Robert Forster, “Who is a Citizen?,” *French Politics and Society* 7 (1989): 50–64 を参照。またより広範な大西洋世界との比較については Alan Taylor, *American Revolutions: A Continental History, 1750–1804* (New York: Norton, 2016), 21–23 を参照。

58. Otto Koellreutter, *Grundriß der allgemeinen Staatslehre* (Tübingen: Mohr, 1933), 51.
59. Gerald L. Neuman, "The Lost Century of American Immigration Law (1776–1875)," *Columbia Law Review* 93 (1993): 1866–67 を参照。
60. Tyler Anbinder, *Nativism and Slavery: The Northern Know Nothings and the Politics of the 1850's* (New York: Oxford University Press, 1992), 136.
61. Philip P.Choy, Marlon K. Hom, and Lorraine Dong, eds., *The Coming Man: 19th Century American Perceptions of the Chinese* (Seattle: University of Washington Press, 1994), 123; M. Margaret McKeown and Emily Ryo, "The Lost Sanctuary: Examining Sex Trafficking through the Lens of United States v. Ah Sou," *Cornell International Law Journal* 41 (2008): 746; Ernesto Hernández-López, "Global Migrations and Imagined Citizenship: Examples from Slavery, Chinese Exclusion, and When Questioning Birthright Citizenship," *Texas Wesleyan Law Review* 14 (2008): 268 を参照。
62. Andrew Gyory, *Closing the Gate: Race, Politics, and the Chinese Exclusion Act* (Chapel Hill: University of North Carolina Press, 1998), 1 を参照。
63. Cal. Const. of 1879, art. XIX, § 4 (repealed 1952) を参照。また Iris Chang, *The Chinese in America* (New York: Viking, 2003), 43–45, 75, 119–20, 176 も参照。
64. Chinese Exclusion Act of 1882, ch.126, 22 Stat. 58, repealed by Chinese Exclusion Repeal Act of 1943, ch. 344, § 1, 57 Stat. 600. また *Chae Chan Ping v. United States*, 130 US 581 (1889) (The Chinese Exclusion Case) (upholding the Chinese Exclusion Act of 1888, ch. 1015, 25 Stat. 476) も参照。
65. Sucheng Chan, *Entry Denied: Exclusion and the Chinese Community in America, 1882–1943* (Philadelphia: Temple University Press, 1991), vii-viii; Terri Yuh-lin Chen, "Hate Violence as Border Patrol: An Asian American Theory of Hate Violence," *Asian American Law Journal* 7 (2000): 69–101. また Ronald T. Takaki, *Strangers from a Different Shore: A History of Asian Americans* (Boston: Little, Brown, 1989), 203〔ロナルド・タカキ『もう一つのアメリカン・ドリーム――アジア系アメリカ人の挑戦』阿部紀子／石松久幸訳、岩波書店、1996年〕も参照。
66. An Act to Amend the Immigration Laws of the United States, H.R. 7864, 54th Cong. (1896).
67. Grover Cleveland, Message from the President of the United States, Returning to the House of Representatives, without his approval House Bill numbered 7864, entitled "An Act to Amend the Immigration Laws of the United States," S. Doc. No. 54–185, at 1–4 (2d sess. 1897).
68. An Act to Regulate the Immigration of Aliens to, and the Residence of Aliens in, the United States ("Asiatic Barred Zone Act"), H.R. 10384, Pub. L. 301, 39 Stat. 874., 64th Cong. (1917).
69. An Act to Limit the Immigration of Aliens into the United States ("Emergency Quota Act"), H.R. 4075, 77th Cong. ch. 8 (1921).
70. An Act to Limit the Immigration of Aliens into the United States, and for Other Purposes ("The 1924 Immigration Act"), H.R. 7995; Pub. L. 68–139; 43 Stat. 153., 68th Cong. (1924).
71. Mae Ngai, "The Architecture of Race in American Immigration Law: A Reexamination of the Immigration Act of 1924," *Journal of American History* 86 (1999): 69. ソン・ティエリー・

リー（Son Thierry Ly）およびパトリック・ウェイルは、1921年の法令はむしろ人種主義的政策をできるかぎり抑制するのを目的としていたことを、次の重要な論文で明らかにしている。Ly and Weil, "The Anti-Racist Origin of the Quota System," *Social Research* 77（2010）: 45–78. だが本書の目的にとって重要なのは、1921年の法令があいかわらず人種にもとづくものであり、ナチスがこれを人種主義的手法と認識していた点だ。

72. John William Burgess, *Political Science and Comparative Constitutional Law*（London: Ginn & Co., 1890）, 1:42〔ジョン・ダブリュー・バルジェス『比較憲法論』高田早苗／吉田己之助訳、早稲田大学出版部、1908年、ならびにその復刻版としてジョン・W・バルジェス『比較憲法論』高田早苗／吉田巳之助訳、芦部信喜ほか編集『日本立法資料全集』別巻648、信山社出版、2010年〕。同書は以下において引用され、論じられている。Marilyn Lake and Henry Reynolds, *Drawing the Global Colour Line: White Men's Countries and the International Challenge of Racial Equality*（Cambridge: Cambridge University Press, 2008）, 139。全般的には同上ならびに Aziz Rana, *The Two Faces of American Freedom*（Cambridge, MA: Harvard University Press, 2010）, 3 and often を参照。
73. Lake and Reynolds, *Drawing the Global Colour Line*, 164, 315–20.
74. 同上、17–45（言わずもがな当時のヴィクトリア王朝の植民地をさす）; Charles A. Price, *The Great White Walls Are Built: Restrictive Immigration to North America and Australasia, 1836–1888*（Canberra: Australian National University Press, 1974）.
75. Lake and Reynolds, *Drawing the Global Colour Line*, 71–72, 119–25.
76. 以下より引用。Joppke, *Selecting by Origin*, 34 および合衆国とオーストラリアについて全般的には31–49。
77. Fitzgerald and Cook-Martin, *Culling the Masses*, 7.
78. André Siegfried, *Die Vereinigten Staaten von Amerika: Volk, Wirtschaft, Politik*, 2nd ed., trans. C. & M. Loosli-Usteri（Leipzig: Orell Füssli, 1928）, 79–108 およびアメリカの移民立法の性質については100。フランス語の原書は1927年に刊行された。〔アンドレ・シーグフリード『現代のアメリカ』木下半治訳、青木書店、1941年、ならびに英語版の邦訳はアンドレ・シーグフリード『アメリカ成年期に達す』神近市子訳、那珂書店、1941年〕
79. たとえば Jean Pluyette, *La Sélection de l'immigration en France et la doctrine des races*（Paris: Bossuet, 1930）, 58–69; M. Valet, *Les Restrictions à l'Immigration*（Paris: Sirey, 1930）, 23–24.
80. Lake and Reynolds, *Drawing the Global Colour Line*, 29, 35, 49–74（ブライスの影響）, 80, 119, 129–31, 138–44, 225, 269.
81. たとえば Pierre Wurtz, *La Question de l'Immigration aux États-Unis. Son État Actuel*（Paris: Dreux and Schneider, 1925）, 259–60 を参照。
82. Theodor Fritsch, *Handbuch der Judenfrage*, 26th ed.（Hamburg: Hanseatische Druck- und Verlagsantstalt, 1907）, 8–9.
83. Mark Mazower, *Hitler's Empire: How the Nazis Ruled Europe*（New York: Penguin, 2008）, 584.
84. アメリカ先住民については Burt Estes Howard, *Das Amerikanische Bürgerrecht*（Leipzig:

Duncker & Humblot, 1904), 35–38 を参照。プエルトリコ人については Paul Darmstädter, *Die Vereinigten Staaten von Amerika. Ihre politische, Wirtschaftliche und soziale Entwicklung*（Leipzig: Quelle & Meyer, 1909), 208 を参照。

85. *Dred Scott v. Sandford*, 60 US（19 How.）393（1857). のちに合衆国憲法修正第14条により覆された。

86. Stephen Breyer, "Making Our Democracy Work: The Yale Lectures," *Yale Law Journal* 120（2011): 2012–13（「ドレッド・スコット判決が南北戦争に何らかの影響を与えたとしたら、それは戦争を防ぐのではなく誘発したと言えることに、当節大半の歴史家は同意するだろう」)。とはいえ以下も参照。Jack M. Balkin and Sanford Levinson, "Thirteen Ways of Looking at Dred Scott," *Chicago-Kent Law Review* 82（2007): 67（「ドレッド・スコット判決が南北戦争の時期を早めたと多くの人が当節信じているかもしれないが……これははっきりしない――むしろ数年ほど遅らせた可能性もある」)。

87. US Const. Amends. XIV, XV.

88. 1850年代にコネティカットとマサチューセッツの両州は州法を修正し、投票ならびに公職につくことには読み書きテストが必要だとした。Conn. Const. of 1818, Art. XI（1855); Alexander Keyssar, *The Right to Vote: The Contested History of Democracy in the United States*（New York: Basic Books, 2000), 144–45.

89. Lake and Reynolds, *Drawing the Global Colour Line*, 63.

90. 1915年になってようやく最高裁は *Guinn v. United States*, 238 US 347（1915）において、読み書きできない白人投票者には読み書きテストを免除するも黒人は適用除外としてこれを免除しない「グランドファーザー条項」を違憲であると判断した。

91. たとえば Daryl Levinson and Benjamin I. Sachs, "Political Entrenchment and Public Law," *Yale Law Journal* 125（2015): 414 を参照。

92. たとえば *Breedlove v. Suttles*, 302 US 277, 283（1937), overruled by *Harper v. Virginia State Bd. of Elections*, 383 US 663（1966); *Lassiter v. Northampton Cty. Bd. of Elections*, 360 US 45, 53–54（1959）を参照 .

93. Max Weber, "Die Protestantischen Sekten und der Geist des Kapitalismus," reprinted in *Gesammelte Aufsätze zur Religionssoziologie*, 2nd ed.（Tübingen: Mohr, 1922), 1:207–36, 1:217.〔ウェーバー「プロテスタンティズムの教派と資本主義の精神」中村貞二訳、ウェーバー『ウェーバー：宗教・社会論集』安藤英治／松井秀親ほか訳、河出書房新社、2005年〕

94. 同上。

95. Eduard Meyer, *Die Vereinigten Staaten von Amerika. Geschichte, Kultur, Verfassung und Politik*（Frankfurt: Keller, 1920), 93. たとえば以下と比較。Otto Hoetzsch, *Die Vereinigten Staaten von Nordamerika*（Bielefeld/Leipzig: Velhagen & Kalsing, 1904), 174.

96. Robert Michels, *Wirtschaftliche und politische Betrachtungen zur alten und neuen Welt*（Leipzig: Gloeckner, 1928), 10 および全般的には10–12, 29–30.

97. Konrad Haebler et al., *Weltgeschichte*（Leipzig: Bibliographisches Institut, 1922), 250.

98. Darmstädter, *Die Vereinigten Staaten von Amerika*, 216.

99. *Der Grosse Brockhaus. Handbuch des Wissens*, 15th ed.（Leipzig: Brockhaus, 1932), 13:253, s.v.

“Negerfrage”; および、たとえば Rudolf Hensel, *Die Neue Welt. Ein Amerikabuch*（Hellerau: Hegner, 1929), 106–7.

100. 1930年代前半の説明については Dudley McGovney, “Our Non-citizen Nationals, Who Are They?,” *California Law Review* 22（1934): 593–635 を参照。

101. 現代では Gerald Neuman and Tomiko Brown-Nagin, eds., *Reconsidering the Insular Cases: The Past and Future of the American Empire*（Cambridge, MA: Harvard University Press, 2015）を参照。

102. David Ellwood, *The Shock of America: Europe and the Challenge of the Century*（New York: Oxford University Press, 2012), 22–25 を参照。

103. たとえば Darmstädter, *Die Vereinigten Staaten von Amerika*, 208.

104. Frank Degenhardt, *Zwischen Machtstaat und Völkerbund. Erich Kaufmann (1880–1972)*（Baden-Baden: Nomos, 2008), 1 より引用。さらにメラー・ファン・デン・ブルック（Moeller van den Bruck）〔右翼ナショナリストの思想家〕やサロン「6月クラブ Juniklub」とのつき合いをふくむ彼の経歴については同上、124–26 を参照。カール・シュミットとの関係については Stefan Hanke, “Carl Schmitt und Erich Kaufmann—Gemeines in Bonn und Berlin,” in *Die Juristen der Universität Bonn im “Dritten Reich,”* ed. Mathias Schmoeckel（Cologne: Böhlau, 2004), 388–407 を参照。また彼の国家観の評価については Daniel Kachel, “Das Wesen des Staates—Kaufmanns frühe Rechtsphilosophie,” in Schmoeckel, *Die Juristen*, 408–24 を参照。

105. ほかの興味深い例は、もちろん第三帝国について謎めいた右翼思想をもつエルンスト・カントーロヴィチである。「ナチスに危なっかしくも近づいた」事態をもたらした彼の経歴と、その政治的位置づけが複雑であることの説明は Conrad Leyser, “Introduction” to Ernst Kantorowicz, *The King’s Two Bodies: A Study in Medieval Political Theology*, new ed., ed. William Chester Jordan（Princeton: Princeton University Press, 2016), ix-xxiii, xiii および全般的には xi-xv〔エルンスト・H・カントーロヴィチ『王の二つの身体』上下巻、小林公訳、ちくま学芸文庫、2003年〕を参照。

106. Erich Kaufmann, *Auswärtige Gewalt und Koloniale Gewalt in den Vereinigten Staaten von Amerika*（Leipzig: Duncker & Humblot, 1908), 139.

107. 同上、156.

108. とくに Gnaeus Flavius [Hermann Kantorowicz], *Der Kampf um die Rechtswissenschaft*（Heidelberg: Winter, 1906), 7–8〔H・カントロヴィチ「法学のための戦い」（キルヒマン／ラードブルッフ／カントロヴィチ『概念法学への挑戦』田村五郎訳、有信堂、1958年)〕を参照。ドイツ自由法学がコモンローの理想化にもとづいて諸理論を構築し、それがのちにアメリカの法思想家に影響を与えたという交差する影響については、本書では探求を控える。

109. Kaufmann, *Auswärtige Gewalt*, 11. 当然ながらカウフマンの著書はナチ時代には援用を許されなかっただろうから、ナチスが合衆国に抱いた印象に影響を与えたかどうかは定かでない。

110. Hugo Münsterberg, *Die Amerikaner*（Berlin: Mittler, 1912), 1:208–9〔フーゴー・ミュンステルベルヒ『米国民』岡村喜代志訳、大日本文明協会編輯局編、大日本文明協

会刊行叢書38、大日本文明協会、1911年、ならびにその復刻版としてフーゴー・ミュンステルベルヒ『米国民』大日本文明協會編輯（明治後期産業発達史資料，第719巻－第720巻。第13期「外国事情篇　含旧植民地資料（10）」、龍溪書舎、2004年〕

111. Ernst Freund, *Das öffentliche Recht der Vereinigten Staaten von Amerika* (Tübingen: Mohr, 1911), 62.

112. 同上、63–64. 同様の見解が1922年の第４回コミンテルン大会で表明されたことは留意すべきだ。*Resolutions and Theses of the Fourth Congress of the Communist International, Held in Moscow, Nov. 7 to Dec. 3, 1922* (London: Communist International, n.d.), 85–86 を参照。アメリカのこの種の法律が国際舞台でどう位置づけされるか詳しく説明するには、共産主義とのかかわりについてもとりあげる必要があるだろう。とはいえ簡素化すべく、このテーマは脇においておく。

113. Wm. Weber, "Die auswärtige Politik der Vereinigten Staaten," *Preussische Jahrbücher* 145 (1911): 345–54, 346. Weber はペンシルヴェニア州で牧師を務めていた。

114. Nationalsozialistisches Parteiprogramm (1920), http://www.documentarchiv.de/wr/1920/nsdap-programm.html〔本文中の訳文は、ワルター・ホーファー『ナチス・ドキュメント 1933－1945』救仁郷繁訳、ぺりかん社、1982年、より一部修正して引用〕

115. Jürgen Peter Schmidt, "Hitlers Amerikabild," *Geschichte in Wissenschaft und Unterricht* 53 (2002): 714–26. 以下と比較。Inge Marszolek, "Das Amerikabild im Dritten Reich," in *Amerika und Europa. Mars und Venus? Das Bild Amerikas in Europa*, ed. Rudolf von Thadden and Alexander Escudier (Göttingen: Wallstein, 2004), 49–64.

116. Hitler, *Mein Kampf*, 488–90 (= Hitler, *Mein Kampf. Eine kritische Edition*, 2:1115–17)〔アドルフ・ヒトラー『わが闘争　完訳』改版上下巻、平野一郎／将積茂訳、角川文庫、2001年。本文での引用は同書の訳文（一部修正）による〕

117. キュールはこのくだりをいみじくも強調したが、アメリカの法学者らはこれを見逃していたようだ。Kühl, *Nazi Connection*, 26〔シュテファン・キュール『ナチ・コネクション――アメリカの優生学とナチ優生思想』麻生九美訳、明石書店、1999年〕

118. Hitler, "Außenpolitische Standortbestimmung nach der Reichstagswahl, Juni-Juli 1928," in Hitler, *Reden, Schriften, Anordnungen* (1928; Munich: Saur, 1994), 2A:92.

119. Gerhard Weinberg, *Hitlers Zweites Buch. Ein Dokument aus dem Jahr 1928* (Stuttgart: Deutsche Verlags-Anstalt, 1961), 130 および 132〔アドルフ・ヒトラー『続・わが闘争――生存圏と領土問題』平野一郎訳、角川文庫、2004年／アドルフ・ヒトラー『ヒトラー第二の書――自身が刊行を禁じた「続・わが闘争」』立木勝訳、成甲書房、2004年〕

120. Alexander Graf Brockdorff , *Amerikanische Weltherrschaft?*, 2nd ed. (Berlin: Albrecht, 1930), 29; たとえば Karl Felix Wolff, *Rassenlehre. Neue Gedanken zur Anthropologie, Politik, Wirtschaft, Volkspflege und Ethik* (Leipzig: Kapitzsch, 1927), 173 と比較。

121. ヒトラーの見解は第二次世界大戦が勃発するまでは暗いものではなかった。Fischer, *Hitler and America*, 10 を参照。

122. Weinberg, *Hitlers Zweites Buch*, 132〔アドルフ・ヒトラー『続・わが闘争――生存圏と領土問題』平野一郎訳、角川文庫、2004年。本文での引用は同書の訳文による／アドルフ・ヒトラー『ヒトラー第二の書――自身が刊行を禁じた「続・わが闘争」』立木勝訳、成甲書房、2004年〕。他の関連する発言については同上、121, 125を参照。

123. 同上、132.

124. Ian Kershaw, *Fateful Choices: Ten Decisions That Changed the World* (New York: Penguin, 2007), 386–87〔イアン・カーショー『運命の選択 1940–41――世界を変えた10の決断』上下巻、河内隆弥訳、白水社、2014年〕で部分的に引用され、論じられている。原本については Hitler, *Reden, Schriften, Anordnungen*, 3:1, p. 161 を参照。

125. Detlef Junker, "Die Kontinuität der Ambivalenz: Deutsche Bilder von Amerika, 1933–1945," in *Gesellschaft und Diplomatie im transatlantischen Kontext*, ed. Michael Wala (Stuttgart: Steiner, 1999), 171–72. 引用箇所は171.

126. Philipp Gassert, *Amerika im Dritten Reich: Ideologie, Propaganda und Volksmeinung, 1933–1945* (Stuttgart: Steiner, 1997), 95–97. 引用箇所は96.

127. 同上。

128. たとえば Hans Reimer, *Rechtsschutz der Rasse im neuen Staat* (Greifswald: Adler, 1934), 47.

129. ナチスは1930年代前半に、合衆国に対しおおむね悪意のない見方をしていたとユンカーは主張する。Junker, "Kontinuität," 166–67. 本書でたどっていく法制史の観点からすれば、合衆国に対するナチスの見方は、おそらくユンカーの判断よりも複雑なものだったと言わざるをえない。

130. Hartmann, "Deutschland und die USA," 493–94. ハルトマンは文化的交流を呼びかけていたが、それは理解へのもっと広い期待を背景にしたものだった。

131. Juliane Wetzel, "Auswanderung aus Deutschland," in *Die Juden in Deutschland 1933–1945*, ed. Wolfgang Benz (Munich: Beck, 1988), 414; Philippe Burrin, *Hitler et les Juifs. Genèse d'un génocide* (Paris: Éditions du Seuil, 1989), 37–65〔フィリップ・ビューラン『ヒトラーとユダヤ人――悲劇の起源をめぐって』佐川和茂／佐川愛子訳、三交社、1996年〕

132. Wetzel, "Auswanderung," 426.

133. Hans Christian Jasch, *Staatssekretär Wilhelm Stuckart und die Judenpolitik* (Munich: Oldenbourg, 2012), 316–40（ヴァンゼー会議）, 392–424（戦争犯罪裁判）。

134. Stuckart, "Nationalsozialismus und Staatsrecht," 15:23. Wilhelm Stuckart and Hans Globke, *Kommentare zur deutschen Rassengesetzgebung* (Berlin: Beck, 1936), 1:15 の序文に掲載されたこのくだりはもっと抑制されたものだった。追放計画から絶滅計画へのシュトゥッカートの転換についての詳しい説明は Jasch, *Staatssekretär Wilhelm Stuckart*, 290–372 を参照。

135. Reichsgesetzblatt (1933), 1:529.

136. Uwe Dietrich Adam, *Judenpolitik im Dritten Reich* (Düsseldorf: Droste, 1972), 80–81.

137. 同上。

138. Jörg Schmidt, *Otto Koellreutter, 1883–1972* (New York: Lang, 1995); Michael Stolleis, "Koellreutter, Otto," in *Neue Deutsche Biographie*, vol. 12 (1979), 324–25, https://www.

deutsche-biographie.de/gnd119235935.html#ndbcontent. ミュンヘンおよびナチス・ドイツにおけるケルロイターの役割については Michael Stolleis, *A History of Public Law in Germany, 1914–1945*, trans. Thomas Dunlap (Oxford: Oxford University Press, 2004), 300およびたとえば327を参照。かなり後になってケルロイターはナチス政権への忠誠心を失った。

139. Rolf Peter, "Bevölkerungspolitik, Erb- und Rassenpflege in der Gesetzgebung des Dritten Reiches," *Deutsches Recht* 7 (1937): 238n1. そのほかの大英帝国の法律については、前述の注73–78を参照。

140. Koellreutter, *Grundriß der allgemeinen Staatslehre*, 51–52.

141. たとえば Berthold Schenk Graf von Stauffenberg, "Die Entstehung der Staatsangehörigkeit und das Völkerrecht," *Zeitschrift für Ausländisches öffentliches Recht und Völkerrecht* 4 (1934): 261–76, 261, 270 を参照。その10年後にヒトラー暗殺を企てたのは、言わずもがなこのシュタウフェンベルク家の一員であった。

142. 数多くあるなかでも、たとえば Gerhard Röhrborn, "Der Autoritäre Staat" (diss., Jena, 1935), 53; Adalbert Karl Steichele, *Das deutsche Staatsangehörigkeitsrecht auf Grund der Verordnung über die deutsche Staatsangehörigkeit vom 5. Februar 1934* (Munich: Schweitzer, 1934), 16; Theodor Maunz, *Neue Grundlagen des Verwaltungsrechts* (Hamburg: Hanseatische Verlags-Anstalt, 1934), 10n3 を参照。

143. Robert Deisz, "Rasse und Recht," in *Nationalsozialistisches Handbuch für Recht und Gesetzgebung*, 2nd ed., ed. Hans Frank (Munich: Zentralverlag der NSDAP, 1935), 47. この項目は第2版において追加された。

144. Valdis O. Lumans, *Himmler's Auxiliaries: The Volksdeutsche Mittelstelle and the German National Minorities of Europe, 1933–1945* (Chapel Hill: University of North Carolina Press, 1993), 89 を参照。キアーはドイツ民族対策本部 (Volksdeutsche Mittelstelle) の末端職員の典型だとしても、わりと教養のある有識者集団に属しており、武装親衛隊のからんだおぞましい虐待とのかかわりは薄い人物だ。同上、55–56, 58を参照。

145. Herbert Kier, "Volk, Rasse und Staat," in *Nationalsozialistisches Handbuch für Recht und Gesetzgebung*, 1st ed., ed. Hans Frank (Munich: Zentralverlag der NSDAP, 1935), 28.

146. Edgar Saebisch, *Der Begriff der Staatsangehörigkeit* (Borna-Leipzig: Noske, 1935), 42. この論述が提出された1934年の日付については表紙裏を参照。

147. Martin Staemmler, *Rassenpflege im völkischen Staat* (Munich: Lehmann 1935), 49.

148. Sahm, *Die Vereinigten Staaten von Amerika*, 134.「教育」の方法に対するナチスの関心については第2章を参照。

149. Otto Harlander, "Französisch und Englisch im Dienste der rassenpolitischen Erziehung," *Die Neueren Sprachen* 44 (1936): 61–62. ナチスへの傾倒がみられない、同時代の別の例については Josef Stulz, *Die Vereinigten Staaten von Amerika* (Freiburg im Breisgau: Herder, 1934), 314 を参照。さらに1930年代前半の文献でナチスがアメリカの移民法をよく引き合いに出していた例については Drascher, *Vorherrschaft der Weissen Rasse*, 370; Steichele, *Das deutsche Staatsangehörigkeitsrecht*, 14; Gottfried Neesse, *Die Nationalsozialistische Deutsche Arbeiterpartei. Versuch einer Rechtsdeutung* (Stuttgart: W. Kohlhammer,

1935), 169n19 を参照。

150. Krieger, *Rassenrecht*, 74–109.

151. Cornelia Essner, *Die "Nürnberger Gesetze" oder die Verwaltung des Rassenwahns, 1933–1945* (Paderborn: Schöningh, 2003), 82–83.

152. Kurt Daniel Stahl, "Erlösung durch Vernichtung. Von Hitler zu Nasser. Das bizarre Schicksal des deutschen Edelmannes und Professors Johann von Leers," *Die Zeit*, May 30, 2010, http://www.zeit.de/2010/22/GES-Johann-von-Leers.

153. Johann von Leers, *Blut und Rasse in der Gesetzgebung. Ein Gang durch die Völkergeschichte* (Munich: Lehmann, 1936), 80–103.

154. Saebisch, *Begriff der Staatsangehörigkeit*, 45–46.

155. 同上、43.

156. The Cable Act of 1922 (ch. 411, 42 Stat. 1021, "Married Women's Independent Nationality Act"), Sec. 3. これは以下で論じられたためドイツに知られることとなった。Karl Zepf, "Die Staatsangehörigkeit der verheirateten Frau" (diss., Tübingen, 1929), 17–18. このドイツの文献が認識していたように、アメリカは外国人と結婚した新婦の市民権を剝奪する規則をもつ唯一の国ではなかった。ほかにも多くの例が以下にあげられている。Hans Georg Otto Denzer, "Die Statutenkollision beim Staatsangehörigkeitserwerb" (diss., Erlangen, 1934), 34; Alfons Wachter, "Die Staatlosen" (diss., Erlangen, 1933), 24–25. このケーブル法の特徴は言うまでもなく、その人種にもとづく性質にあった。

157. Saebisch, *Begriff der Staatsangehörigkeit*, 44–45.

158. Leers, *Blut und Rasse*, 127.

159. Bernhard Lösener, "Staatsangehörigkeit und Reichsbürgerrecht," in Lammers et al., *Grundlagen, Aufbau und Wirtschaftsordnung*, 13:32.

160. Stuckart and Globke, *Kommentare*, 76.

161. Friedrich Luckwaldt, *Das Verfassungsleben in den Vereinigten Staaten von Amerika* (Berlin: Stilke, 1936), 47.

162. *Der SA-Führer* 1939, Sonderhe 10/11, 16.

163. "Wie Rassenfragen Entstehen. Weiß und Schwarz in Amerika," *Neues Volk. Blätter des Rassenpolitischen Amtes der NSDAP* 4, no. 3 (1936): 14.

164. Leers, *Blut und Rasse*, 115.

165. 当時のドイツの世論に関するさまざまな学術的見解の調査による、その背景については Robert Gellately, *Backing Hitler: Consent and Coercion in Nazi Germany* (Oxford: Oxford University Press, 2001), 121–24〔ロバート・ジェラテリー『ヒトラーを支持したドイツ国民』根岸隆夫訳、みすず書房、2008年〕を参照。

166. Christian Albert, "Die Staatlosen" (Niedermarsberg: Boxberger, 1933) (diss., Göttingen, 1933), 8–9: "Schwebezustand."

167. Heinrich Krieger, "Das Rassenrecht in den Vereinigten Staaten,"*Verwaltungsarchiv* 39 (1934): 327.

168. Dr. L., "Das Rassenrechtsproblem in den Vereinigten Staaten," *Deutsche Justiz* 96 (September 21, 1934): 1198. これは、もっと広範なナチスの読者を対象とした、ハインリヒ・ク

リーガーによる同じテーマの1934年の論文を要約した記事だ。

169. Dietrich Zwicker, *Der amerikanische Staatsmann John C. Calhoun, ein Kämpfer gegen die "Ideen von 1789"* (Berlin: Ebering, 1935), 66, 68.

170. 同上, 68. ツヴィッカーは黒人の国外追放とシオニズムのどちらも成功するとは思っていなかった。

171. たとえば *Deutsche Justiz* 98 (1936): 130.

172. たとえば第2章のグラウの説明ならびに Adam, *Judenpolitik im Dritten Reich*, 46–64 を参照。

173. とくに William Archibald Dunning, *Reconstruction, Political and Economic, 1865–1877* (New York: Harper, 1907), xiv「自身の種の敵によって服従させられた南部の白人は、この闘いを通して、他人種に永久的な服従を迫るその企てを阻止した」を参照。ダニング派の息の長い影響については Hugh Tulloch, *The Debate on the American Civil War Era* (Manchester: Manchester University Press, 1999) を参照。またダニング派が1920年代から1930年代前半まで引き続き力をもっていたことについては Eric Foner, *Reconstruction: America's Unfinished Revolution, 1863–1877* (New York: Harper & Row, 1989), xx-xxi を参照。

174. Krieger, "Das Rassenrecht in den Vereinigten Staaten," 329.

175. 同上、326–28.

176. 同上、330–31.

177. Sahm, *Die Vereinigten Staaten von Amerika*, 80 および全般的には78–80.

178. 同上、95、および全般的には92–96.

179. Leers, *Blut und Rasse*, 87–88.

180. Hitler, *Mein Kampf*, 490 (= Hitler, *Mein Kampf. Eine kritische Edition*, 2:1117)〔アドルフ・ヒトラー『わが闘争　完訳』改版上下巻、平野一郎／将積茂訳、角川文庫、2001年。本文での引用は同書の訳文による〕

181. Sahm, *Die Vereinigten Staaten von Amerika*, 97. さらに97–99にも掲載。ザームはニュルンベルク法との類似について明確には言及しなかったが、1936年の歴史的状況において、それはまぎれもなく存在した。彼がプエルトリコ人に言及したことは、彼らの市民権の状況が1917年にすでに変わっていたことを反映する。Christina Duffy Burnett and Burke Marshall, "Between the Foreign and the Domestic: The Doctrine of Territorial Incorporation, Invented and Reinvented," in *Foreign in a Domestic Sense: Puerto Rico, American Expansion and the Constitution*, ed. Christina Duffy Burnett and Burke Marshall (Durham, NC: Duke University Press, 2001), 17 を参照。

182. Sahm, *Die Vereinigten Staaten von Amerika*, 98–100. ここでもニュルンベルク法への言及はとくにないが、この法律はこのテーマのいかなる法学論説の背景にも明らかに存在する。

183. 同上、98–99.

184. 同上、98–100. ここでもとくにニュルンベルク法への言及はない。

185. Drascher, *Vorherrschaft der Weissen Rasse*, 213.

186. Krieger, *Rassenrecht*, 307.

187. Charles Vibbert, "La génération présente aux États-Unis," *Revue des Deux Mondes* 58 (1930): 329–45, 332.
188. Bertram Schrieke, *Alien Americans: A Study of Race Relations* (New York: Viking, 1936), 125.
189. Gunnar Myrdal, *An American Dilemma: The Negro Problem and Modern Democracy* (New York: Harper, 1944), 1:458.
190. Krieger, *Rassenrecht*, 305.
191. Saebisch, *Begriff der Staatsangehörigkeit*, 45–46.
192. 同上、46（アメリカの移民立法は、アメリカの人種立法においてこの著者が無数の隙間と認めるものを埋めはじめていた）。
193. Fitzgerald and Cook-Martin, *Culling the Masses*, 7.

第2章　ナチスの血とナチスの名誉を守る

1. たとえば Claus Eichen, *Rassenwahn. Briefe über die Rassenfrage* (Paris: Éditions du Carrefour, 1936).
2. Gerhard Werle, *Justiz-Strafrecht und polizeiliche Verbrechensbekämpfung im Dritten Reich* (Berlin: De Gruyter, 1989), 179.
3. Entscheidungen des Reichsgerichts in Strafsachen 72, 91, 96 (Decision of 23.2.1938): "eines der Grundgesetze des nationalsozialistischen Staates"; さらに *Deutsche Justiz* 100 (1938): 422–24.
4. Gustav Klemens Schmelzeisen, *Das Recht im nationalsozialistischen Weltbild. Grundzüge des deutschen Rechts*, 3rd ed. (Leipzig: Kohlhammer, 1936), 84.
5. Wilhelm Stuckart and Hans Globke, *Kommentare zur deutschen Rassengesetzgebung* (Berlin: Beck, 1936), 1:15.
6. Matthias Schmoeckel, "Helmut Nicolai," in *Neue Deutsche Nationalbiographie* 19 (Berlin: Duncker & Humblot, 1999), 205; また Klaus Marxen, *Der Kampf gegen das liberal Strafrecht. Eine Studie zum Antiliberalismus in der Strafrechtswissenschaft der zwanziger und dreißiger Jahre* (Berlin: Duncker & Humblot, 1975), 90–91 も参照。
7. ゲルケの仕事については Cornelia Essner, *Die "Nürnberger Gesetze" oder die Verwaltung des Rassenwahns, 1933–1945* (Paderborn: Schöningh, 2003), 76–82; Alexandra Przyrembel, *"Rassenschande". Reinheitsmythos und Vernichtungslegitimation im Nationalsozialismus* (Göttingen: Vandenhoeck & Ruprecht, 2003), 103 and 103n112 を参照。
8. Bernd-Ulrich Hergemöller, *Mann für Mann. Biographisches Lexikon zur Geschichte von Freundesliebe und Mann-Männlicher Sexualität im Deutschen Sprachraum* (Hamburg: Männerschwarmskript, 1998), 275, 536–37 を参照。またニコライのシュヴァルツヴァルト（黒い森）での逮捕、自白、その後の結婚については Martyn Housden, *Helmut Nicolai and Nazi Ideology* (Houndmills: Macmillan, 1992), 111 を参照。
9. Przyrembel, *"Rassenschande"*; Cornelia Essner, "Die Alchemie des Rassenbegriffs," *Jahrbuch des Zentrums für Antisemitismusforschung* 4 (1995): 201–25.
10. ナチスの政策目標としての「教育および啓蒙」については、以下の注75および86を参照。

11. Przyrembel, *"Rassenschande,"* 104.
12. Helmut Nicolai, *Die Rassengesetzliche Rechtslehre. Grundzüge einer nationalsozialistischen Rechtsphilosophie* (Munich: Eher, 1932), 27.
13. 同上、45-46. 市民権と異人種混交という二つの問題を、1930年にアルフレート・ローゼンベルクが結びつけたことについては Essner, *"Nürnberger Gesetze,"* 56 を参照。またヒトラーについては同上、58を参照。
14. Arno Arlt, "Die Ehehindernisse des BGB in ihrer geschichtlichen Entwicklung und im Hinblick auf künftige Gestaltung" (diss., Jena, 1935) (submitted December 15, 1934), 87.
15. Heinrich Krieger, *Das Rassenrecht in den Vereinigten Staaten* (Berlin: Junker & Dünnhaupt, 1936), 311: "die von Negern oft verübte Notzucht an weißen Frauen." アメリカ南部の裁判所は、それから20年後も依然として同じ見解を支持していた。*McQuirter v. State*, 36 Ala. App. 707, 63 So. 3d 388 (1953) を参照。
16. *Pace & Cox v. State*, 69 Alabama Rep. 231, 232 (1882). 以下にて翻訳および引用され、論じられている。Detlef Sahm, *Die Vereinigten Staaten von Amerika und das Problem der nationalen Einheit* (Berlin: Buchholz & Weisswange, 1936), 68.
17. 以下でとりあげられ、論じられている。David Bernstein, *Rehabilitating Lochner: Defending Individual Rights against Progressive Reform* (Chicago: University of Chicago Press, 2011), 80-81.
18. ビルボは以下で引用され、論じられている。Ira Katznelson, *Fear Itself: The New Deal and the Origins of Our Time* (New York: Liveright, 2013), 86.
19. たとえば Philippa Levine, "Anthropology, Colonialism and Eugenics," in *Oxford Handbook of the History of Eugenics*, ed. Alison Bashford and Philippa Levine (New York: Oxford University Press, 2010), 52-54.
20. 1934年6月5日の刑法改正委員会（Strafrechtskommission）の筆記録。以下に掲載。Jürgen Regge and Werner Schubert, eds., *Quellen zur Reform des Straf- und Strafprozeßrechts* (Berlin: De Gruyter, 1989), 2:2, pt. 2:277.
21. Richard Espenschied, *Rassenhygienische Eheverbote und Ehebeschränkungen aus allen Völkern und Zeiten* (Stuttgart: Olnhausen & Warth, 1937), 合衆国の法律の調査は52-54、またその他の国々では禁止は教会に委ねられていたことについては57。
22. 1871年の帝国刑法典のもとドイツの刑法で重婚が禁止されていたことについては Reichsstrafgesetzbuch § 171 を参照。重婚以外の結婚形態を犯罪とした先例はたしかに存在したが、筆者の知るかぎりナチスはこれらを利用しなかった。テオドシウス法典〔ローマ皇帝の発した勅法を集めた法典の一つ〕にはユダヤ人を標的とする異宗教婚を犯罪とすることがふくまれていた。原文と解説については Amnon Linder, *The Jews in Roman Imperial Legislation* (Detroit: Wayne State University Press, 1987), 178-82 を参照。中世の例をたどると、たとえばイベリアについては David Nirenberg, *Communities of Violence: Persecution of Minorities in the Middle Ages* (Princeton: Princeton University Press, 1996), 129-38. 他の複婚形態も当然ながら西欧では原則として起訴の対象となったが、ごく稀であったためニュルンベルク法につながる議論で重視されることはなかった。

23. The Northern Territory Aboriginal Act 1910（SA）（Austl.), s. 22.
24. より広い立法の状況と背景、ならびにオーストラリアの立法がアメリカ人には「比較すれば寛大」に見えたとの結論については Katherine Ellinghaus, *Taking Assimilation to Heart: Marriages of White Women and Indigenous Men in the United States and Australia, 1887–1937*（Lincoln: University of Nebraska Press, 2006), 202–3 を参照。ニュージーランドでの運動の影響がかぎられていたことについては Angela Wanhalla, *Matters of the Heart: A History of Interracial Marriage in New Zealand*（Auckland: Auckland University Press, 2013), 134–38 を参照。とくに南アフリカでは異人種混交禁止法が存在しないという考察については Johann von Leers, *Blut und Rasse in der Gesetzgebung. Ein Gang durch die Völkergeschichte*（Munich: Lehmann, 1936), 113 を参照。
25. Md. Code Ann., Crimes and Punishments, art. 27, §§ 393, 398（1957).
26. たとえば Espenschied, *Rassenhygienische Eheverbote*, 61 では、もっと以前に市民権の剝奪があった例をいくつか認めている。Leers, *Blut und Rasse*, 115. ナチスが発見できた、外国で時折見られる結婚無効の例については Andreas Rethmeier, *"Nürnberger Rassegesetze" und Entrechtung der Juden im Zivilrecht*（New York: Lang, 1995), 140–41n171 を参照。
27. Essner, *"Nürnberger Gesetze,"* 136 を参照。
28. Eduard Meyer, *Die Vereinigten Staaten von Amerika. Geschichte, Kultur, Verfassung und Politik*（Frankfurt: Keller, 1920), 93–94: "Unmasse."
29. Lothar Gruchmann, *Justiz im Dritten Reich, 1933–1940. Anpassung und Unterwerfung in der Ära Gürtner*, 3rd ed.（Munich: Oldenbourg, 2001), 865. Regge and Schubert, *Quellen*, 303（東アジア）のギュルトナー、同上、306（南米と東アジア）のレーゼナー、同上、308（南アジア）のギュルトナーを参照。
30. Peter Longerich, *Holocaust: The Nazi Persecution and Murder of the Jews*（Oxford: Oxford University Press, 2010), 36, 54–57, およびさらなる状況説明は Longerich, *Politik der Vernichtung. Eine Gesamtdarstellung der nationalsozialistischen Judenverfolgung*（Munich: Piper, 1998), 65–115.
31. Otto Dov Kulka, "Die Nürnberger Rassengesetze und die deutsche Bevölkerung im Lichte geheimer NS-Lage- und Stimmungsberichte," *Vierteljahrshefte für Zeitgeschichte* 32（1984): 608. 以下の論文におけるグルックマン（Gruchmann）の説明。"'Blutschutzgesetz' und Justiz," *Vierteljahrshefte für Zeitgeschichte* 31, no. 3（1983): 418–42, 426; Essner, *"Nürnberger Gesetze,"* 110.
32. Krieger, *Rassenrecht*, 311（「リンチ……その典型的な詳細もまた、われわれにはよく知られるようになった」)。クリーガーはユダヤ人に対するポグロムという暴力にとくに言及したわけではないが、この「もまた、われわれにはよく知られるようになった」という表現が、ほかのことをさすとはおよそ考えにくい。
33. たとえば Longerich, *Politik der Vernichtung*, 97–98; Gruchmann, "'Blutschutzgesetz' und Justiz," 428–30.
34. Gunnar Myrdal, *An American Dilemma: The Negro Problem and Modern Democracy*（New York: Harper, 1944), 1:458.
35. Longerich, *Holocaust*, 58–59; Essner, *"Nürnberger Gesetze,"* 109–12; Uwe Dietrich Adam,

Judenpolitik im Dritten Reich（Düsseldorf: Droste, 1972), 115, 120-24.

36. Adam, *Judenpolitik*, 115, 120-24.
37. Gruchmann, *Justiz im Dritten Reich*, 864.
38. Essner, *"Nürnberger Gesetze,"* 96; 政治的背景については Longerich, *Politik der Vernichtung*, 84-95 を参照。
39. その重要性と急進的な性質については Gruchmann, *Justiz im Dritten Reich*, 764-71 を参照。これはたしかに党の公式文書ではなく、当初は実現しなかった計画を推し進めていた急進派のつくったものだ。Marxen, *Der Kampf gegen das liberal Strafrecht*, 120 を参照。
40. Helmut Ortner, *Der Hinrichter: Roland Freisler, Mörder im Dienste Hitlers*（Darmstadt: Wissenschaftliche Buchgesellschaft, 1993)〔ヘルムート・オルトナー『ヒトラーの裁判官フライスラー』須藤正美訳、白水社、2017年〕
41. Gruchmann, *Justiz im Dritten Reich*, 760 を参照。
42. 同上、764-65.
43. 関連する法的議論の豊富な詳細は Rethmeier, *"Nürnberger Rassegesetze,"* 55-69 に掲載されている。既存の結婚を解消させることは困難だったが、それは明白な法的根拠がないためだ。ナチスの理論家らは、このナチスの法律を通すことで人種の帰属の重要性が明白になり、よってアーリア人配偶者が自身の結婚の性質を見誤ったという理由でその結婚に異議をとなえることができると主張し、この問題に対処しようと努めた。同上、56-57を参照。
44. Hanns Kerrl, ed., *Nationalsozialistisches Strafrecht. Denkschrift des Preußischen Justizministers*（Berlin: Decker, 1933), 47-49（以下 *Preußische Denkschrift*)。
45. Regge and Schubert, *Quellen*, 279におけるグラウの発言 "sehr eingeschränkt."
46. *Preußische Denkschrift* , 49.
47. この覚書における計画の勝利をフライスラーが喜んだことについては Gruchmann, *Justiz im Dritten Reich*, 770-71 を参照。
48. たとえば Karl Dietrich Bracher, *The German Dictatorship: The Origins, Structure, and Effects of National Socialism*, trans. Jean Steinberg（New York: Praeger, 1970), 238-40〔K. D. ブラッハー『ドイツの独裁——ナチズムの生成・構造・帰結』1・2巻、山口定／高橋進訳、岩波モダンクラシックス、岩波書店、2009年〕; Norbert Frei, *National Socialist Rule in Germany: The Führer State, 1933-1945*, trans. Simon B. Steyne（Oxford: Blackwell, 1993), 23-27〔ノルベルト・フライ『総統国家——ナチスの支配1933-1945年』芝健介訳、岩波書店、1994年〕; Ian Kershaw. *Hitler, 1889-1936: Hubris*（New York: Norton, 1999), 470-71〔イアン・カーショー『ヒトラー 上 1889-1936 傲慢』川喜田敦子訳、石田勇治監修、白水社、2016年〕。言うまでもなく「長いナイフの夜」を、秩序のための勝利とみなすドイツ人もいたのは事実だ。たとえば同上、517を参照。とはいえ合法性という伝統的な発想の崩壊としての意味があったのは間違いない。
49. グルックマン（Gruchmann）は *Justiz im Dritten Reich*, 868 において初期の論文における自身の判断を繰り返し、ギュルトナーが反対したのは「法的な熟考ならびに

——ギュルトナーのような人物なら受け入れることができる——道徳的な方法」にもとづくと述べている。

50. この証拠を慎重に評価したグルックマンは、ミュンヘン一揆の審議において、おそらくギュルトナーはヒトラーに便宜をはかるような不当な行動はとらなかったと結論している。Gruchmann, *Justiz im Dritten Reich*, 34-48 を参照。

51. 同上、79. 法治国家（Rechtsstaat）に対するギュルトナーの、たとえ条件付きでも辛抱強い信念については同上、68-78を参照。また彼が反ユダヤ主義でないことについては同上、71を参照。「法の秩序の最後の名残を保持する」ために動いた「生粋の保守派」としてのギュルトナーの評価については Elisabeth Sifton and Fritz Stern, *No Ordinary Men: Dietrich Bonhoeffer and Hans von Dohnanyi, Resisters against Hitler in Church and State*（New York: NYRB Books, 2013）, 45 を参照。

52. Claudia Koonz, *The Nazi Conscience*（Cambridge, MA: Harvard University Press, 2003）, 171-77〔クローディア・クーンズ『ナチと民族原理主義』滝川義人訳、青灯社、2006年〕

53. Regge and Schubert, *Quellen*, 285, 286 におけるフライスラーの譲歩と比較。また、たとえば Arlt, "Ehehindernisse des BGB."

54. Rethmeier, *"Nürnberger Rassegesetze,"* 54-69 を参照。

55. 全般的な背景については Rethmeier, *"Nürnberger Gesetze"*, 70-82 を参照。

56. Lawrence Friedman, "Crimes of Mobility," *Stanford Law Review* 43（1991）: 637-58, 638 を参照。「重婚者と詐欺師はどちらもいわば身元詐称の罪をおかしている。彼らの罪は虚偽表示、人格隠蔽、過去についての嘘に科されるものだ」。初期の重婚の形態には、二者間の共謀がより関与していたことに留意すべきだ。Sara A. McDougall, *Bigamy and Christian Identity in Late Medieval Champagne*（Philadelphia: University of Pennsylvania Press, 2012）を参照。

57. Gesetz zur Bekämpfung der Geschlechtskrankheiten, February 18, 1927, Reichsgesetzblatt（1927）, 1:61, § 6; Regge and Schubert, *Quellen*, 290 におけるクレー; Regge and Schubert, *Quellen*, 338 におけるフライスラーを参照。*Preußische Denkschrift* , 50.

58. Regge and Schubert, *Quellen*, 325-26 によると、「悪意ある詐欺」だけを犯罪化することは概念的に矛盾するとの瞠目に値する主張をしたのはドホナーニだった。その理由は、こうした犯罪化によって保護される利害は個人のものであって、プロイセン覚書が求めるような人種のものではないからだ。

59. Essner, *"Nürnberger Gesetze,"* 83.

60. 後出の「「混血児」の定義——血の一滴の掟とアメリカの影響の限度」を参照。

61. Essner はレーゼナーを敵視していたが、それでもこれは彼女の最終的な判断だ。Essner, *"Nürnberger Gesetze,"* 173.

62. 近年の短い伝記については Hans Christian Jasch, *Staatssekretär Wilhelm Stuckart und die Judenpolitik*（Munich: Oldenbourg, 2012）, 481 を参照。またレーゼナーの終戦直後の行動についての詳細は同上、396-97。レーゼナーの伝記は Essner, *"Nürnberger Gesetze,"* 113-34 において懐疑的ではあるが重要に扱われている。関連資料の英語翻訳は Karl Scheunes, ed., *Legislating the Holocaust: The Bernhard Lösener Memoirs and Supporting*

Documents, trans. Carol Scherer (Boulder, CO: Westview, 2001) に所収。

63. Adam, *Judenpolitik*, 135–37; Essner, *"Nürnberger Gesetze,"* 160–61.

64. 以下の注166を参照。

65. 1691年のヴァージニアの法令の際立つ特徴は、1664年のメリーランドの先例とは異なり、「奴隷か自由人か」にかかわらず非白人との関係を禁じるもので、これはもはや主従関係だけにかぎったものではなかった。Peggy Pascoe, *What Comes Naturally: Miscegenation Law and the Making of Race in America* (Oxford: Oxford University Press, 2009), 19–20 を参照。その背景にあるのは、本書で筆者が論じえないきわめて重要な問題、すなわち社会的立場にもとづくヒエラルキーの概念からの、人種にもとづく概念への転換である。Benedict Anderson, *Imagined Communities: Reflections on the Origins and Spread of Nationalism* (London: Verso, 1991), 149–50〔ベネディクト・アンダーソン『想像の共同体――ナショナリズムの起源と流行』白石さや／白石隆訳、書籍工房早山、2007年〕を参照。ヴァージニアの法令と同時代のフランスの法律の差異にはとくに驚かされる。1685年制定の黒人法第９条の関連条項は、異人種混交を禁じるものとはほど遠く、むしろ "dans les formes observées par l'Église"（教会の戒律を遵守したかたちで）の結婚を奨励する意図があった。Robert Chesnais, ed., *Le Code Noir* (Paris: L'Esprit Frappeur, 1998), 21. あくまで1724年制定の黒人法が第６条で禁止を導入した。同上、43–44。1685年の法律から1724年の法律への転換については Peter Sahlins, *Unnaturally French: Foreign Citizens in the Old Regime and After* (Ithaca, NY: Cornell University Press, 2004), 182–83 を参照。フランスの立法および判断への言及ならびに異人種混交の規則が実際には適用されなかったとの指摘は Louis Charles Antoine Allemand, *Traité du Mariage et de ses Effets* (Paris: Durand, 1853), 1:129–30 を参照。西側における初期の異種混交禁止法は、人種間ではなく異宗教間の結婚に焦点を当てていた。注22ならびにたとえば Dagmar Freist, "Between Conscience and Coercion: Mixed Marriages, Church, Secular Authority, and Family," in *Mixed Matches: Transgressive Unions in Germany from the Reformation to the Enlightenment*, ed. David M. Luebke and Mary Lindemann (New York: Berghahn, 2014), 104–9 を参照。

66. アメリカの異人種混交に関する立法への関心は、影響力ある書籍 Geza von Hoffman's *Rassenhygiene in den Vereinigten Staaten* of 1913 にも見られた。Stefan Kühl, *The Nazi Connection: Eugenics, American Racism, and German National Socialism* (New York: Oxford University Press, 1994),16〔シュテファン・キュール『ナチ・コネクション――アメリカの優生学とナチ優生思想』麻生九美訳、明石書店、1999年〕を参照。

67. Mont. Code Ann., ch. 49 §§ 1–4 (1909); S.D. Civil Code, ch. 196 § 1 (1909); N.D. Cent. Code., ch. 164, § 1 (1909); Wyo. Stat. Ann., ch. 57, § 1 (1913).

68. Jens-Uwe Guettel, *German Expansionism, Imperial Liberalism, and the United States, 1776–1945* (Cambridge: Cambridge University Press, 2012), 127–60. アメリカに熱をあげていたせいでドイツ人は少なくとも一度はミスをおかした。Franz-Josef Schulte-Althoff, "Rassenmischung im kolonialien System. Zur deutschen Rassenpolitik im letzten Jahrzehnt vor dem Ersten Weltkrieg," *Historisches Jahrbuch* 105 (1985): 64 では、「アメリカ人」の聖職者モンゴメリーが発した反異人種混交の見解をドイツが称賛したと記しているが、

モンゴメリーはイギリス人だった。ドイツ人を熱狂させたこの発言は *The Pan-Anglican Congress, 1908: Special Report of Proceedings &c., Reprinted from The Times*（London: Wright, 1908), 122 で確認できる。より広い政治的状況および歴史については Dieter Gosewinkel, *Einbürgern und Ausschließen. Die Nationalisierung der Staatsangehörigkeit vom Deutschen Bund bis zur Bundesrepublik Deutschland*（Göttingen: Vandenhoek & Ruprecht, 2001), 303–9 を参照。

69. Wahrhold Drascher, *Die Vorherrschaft der Weissen Rasse*（Stuttgart: Deutsche Verlags-Anstalt, 1936), 217.

70. Birthe Kundrus, "Von Windhoek nach Nürnberg? Koloniale 'Mischehenverbote' und die nationalsozialistische Rassengesetzgebung," in *Phantasiereiche. Zur Kulturgeschichte des deutschen Kolonialismus*, ed. Birthe Kundrus（Frankfurt: Campus, 2003), 110–31 を参照。

71. この会議の重要性と議論の入念な説明については Gruchmann, *Justiz im Dritten Reich*, 864–68; Przyrembel, *"Rassenschande,"* 137–43; Essner, *"Nürnberger Gesetze,"* 99–106 を参照。また Koonz, *Nazi Conscience*, 171–77〔クローディア・クーンズ『ナチと民族原理主義』滝川義人訳、青灯社、2006年〕も参照。本書では "Strafrechtskommission" を「刑法改正委員会 Commission for Criminal Law Reform」と訳した。

72. 速記録には完全版と、出席者と相談のうえ編集した短縮版が存在する。Regge and Schubert, *Quellen*, 223n1. 本書で筆者は完全版から引用した。

73. この三人とはグラウ、クレー、シェーファー（Schäfer）のことである。*Preußische Denkschrift* , 10–11 を参照。

74. とくに Gruchmann, *Justiz im Dritten Reich*, 865–68 の入念な説明を参照。

75. そのほかの詐欺の形態については Regge and Schubert, *Quellen*, 278; 298, 316 を参照。

76. Przyrembel, *"Rassenschande,"* 138 の判断を参照。また "arglistige Täuschung"（悪意ある詐欺）にもとづく手法をどれほど拡大できるかについての議論の検討は Essner, *"Nürnberger Gesetze,"* 103–4 を参照。またその後の規制の草案過程については同上、151–52を参照。

77. Regge and Schubert, *Quellen*, 281–83. 法の支配の擁護者としてのコールラウシュについては Eberhard Schmidt, *Einführung in die Geschichte der deutschen Strafrechtspflege*, 3rd ed.（Göttingen: Vandenhoeck & Ruprecht, 1965), 450–51 を参照。

78. 以下の注106を参照。

79. ダーム（Dahm）については Regge and Schubert, *Quellen*, 293; フライスラーについては Regge and Schubert, *Quellen*, 288; クレーについては Regge and Schubert, *Quellen*, 290–91.

80. 以下の注84–87におけるグラウの引用を参照。

81. Regge and Schubert, *Quellen*, 288, 300.

82. Regge and Schubert, *Quellen*, 292 におけるダーム（Dahm）の "aktivistischen, führenden Kreisen der Studentenschaft"（活動的で主導的な大学生集団）を参照。グライスパハ（Gleispach）もまた、こうした学生らの要求が実際にあったことを強調した。同上、295–96.

83. たとえば Regge and Schubert, *Quellen*, 2 83–88. この引用は286。フライスラーは、異

種婚を無効にするためには事前に決断——「国家社会主義の原則から導出されるべき政治的決断」——がなされる必要があると認めていた。

84. グラウについては Ernst Klee, *Das Personenlexikon zum Dritten Reich. Wer War Was vor und nach 1945?* (Frankfurt: Fischer, 2003), 197 を参照。引用部分は、以下に掲載されたナチスによるユダヤ人迫害の有力な資料にふくまれる。Götz Aly et al., eds., *Die Verfolgung und Ermordung der europäischen Juden durch das nationalsozialistische Deutschland* (Munich: Oldenbourg, 2008), 1:346–49.
85. Regge and Schubert, *Quellen*, 280. フライスラーは "Verletzung der Rassenehre" (人種の名誉を傷つけること) に対して提案される犯罪化は、「有色人種」に対する明確な言及を控えることで有効にしうると考えていた。同上、287, 308–309。ほかでは彼は「有色人種」という言葉を擁護した。以下の注117を参照。
86. Regge and Schubert, *Quellen*, 278–79.
87. 同上、279.
88. クレーについて、以下の注104を参照。
89. Regge and Schubert, *Quellen*, 280–81.
90. 同上、281.
91. 同上、281–82.
92. Sifton and Stern, *No Ordinary Men*, 46–47.
93. 同上、126.
94. Regge and Schubert, *Quellen*, 282.
95. 同上、282.
96. 同上、282.
97. だが、おそらく彼の言っていることはそれほど的外れではなかった。つまり刑事訴追は「散発的」だった。Pascoe, *What Comes Naturally*, 135–36 を参照。
98. Regge and Schubert, *Quellen*, 282.
99. たとえば Regge and Schubert, *Quellen*, 307 において、ギュルトナーはアメリカの法令について詳細に論じている。
100. クレーについては Christian Kasseckert, *Straftheorie im dritten Reich* (Berlin: Logos, 2009), 179 を参照。
101. Regge and Schubert, *Quellen*, 315.
102. *Brown v. Board of Education*, 347 US 483, 494 (1954) を参照。
103. Avraham Barkai, *Vom Boykott zur "Entjudung." Der Wirtschaftliche Existenzkampf der Juden im Dritten Reich* (Frankfurt: Fischer, 1987), 26–28 を参照。
104. Regge and Schubert, *Quellen*, 315.
105. ドイツの法律におけるこの原則の重要性と、ナチスによるその違反については Hans-Ludwig Schreiber, *Gesetz und Richter. Zur geschichtlichen Entwicklung des Satzes nullum crimen, nulla poena sine lege* (Frankfurt: Metzner, 1976) を参照。
106. Regge and Schubert, *Quellen*, 283. ここでは非嫡出出生について述べている。
107. 同上、306.
108. 同上、307.

109. 同上、318. ここではレーゼナーはフライスラーにわずかな譲歩をしつつも、教育および「疑わしきは罰せず」の原則を強調している。
110. Regge and Schubert, *Quellen*, 314 and 319 におけるエルンスト・シェーファー（Ernst Schäfer）および Regge and Schubert, *Quellen*, 310, 312, 320 におけるフライスラーを参照。
111. この発言はシェーファーによるもの。
112. Regge and Schubert, *Quellen*, 319. フライスラーはこの会議の前にこの問題に直面したことはなかったと明言した。同上、313.
113. 同上、319–20.
114. 同上、320.
115. 言うまでもなくこの表現は、「人種の社会的構築」という私たちの時代の表現に共鳴するものとしてここに示した。たとえば Ian F. Haney López, "The Social Construction of Race: Some Observations on Illusion, Fabrication and Choice," *Harvard Civil Rights-Civil Liberties Law Review* 29 (1994): 1–62 を参照。
116. Regge and Schubert, *Quellen*, 320.「外国人種」については前出の注86のグラウの発言を参照。
117. 同上。フライスラーは世襲農地法（Erbhofgesetz）のもとでの裁判所の働きを念頭に置いていた。Regge and Schubert, *Quellen*, 309, 317 およびとくに320. グラウもまた世襲農地法に注目していた。同上、278. シェーファーは「科学的」な手法よりも「原初的」な手法を擁護した。同上、314.
118. Robert Rachlin, "Roland Freisler and the Volksgerichtshof: The Court as an Instrument of Terror," in *The Law in Nazi Germany: Ideology, Opportunism, and the Perversion of Justice*, ed. Alan E. Steinweis and Robert D. Rachlin (New York: Berghahn, 2013), 63. たとえば Uwe Wesel, "Drei Todesurteile pro Tag," *Die Zeit*, February 3, 2005, http://www.zeit.de/2005/06/A-Freisler と比較。
119. Regge and Schubert, *Quellen*, 310, 312, 320.
120. 同上、321. 同上、323と比較。
121. Essner, *"Nürnberger Gesetze,"* 102 を参照。ここでは彼を（筆者が思うに間違って）「クルト（Kurt）」と呼んでいる。
122. Regge and Schubert, *Quellen*, 334.
123. たとえばモンタナ州法を詳細に論じた同上、316におけるギュルトナー。
124. 以下の注145–148の原典を参照。
125. Regge and Schubert, *Quellen*, 227n3.
126. Heinrich Krieger, "Principles of the Indian Law and the Act of June 18, 1934," *George Washington Law Review* 3 (1935): 279–308, 279.
127. 同上。
128. オットー・ケルロイターをはじめとする人びとへの彼の謝意については Krieger, *Rassenrecht*, 11 を参照。デュッセルドルフのドイツ学術扶助会（Notgemeinschaft der deutschen Wissenschaft）でフェローを務めたことは Krieger, "Principles of the Indian Law," 279 を参照。

129. Heinrich Krieger, "'Eingeborenenrecht?' Teleologische Begriffsbildung als Ausgangspunkt für die Kritik bisherigen und den Aufbau zukünftigen Rechts," *Rasse und Recht* 2（1938）: 116-30 を参照。これはウィントフック（ナミビア）で書かれたもので、クリーガーは「ナチ党人種政策局職員（Mitarbeiter des Rassenpolitischen Amtes der NSDAP）」となっている。

130. Heinrich Krieger, *Das Rassenrecht in Südafrika*（Berlin: Junker & Dünnhaupt, 1944）, 12. 彼の初期のアフリカでの著述は Krieger, "'Eingeborenenrecht?' "; Heinrich Krieger, *Das Rassenrecht in Südwestafrika*（Berlin: Junker & Dünnhaupt, 1940）を参照。またナチ党人種政策局から南アフリカを研究する任務を与えられたことについては Krieger, *Rassenrecht in Südafrika*, 11 における彼の序文を参照。

131. Krieger, *Rassenrecht in Südafrika*, 11 に、日付とともに「戦線に赴く（Im Felde）」とある。

132. 筆者がその身許を正確につきとめたとすれば、クリーガーはヴァイブルクのフィリップナム・ギムナジウム（Gymnasium Philippinum）で高等学校教諭（Studienrat）のちに上級教諭（Oberstudienrat）となっていた。彼を特定できた理由は、その変わらぬ国際的な見地のみならず、初期に書いていたのと同じブリティッシュ・ワールドについて、引き続き社会科学的手法で執筆していたからだ。Heinrich Krieger, "Fakten und Erkenntnisse aus der englischen Volkszählung," *Die Neueren Sprachen*（neue Folge）1（1952）: 87-91 を参照。フランスとの和解ならびにヨーロッパの統合を提唱する彼の著述については "Europa-Union Oberlahn feiert 60-Jähriges Jubiläum, "http://www.oberlahn.de/29-Nachrichten/nId,178202,Von-der-Gr%C3%BCndung-1954-1955-bis-2014.html; アフリカとアジアへの援助および交換留学の主催者としては "Rund um den Pakistanberg. Völkerfreundschaft an der Lahn," *Die Zeit*, September 4, 1964, http://www.zeit.de/1964/36/rund-um-den-pakistanberg; Wolfgang Henss, "Entwicklungshilfe aus Pakistan. Volksverständigung. Vor 50 Jahren veränderten asiatische Studenten Kubach," *Weilburger Tagesblatt*, August 8, 2014, http://www.mittelhessen.de/lokales/region-limburg-weilburg_artikel,-Entwicklungshilfe-aus-Pakistan-_arid,326225.html; フランスおよびイギリスとの戦後の交換留学の監督については Heinrich Krieger, "Grundsätzliche Erfahrungen aus einem internationalen Schüleraustausch," *Neuphilologische Zeitschrift* 3（1951）: 354-60; ヨーロッパ教育者連盟（Europäischer Erzieherbund）の共同創立者としての活動については Wolfgang Mickel, *Europa durch Europas Schulen. 40 Jahre EBB/AEDE*（n.p.: Frankfurt, 1999）, 2 を参照。

133. Krieger, "Principles of the Indian Law," 304, 308.

134. Guettel, *German Expansionism*, 209 より引用。ただしゲッテルはその脅威を過小に語るのにやぶさかではなかったが。

135. Heinrich Krieger, "Das Rassenrecht in den Vereinigten Staaten,"*Verwaltungsarchiv* 39（1934）: 316. 引用の原文は Thomas Jefferson, *Works*, ed. Paul Leicester Ford（New York: Putnam, 1904）, 1:77 に所収。

136. Krieger, *Rassenrecht*, 49-53.

137. 同上、55-61.

138. 同上、327-49、および平等のイデオロギーの「実生活とかけ離れた実証主義

（lebensfremder Positivismus）」については57。クリーガーの主張については長い説明を要するためここでは語りえない。たとえば *Rassenrecht*, 337–39 では、労働市場における平等のイデオロギーの社会的基盤の説明、そして人種主義的感情が「突破／躍進（break through）」にとって逆傾向をもつことの説明に努めている。

139. バージェス、ダニング（Dunning）およびその信奉者の教義については Hugh Tulloch, *The Debate on the American Civil War Era* (Manchester: Manchester University Press, 1999), 212–20 を参照。また1920年代から30年代前半までダニング派が引き続き力をもっていたことについては Eric Foner, *Reconstruction: America's Unfinished Revolution, 1863–1877* (New York: Harper & Row, 1989), xx-xxi を参照。

140. たとえば本書で引き合いに出したなかでも、とくに Roland Freisler, "Schutz von Rasse und Erbgut im werdenden deutschen Strafrecht," *Zeitschrift der Akademie für deutsches Recht* 3 (1936): 142–46, 146. ここに異人種混交禁止法を擁するアメリカ諸州のリストならびにジム・クロウ法による隔離についての説明が載っている。

141. Krieger, "Rassenrecht,"320.

142. Krieger, *Rassenrecht*, 16.

143. これは *Monroe v. Collins*, 17 Ohio St. 665（1867）をさす。

144. Krieger, "Rassenrecht,"319–20.

145. Herbert Kier, "Volk, Rasse und Staat," in *Nationalsozialistisches Handbuch für Recht und Gesetzgebung*, 1st ed, ed. Hans Frank (Munich: Zentralverlag der NSDAP, 1935), 17–28.

146. 同上、26–27.

147. Arthur Gütt, Herbert Linden, and Franz Maßfeller, *Blutschutz- und Ehegesundheitsgesetz* 2nd ed., (Munich: Lehmann, 1937), 17–19. これは *Rassenpolitische Auslands-Korrespondenz* に再掲載されたものをさらに転載したものだ。同上、17.

148. Kier, "Volk, Rasse und Staat,"27–28. 以下にも出典を明示せずに掲載されている。Gütt, Linden, and Maßfeller, *Blutschutz- und Ehegesundheitsgesetz*, 19.

149. Kier, "Volk, Rasse und Staat," 28.

150. 同上、28.

151. ドイツ語以外の文献での言及はほとんど見つからなかった。筆者の調べたアメリカで保管されるその写しのうち、プリンストンとコロンビア両大学のものが戦後に所蔵されており、その時期にナチスの図書館の蔵書がアメリカの諸大学に分配されたに違いない。ただしイェール大学のものは1935年に所蔵されている。

152. Helmut Nicolai, "Rasse und Recht,"in *Deutscher Juristentag* (Berlin: Deutscher Rechts-Verlag, 1933), 1:176.

153. *Preußische Denkschrift* , 47. ただしイタリック〔訳文では傍点〕は筆者によるもの。

154. Konrad Zweigert and Hein Kötz, *Introduction to Comparative Law*, 3rd ed., trans. Tony Weir (New York: Oxford University Press, 1998), 16〔K・ツヴァイゲルト／H・ケッツ『比較法概論原論――私法の領域における』上下巻、大木雅夫訳、東京大学出版会、1974年。ただし邦訳は第 1 版の第 1 巻のみの翻訳である〕

155. Philipp Depdolla, *Erblehre, Rasse, Bevölkerungspolitik; vornehmlich für den Unterricht in höheren Schulen bestimmt* (Berlin: Metzner, 1934), 90.

156. Otto Harlander, "Französisch und Englisch im Dienste der rassenpolitischen Erziehung," *Die Neueren Sprachen* 44 (1936): 62.
157. Essner, *"Nürnberger Gesetze,"* 77–78, 81.
158. Bill Ezzell, "Laws of Racial Identification and Racial Purity in Nazi Germany and the United States: Did Jim Crow Write the Laws That Spawned the Holocaust?," *Southern University Law Review* 30 (2002–3): 1–13; Judy Scales-Trent, "Racial Purity Laws in the United States and Nazi Germany: The Targeting Process," *Human Rights Quarterly* 23 (2001): 259–307.
159. [Anon.], "Volkstümer und Sprachwechsel," *Nation und Staat: Deutsche Zeitschrift für das europäische Minoritätenproblem* 9 (1935): 348. この雑誌はウィーンで刊行されたが、この記事は何か別の、おそらくドイツの出典から引用の断りなく転載されたものだ。
160. 同上。
161. 同上。
162. Leers, *Blut und Rasse*, 89–90.
163. これは *Bell v. State*, 33 Tex. Cr. R. 163 (1894) をさす。ここでのクリーガーの出典はおそらく Gilbert Thomas Stephenson, *Race Distinctions in American Law* (New York: Appleton, 1910), 17 である。「一部の州は身体的特徴のほかに事実を人種の推定根拠と認めてきた。そのため、ノースカロライナでは1865年に奴隷だった者はニグロであるとみなされた。通常ニグロを連想させる事実は、同州ではその者をニグロであると判事が示すにいたる妥当な証拠と考えられる。ある女性の最初の夫が白人である場合、テキサスにおいてその事実は彼女が白人であると示すにいたる証拠能力のある証拠となる」
164. *Entwurf zu einem Gesetz zur Regelung der Stellung der Juden,* in Otto Dov Kulka, ed., *Deutsches Judentum unter dem Nationalsozialismus* (Tübingen: Mohr Siebeck, 1997), 1:38. さらに Aly et al., eds., *Verfolgung und Ermordung der europäischen Juden*, 1:123–24 にも掲載。この提案を穏健派と関連づけたことについては Essner, *"Nürnberger Gesetze,"* 84 を参照。
165. こうした規則の草案過程については Essner, *"Nürnberger Gesetze,"* 155–73 を参照。また Jeremy Noakes によるそれ以前の説明については "'Wohin gehören die "Judenmischlinge"?' Die Entstehung der ersten Durchführungsverordnung zu den Nürnberger Gesetzen," in *Das Unrechtsregime. Internationale Forschung über den Nationalsozialismus*, ed. Ursula Büttner (Hamburg: Christians, 1986), 2:69–89 を参照。
166. 原文は以下で閲覧できる。http://www.verfassungen.de/de/de33-45/reichsbuerger35-v1.htm.
167. Bernhard Lösener, "Staatsangehörigkeit und Reichsbürgerrecht," in *Grundlagen, Aufbau und Wirtschaftsordnung des Nationalsozialistischen Staates*, ed. H.-H. Lammers et al. (Berlin: Spaeth & Linde, 1936), 13:32. シュトゥッカートおよびグロプケ (Globke) といった強硬派の見方によれば、問題は傾向ではなく血統にあった。「ユダヤ人と結婚することは第一級の混血児であることの証明であって、ユダヤ人の血の割合がドイツ人の血の割合よりも強い影響を与えているということだ」。Stuckart and Globke, *Kommentare*, 76.

168. 第1章を参照。たしかに結婚により女性が市民権を失う可能性はよく知られ、かなり議論を呼び、これがナチスの思考にある程度影響を与えたのは明らかだ。Adalbert Karl Steichele, *Das deutsche Staatsangehörigkeitsrecht auf Grund der Verordnung über die deutsche Staatsangehörigkeit vom 5. Februar 1934*（Munich: Schweitzer, 1934), 69 を参照。ただしこのケーブル法の特徴は、とくに人種にもとづくその性質にあった。

終章　ナチスの目から見たアメリカ

1. 以下より引用。Roland Peter, "Es ging nur noch darum, wie man stirbt," *Die Zeit*, http://www.zeit.de/1990/45/es-ging-nur-noch-darum-wie-man-stirbt/komplettansicht.
2. ワルシャワの最高幹部(Spitzenfunktionär）であるフィッシャーについては Josef Wulf, *Das Dritte Reich und seine Vollstrecker. Die Liquidation von 500 000 Juden im Ghetto Warschau*（Berlin: Arani, 1961), 311–12; ならびに、たとえば Reuben Ainsztein, *The Warsaw Ghetto Revolt*（New York: Holocaust Library, 1979), 3, 105 を参照。フィッシャーは今ではほとんど忘れられているが、1930年代前半のその仕事は、最近の定番の書籍に収められている。Ludwig Fischer, "Rasseschande als strafbare Handlung（1935)," in *Rechtfertigungen des Unrechts. Das Rechtsdenken im Nationalsozialismus in Originaltexten*, ed. Herlinde Pauer-Studer and Julian Fink（Berlin: Suhrkamp, 2014), 411–15 を参照。
3. 1933年1月に1ドルは4.2ライヒスマルクだったが、1934年1月には2.61ライヒスマルクに下落し、1935年1月には2.48ライヒスマルクに下落した。以下の表を参照。http://www.history.ucsb.edu/faculty/marcuse/projects/currency.htm.
4. "Herbst-Studienfahrt des BNSDJ. nach Nordamerika," *Deutsches Recht* 5（1935): 379.
5. "Studienfahrt des BNSDJ. nach den Vereinigten Staaten von Nordamerika," *Wirtschaftstreuhänder* 14/15（1935): 344 を参照。
6. "Studienfahrt des BNSDJ. nach Nordamerika," *Deutsche Justiz* 97（1935): 1424, col. 2.
7. "Brodsky Releases 5 in Bremen Riot," *New York Times*, September 7, 1935, 1, 5.
8. "Hotel Is Picketed as Nazis Depart," *New York Times*, September 28, 1935, L13.
9. 同上。
10. 同上。
11. http://www.dailymail.co.uk/news/article-2296911/Amon-Goeth-Did-executed-Nazi-murderer-Schindlers-List-escape-justice.html を参照。ニューヨーク市法曹協会には残念ながら彼らの訪問記録はいっさい保管されていない。
12. Johnpeter Horst Grill and Robert L. Jenkins, "The Nazis and the American South in the 1930s: A Mirror Image?," *Journal of Southern History* 58, no. 4（November 1992): 667–94; George Fredrickson, *Racism: A Short History*（Princeton: Princeton University Press, 2002), 2, 129〔ジョージ・M・フレドリクソン『人種主義の歴史』李孝徳訳、みすず書房、2009年〕
13. Ariela J. Gross, *What Blood Won't Tell: A History of Race on Trial in America*（Cambridge, MA: Harvard University Press, 2008), 5–7 を参照。
14. たとえば Bertram Schrieke, *Alien Americans: A Study of Race Relations*（New York: Viking, 1936）を参照。.
15. Edgar Saebisch, *Der Begriff der Staatsangehörigkeit*（Borna-Leipzig: Noske, 1935), 42.

16. David Scott Fitzgerald and David Cook-Martin, *Culling the Masses: The Democratic Origins of Racist Immigration Policy in the Americas* (Cambridge, MA: Harvard University Press, 2014), 7.
17. Fitzgerald and Cook-Martin, *Culling the Masses*, 260 は、バルガス〔ブラジルの大統領〕による合衆国由来のモデルの輸入を論じている。
18. Marilyn Lake and Henry Reynolds, *Drawing the Global Colour Line: White Men's Countries and the International Challenge of Racial Equality* (Cambridge: Cambridge University Press, 2008), 29, 35, 49–74（ブライスの影響), 80, 119, 129–31, 138–44, 225, 269. レイクとレイノルズはアメリカがオーストラリアを称賛していたことにも気づいていた。たとえば313。たしかに白人が共有する使命についてはもっと広く意識されていた。とはいえ彼らが調べたブライスなどの人物が示すように、彼らの研究からアメリカの例が傑出していることは明白である。
19. Jens-Uwe Guettel, *German Expansionism, Imperial Liberalism, and the United States, 1776–1945* (Cambridge: Cambridge University Press, 2012), 127–60.
20. Andreas Rethmeier, *"Nürnberger Rassegesetze" und Entrechtung der Juden im Zivilrecht* (New York: Lang, 1995), 140 が述べたように、そのおもな例は、南アフリカによる人種間の婚外交渉の犯罪化だった。たとえば Rolf Peter, "Bevölkerungspolitik, Erb- und Rassenpflege in der Gesetzgebung des Dritten Reiches," *Deutsches Recht* 7 (1937): 238n1 を参照。この婚外交渉の問題は本書で扱える以上の注目に値する。
21. Hanns Kerrl, ed., *Nationalsozialistisches Strafrecht. Denkschrift des Preußischen Justizministers* (Berlin: Decker, 1933), 47.
22. この問題については、16世紀のイベリアの「リムピエザ・デ・サングレ（血の浄化)」の扱いをはじめとして、意見の鋭い対立がある。食い違う見解については Henry Kamen, *The Spanish Inquisition: A Historical Revision* (London: Weidenfeld and Nicholson, 1997), 239–41 および María Elena Martinez, *Genealogical Fictions: Limieza de Sangre, Religion, and Gender in Colonial Mexico* (Stanford: Stanford University Press, 2008), 45 を参照。アメリカの人種主義の出所をイベリアの伝統に求める説があることは明らかだ。James H. Sweet, "The Iberian Roots of American Racist Thought," *William and Mary Quarterly* 54 (1997): 143–66 を参照。
23. Fitzgerald and Cook-Martin, *Culling the Masses*, 261 を参照。
24. Johann von Leers, *Blut und Rasse in der Gesetzgebung. Ein Gang durch die Völkergeschichte* (Munich: Lehmann, 1936).
25. Lake and Reynolds, *Drawing the Global Colour Line.*
26. 第 1 章を参照。
27. James Q. Whitman, "From Fascist 'Honour' to European 'Dignity,' " in *Darker Legacies of Law in Europe: The Shadow of National Socialism and Fascism over Europe and its Legal Traditions*, ed. C. Joerges and N. Ghaleigh (Oxford: Hart, 2003), 243–66; Whitman, "'Human Dignity' in Europe and the United States: The Social Foundations," *Human Rights Law Journal* 25 (2004): 17–23 を参照。
28. Daniel Howe, *What Hath God Wrought: The Transformation of America, 1815–1848* (Oxford:

Oxford University Press, 2007), 37. たとえば Anthony Marx, *Faith in Nation: Exclusionary Origins of Nationalism* (New York: Oxford University Press, 2003), ix–x を参照。

29. Hitler, *Mein Kampf*, 143–44 ed. (Munich: Eher, 1935), 479 (= Hitler, *Mein Kampf. Eine kritische Edition*, eds. Christian Hartmann, Thomas Vordermayer, Othmar Plöckinger, and Roman Töppel [Munich: Institut für Zeitgeschichte, 2016], 2:1093–95)〔アドルフ・ヒトラー『わが闘争　完訳』改版上下巻、平野一郎／将積茂訳、角川文庫、2001年。本文での引用は同書の訳文による〕
30. Jochen Thies, *Architekt der Weltherrschaft: Die "Endziele" Hitlers* (Düsseldorf: Droste, 1976), 41–45 を参照。
31. Theodore Roosevelt, "National Life and Character," in *American Ideals and Other Essays Social and Political* (New York: Putnam, 1897), 289. Lake and Reynolds, *Drawing the Global Colour Line*, 102 において引用され、論じられている。
32. 有名なナチ時代の議論については Carl Schmitt, *Völkerrechtliche Grossraumordnung*, 3rd ed. (Berlin: Deutscher Rechtsverlag, 1941), 19–20 を参照。
33. 第 1 章を参照。
34. おおいに議論を呼んだ例外は *Buchanan v. Warley*, 245 US 60 (1917).
35. Desmond King and Rogers Smith, "Racial Orders in American Political Development," *American Political Science Review* 99 (2005): 75–92.
36. Gunnar Myrdal, *An American Dilemma: The Negro Problem and Modern Democracy* (New York: Harper, 1944), 1:458.
37. Ira Katznelson, *Fear Itself: The New Deal and the Origins of Our Time* (New York: Liveright, 2013).
38. 同上、166、および http://law2.umkc.edu/faculty/projects/ftrials/shipp/lynchingyear.html に集計された数字を参照。
39. Albrecht Wirth, *Völkische Weltgeschichte (1879–1933)* (Braunschweig: Westermann, 1934), 10.
40. Waldemar Hartmann, "Deutschland und die USA. Wege zu gegenseitigem Verstehen," *Nationalsozialistische Monatshefte* 4 (November 1933): 493–94.
41. Ralf Michaels, "Comparative Law by the Numbers," *American Journal of Comparative Law* 57 (2009): 765–95, 769.
42. Hermann Mangoldt, review of Karl Llewellyn, *Präjudizienrecht und Rechtsprechung in Amerika*, *Archiv für Rechts und Sozialphilosophie* 27 (1933): 304. のちに戦後ドイツの憲法の有力な評者となったマンゴルト（Mangoldt）もまた、ナチ党員だった当時アメリカ法の研究者としてキャリアをスタートさせた人物である点は留意すべきだ。Mangoldt, *Rechtsstaatsgedanke und Regierungsform in den Vereinigten Staaten von Amerika* (n.p. [Essen]: Essener Verlagsanstalt, 1938) を参照。
43. Paul Mahoney, "The Common Law and Economic Growth: Hayek Might Be Right," *Journal of Legal Studies* 30 (2001): 504–5. 匿名の読者からの意見に答えて、筆者は専門の法制史家や法哲学者がハイエクの意見を気にかけていると言いたいわけではないことを断っておく。筆者の目的はコモンローに対するより全般的な態度をとらえるこ

とにある。

44. とくに Edward Glaeser and Andrei Shleifer, "Legal Origins," *Quarterly Journal of Economics* 107 (2002): 1193–1229 における独創性に富んだ説明を参照。

45. H.L.A.Hart, "Positivism and the Separation of Law and Morals,"*Harvard Law Review* 71 (1958): 617.

46. Lon Fuller, "Positivism and Fidelity to Law—A Reply to Professor Hart," *Harvard Law Review* 71 (1958): 633. ハート (Hart) やフラー (Fuller) の議論は、英米人の理解をゆがめるのにおおいに貢献した。

47. とくに Bernd Rüthers, *Die unbegrenzte Auslegung. Zum Wandel der Privatrechtsordnung im Nationalsozialismus*, 7th ed. (Tübingen: Mohr Siebeck, 2012) のきわめて重要な研究を参照。

48. "Der Eid auf Adolf Hitler," in Rudolf Hess, *Reden* (Munich: Zentralverlag der NSDAP,1938), 12.

49. Ian Kershaw, "Working towards the Führer," *Contemporary European History* 2 (1993): 103–18, 116–17. 本書は、ホロコーストにいたる過程での機能派と意図派との対立といったより大きな議論を始める場ではないし、ヒトラーの役割が厳密にはどういう性質のものかを論じるものでもない。筆者は関連する証拠を評価する努力はしていないからだ。本書でこの資料を引用したのは、これが本書の提示する法制史上の問いについて判断するために重要だと考えたからにすぎない。

50. 古典としては C. C. Langdell, "Harvard Celebration Speeches,"*Law Quarterly Review* 3 (1887): 124 を参照。

51. Laurence Tribe, *American Constitutional Law* (New York: Foundation, 2000), 1:14.

52. Stefan Kühl, *The Nazi Connection: Eugenics, American Racism, and German National Socialism* (New York: Oxford University Press, 1994), 15.「ヨーロッパの優生学者たちは、アメリカの優生学者が優生法制定に大きな影響を与え……ていることに感嘆した」〔シュテファン・キュール『ナチ・コネクション――アメリカの優生学とナチ優生思想』麻生九美訳、明石書店、1999年。上記の引用は同書の訳文による〕を参照。

53. ナチスが非合法性に傾倒することの中心的役割は以下で強調されている。Anselm Döring-Manteuffel, "Gesetzesbruch als Prinzip. Entwicklungslinien des Weltanschaulichen Radikalismus in der Führerdiktatur," *Zeitschrift der Savigny-Stiftung für Rechtsgeschichte (Germanistische Abteilung)* 132 (2015): 420–40.

54. フライスラーの見解についての考察は Cornelius Broichmann, *Der außerordentliche Einspruch im Dritten Reich* (Berlin: Erich Schmidt Verlag, 2014), 163 を参照。また Ralph Angermund, "Die geprellten 'Richterkönige.' Zum Niedergang der Justiz im NS-Staat," in *Herrschaftsalltag im Dritten Reich*, ed. Hans Mommsen and Susanne Willems (Düsseldorf: Schwann, 1988), 304–73, 320–21 の緻密な評価を参照。

55. Broichmann, *Der außerordentliche Einspruch*, 168–71; *Preußische Denkschrift*, 115–16 を参照。

56. この時代の法律をより広い知的背景に照らして論じるには、以下のホームズ (Holmes) についての定評ある説明を参照。Morton White, *Social Thought in America: The Revolt against Formalism* (New York: Viking, 1949), 59–75.

57. Marcus Curtis, "Realism Revisited: Reaffirming the Centrality of the New Deal in Realist Jurisprudence," *Yale Journal of Law and Humanities* 27 (2015): 157–200 を参照。

58. Brian Leiter, "American Legal Realism," in *Guide to the Philosophy of Law and Legal Theory*, ed. Martin Golding and William Edmundson (Oxford: Blackwell, 2005), 50.

59. 1932年 5 月22日オグレソープ大学での演説、http://newdeal.feri.org/speeches/1932d.htm〔2018年 5 月18日現在、アクセス不可。http://www.presidency.ucsb.edu/ws/?pid=88410 で閲覧可能〕

60. Jack M. Balkin, "Wrong the Day It Was Decided," *Boston University Law Review* 85 (2005): 677–725, 686.

61. Friedrich Luckwaldt, *Das Verfassungsleben in den Vereinigten Staaten von Amerika* (Berlin: Stilke, 1936), 51.

62. 本書でこれらの人物については論じないが、われわれアメリカ人は最も顕著な例であるテオドール・マウンツ（Theodor Maunz）について知っておくべきだ。彼は第二次世界大戦後にドイツ憲法における第一級の評論家になった。マウンツの死後に明らかになったことは、彼がそのキャリアを通して極右系の新聞に匿名で寄稿していたことだ。http://www.zeit.de/1994/07/maunz-raus を参照。ドイツ連邦共和国の進歩的な立憲政治の化身ともいえるこの人物は、ナチスへの共感を決して放棄してはいなかったようだ。

63. Morton Horwitz, *The Transformation of American Law, 1879–1960: The Crisis of Legal Orthodoxy* (New York: Oxford University Press, 1992), 188〔モートン・J・ホーウィッツ『現代アメリカ法の歴史』樋口範雄訳、アメリカ法ベーシックス 3 、弘文堂、1996年〕

64. Joachim Rückert, "Der RechtsBegriff der deutschen Rechtsgeschichte in der NS-Zeit: der Sieg des 'Lebens' und des konkreten Ordnungsdenkens, seine Vorgeschichte und seine Nachwirkungen," in *Die deutsche Rechtsgeschichte in der NS-Zeit*, ed. Rückert (Tübingen: Mohr Siebeck, 1995), 177; たとえば Gerhard Werle, *Justiz-Strafrecht und polizeiliche Verbrechensbekämpfung im Dritten Reich* (Berlin: De Gruyter, 1989), 144–45 と比較。ヴァイマルの法体系との一貫性ならびに判事に権力を与えることの重要性の両者を強調した、主要なドイツの法思想家の発言は Philipp Heck, *Rechtserneuerung und juristische Methodenlehre* (Tübingen: Mohr Siebeck, 1936), 5–6 を参照。

65. Wolfgang Greeske, *Der Gedanke der Verfassung in der neueren Staatslehre* (Saalfeld: Günther, n.d.), 109. このテーマのそれ以前の経緯については Katharina Schmidt, "Law, Modernity, Crisis: German Free Lawyers, American Legal Realists, and the Transatlantic Turn to 'Life,' 1903–1933," *German Studies Review* 39, no. 1 (2016): 121–40 を参照。

66. G. Edward White, "From Sociological Jurisprudence to Realism: Jurisprudence and Social Change in Early Twentieth-Century America," in *Patterns of American Legal Thought* (Indianapolis: Bobbs-Merrill, 1978), 140.

67. 筆者はこの書簡を以下で引用し、論じている。James Q. Whitman, "Commercial Law and the American Volk: A Note on Llewellyn's German Sources for the Uniform Commercial Code," *Yale Law Journal* 97 (1987): 156–75, 170. また以下でも引用され、論じられて

いる。N.E.H. Hull, *Roscoe Pound and Karl Llewellyn: Searching for an American Jurisprudence*（Chicago: University of Chicago Press, 1997）, 237. シカゴ大学からは、ルウェリンの保存文書のなかにこれがもはや見つからないと知らされた。うっかりこれを抜いてしまったままでいる研究者がいれば、どうかご返却願いたい。筆者自身のメモはだいぶ前に紛失してしまったため、ルウェリンに関するどのナチ党員の発言かは確認できないが、これは注42に引用したマンゴルトの見解だと筆者は推察する。

68. William Scheuerman, *Morgenthau*（Cambridge: Polity, 2009）, 25.

69. 言うまでもなく、ニューディールはファシストだけの関心をひいたわけではない。これに称賛すべき点を見つけたヨーロッパの進歩主義者は多くいた。大西洋を挟んだつながりについては Daniel Rodgers, *Atlantic Crossings: Social Politics in a Progressive Age*（Cambridge, MA: Harvard University Press, 1998）, 410–11 および全般的には409–84を参照。

70. James Q. Whitman, "The Case for Penal Modernism," *Critical Analysis of Law* 1（2014）: 143–98 を参照。

71. たとえば Kevin McMahon, *Reconsidering Roosevelt on Race: How the Presidency Paved the Road to Brown*（Chicago: University of Chicago Press, 2004）, 12 and passim を参照。

72. 筆者はおぞましい「ドイツ人の血と名誉を守る法（Blutschutzgesetz）」の決定、「ライヒ最高裁判所刑事判例集（Entscheidungen des Reichsgerichts in Strafsachen）」72, 91, 96（Decision of February 23, 1938）のみを引証する。こうした決定における嬉々とした法律無視の精神は合衆国には類がないと筆者は考える。他の決定はまた違うかもしれないが。

73. Jamal Greene, "The Anticanon," *Harvard Law Review* 125（2011）: 438–39 を参照。

74. David Bernstein, *Rehabilitating Lochner: Defending Individual Rights against Progressive Reform*（Chicago: University of Chicago Press, 2011）, 73–89 の物議をかもす主張を参照。"Legal Realism and the Race Question: Some Realism about Realism on Race Relations," *Harvard Law Review* 108（1995）: 1607 の注と比較。この大量の注は、ルウェリン、ヘイル（Hale）およびフェリックス・コーエン（Felix Cohen）をはじめとする有力なリアリストが、人種主義的法律に紛れもなく反対したことを突きとめているが、この著者は「正統なリアリストの大多数が人種問題を避けていた」ことも認めざるをえない。同上、1619。より広い知的背景については Thomas C. Leonard, *Illiberal Reformers: Race, Eugenics and American Economics in the Progressive Era*（Princeton: Princeton University Press, 2016）, 109–28 を参照。

75. Heinrich Krieger, *Das Rassenrecht in den Vereinigten Staaten*（Berlin: Junker & Dünnhaupt, 1936）, 327–49および平等のイデオロギーの「実生活とかけ離れた実証主義（lebensfremder Positivismus）」については 57。この点について Guettel, *German Expansionism*, 200–201 はクリーガーの書籍を読みちがえており、彼を実際よりも、そしてナチス・ドイツで理解されていたよりも合衆国にはるかに批判的であると解釈した。たとえば Schmidt-Klevenow による Krieger, *Das Rassenrecht in den Vereinigten Staaten* の論評 *Juristische Wochenschrift* 111（1936）: 2524 では、「われわれドイツ人の心のなかでは近しい国」というクリーガーの説明を称賛している。

76. Karl J. Arndtr による Krieger, *Das Rassenrecht in den Vereinigten Staaten* の論評 *Books Abroad* 12 (1938): 337–38.
77. ナチスの刑事司法と同時代のアメリカの刑事司法の類似については James Q. Whitman, *Harsh Justice: Criminal Punishment and the Widening Divide between America and Europe* (New York: Oxford University Press, 2003), 202–3〔ジェイムズ・Q・ウィットマン『過酷な司法——比較史で読み解くアメリカの厳罰化』伊藤茂訳、レクシスネクシス・ジャパン、雄松堂出版、2007年〕を参照。常習犯への長期禁錮はプロイセン覚書 *Preußische Denkschrift*, 138 が要求した反自由主義的手段の一つだった——とはいえアルコール依存症者、精神疾患者などに対する系統だった治療も要求していた。ただし本書はナチスの処罰慣習の複雑さを論じる場ではない。
78. とくに William J. Stuntz, "The Pathological Politics of Criminal Law," *Michigan Law Review* 100 (2001–2): 505–600 を参照。
79. この点について筆者は以下でもっと詳しく論じている。Whitman, *Harsh Justice*, 199–203〔ジェイムズ・Q・ウィットマン『過酷な司法——比較史で読み解くアメリカの厳罰化』伊藤茂訳、レクシスネクシス・ジャパン、雄松堂出版、2007年〕

推奨する参考文献

ナチス・ドイツに関する参考文献については誰もが納得するリストなど存在しないが、もっと深く探求したい英語圏の読者には、イアン・カーショーの著作が理想的な出発点であることにほぼ異論はないだろう。本書が論じた時期については彼の『ヒトラー 上 1889–1936 傲慢』〔川喜田敦子訳、石田勇治監修、白水社、2016年〕が、情報源や一連の出来事、議論についての慎重な判断ならびに詳細な知識にもとづく読みやすい学術書の模範といえよう。ニュルンベルク法の誕生にまつわる英語で書かれた包括的な歴史を知りたい方は、Peter Longerich, *Holocaust: The Nazi Persecution and Murder of the Jews*（Oxford: Oxford University Press, 2010）〔『ホロコースト――ナチスによるユダヤ人の迫害および殺害』未邦訳〕を読むことをお薦めしたい。

ナチスがアメリカの法律に関心を抱いたことは、ヨーロッパがアメリカ文化に心酔し、そしてときに嫌悪したという、より大局的な背景に照らして考えることが必要だ。Victoria de Grazia, *Irresistible Empire: America's Advance through Twentieth-Century Europe*（Cambridge, MA: Harvard University Press, 2005）〔『抗しがたい帝国――20世紀ヨーロッパを通してのアメリカの発展』未邦訳〕はこれを見事に説明する。David Ellwood, *The Shock of America: Europe and the Challenge of the Century*（New York: Oxford University Press, 2012）〔『アメリカの衝撃――ヨーロッパならびに今世紀の挑戦』未邦訳〕は、アメリカが傑出した世界大国として台頭したのちの、この国の文化・経済に対するヨーロッパの反応に焦点を当てた広範な研究であり、また Adam Tooze, *The Deluge: The Great War, America and the Remaking of the Global Order, 1916–1931*（New York: Penguin, 2014）〔『大洪水――第一次世界大戦、アメリカならびに世界秩序の再建　1916–1931年』未邦訳〕は外交

関係を徹底的に探求する。20世紀初頭の数十年における対立する思潮については、ダニエル・ロジャーズ Daniel Rodgers による貴重な啓蒙的研究 *Atlantic Crossings: Social Politics in a Progressive Age*（Cambridge, MA: Harvard University Press, 1998）〔『大西洋横断――進歩主義時代の社会政策』未邦訳〕がテーマとしている。

アメリカの影響に関する海外文献の大半は、これまでアメリカの大衆文化や大量消費主義、ヘンリー・フォードやフレデリック・ウィンズロー・テイラーによる産業革新などを扱ってきた。だが昨今の歴史家たちは、世界から見たアメリカの人種政策や優生学の位置づけにますます関心をもっている。Marilyn Lake and Henry Reynolds, *Drawing the Global Colour Line: White Men's Countries and the International Challenge of Racial Equality*（Cambridge: Cambridge University Press, 2008）〔『世界における人種の障壁――白人男性の諸国家ならびに人種的平等への世界的挑戦』未邦訳〕は英語圏に焦点を当てた優れた研究である。とくに人種にもとづく移民法をとりあげたのは、David Scott Fitzgerald and David Cook-Martin, *Culling the Masses: The Democratic Origins of Racist Immigration Policy in the Americas*（Cambridge, MA: Harvard University Press, 2014）〔『大衆の選別――南北アメリカの人種主義的移民政策における民主主義的起源』未邦訳〕である。これらの書籍はアメリカが文化的・経済的象徴《アイコン》のみならず、19世紀後半から20世紀の初めにかけて人種を意識した政策における世界的指針にもなっていたことを明らかにする。

わけてもアメリカがドイツに与えた影響については、シュテファン・キュール『ナチ・コネクション――アメリカの優生学とナチ優生思想』〔麻生九美訳、明石書店、1999年〕が、アメリカの優生学とナチスのかかわりの基本的な教科書であることに変わりはない。アメリカの西部征服にドイツが興味をもっていたことは、ドイツの多くの歴史家が詳述してきた。活発な議論ならびにさらなる文献の引用は Carroll P. Kakel, *The American West and the Nazi East: a Comparative and Interpretive Perspective*（New York: Palgrave Macmillan, 2011）〔『アメリカの西部とナチスの東方――比較および解釈的視点』未邦訳〕を参照いただきたい。アメリカに対するドイツの姿勢の他の面については、デイヴィッド・E・バークレ

ー David E. Barclay とエリザベス・グラーザー＝シュミット Elisabeth Glaser-Schmidt 編纂の *Transatlantic Images and Perceptions: Germany and America since 1776*（New York: Cambridge University Press, 1997）〔『大西洋両岸のイメージと認識——1776年以降のドイツとアメリカ』未邦訳〕に収録されているフィリップ・ガザート Philipp Gassert とデトレフ・ユンカー Detlef Junker による評論、さらに Mary Nolan, *Visions of Modernity: American Business and the Modernization of Germany*（New York: Oxford University Press, 1994）〔『近代性のヴィジョン——アメリカのビジネスとドイツの近代化』未邦訳〕において洞察に富む挑戦的研究がなされている。Jens-Uwe Guettel, *German Expansionism, Imperial Liberalism, and the United States, 1776–1945*（Cambridge: Cambridge University Press, 2012）〔『ドイツの拡張主義、帝国自由主義ならびに合衆国　1776–1945年』未邦訳〕にはナチ以前の時代の貴重な研究がふくまれるが、私の見るところナチ時代そのものについては信頼しがたい。

ナチスの人種政策とジム・クロウ法下のアメリカの類似を論じた重要な研究が二件ある。Johnpeter Horst Grill and Robert L. Jenkins, “The Nazis and the American South in the 1930s: A Mirror Image?”, *Journal of Southern History* 58, no. 4（November 1992）: 667–94〔「1930年代のナチスとアメリカ南部——ミラーイメージか？」〕ならびにジョージ・M・フレドリクソン『人種主義の歴史』〔李孝徳訳、みすず書房、2009年〕である。グリルとジェンキンズは南部がどれほどヒトラーを支援したかについて評価を試みている。また Stephen H. Norwood, *The Third Reich in the Ivory Tower*（Cambridge and New York: Cambridge University Press, 2009）〔『象牙の塔における第三帝国』未邦訳〕は、アメリカの知識層に見られたナチスへの支持を探りだす。

本書の研究が提示したなかでも手強い問いは、ニューディールについての解釈、そして進歩主義やリアリズム法学といったアメリカの運動についての解釈をめぐるものだ。1920年代から30年代前半にかけての合衆国を、中欧や南欧に現れた醜悪な政権と比較してどうとらえるべきなのか。John P. Diggins, *Mussolini and Fascism: The View from America*（Princeton: Princeton University Press,

1972)〔『アメリカから見たムッソリーニとファシズム』未邦訳〕は、ある不愉快な事柄に関する先駆的研究である。それはニューディール初期のアメリカが、イタリアのファシスト政権の提示したモデルにかなり関心をもっていたというものだ。同じテーマについて私自身も寄稿した。James Q. Whitman, “Of Corporatism, Fascism and the First New Deal”, *American Journal of Comparative Law* 39 (1991): 747-78〔「コーポラティズム、ファシズム、そして第一期ニューディールについて」〕である。ニューディールとナチスの両政権とその大恐慌へのとりくみの類似については、John Garraty, “The New Deal, National Socialism, and the Great Depression”, *American Historical Review* 78 (1973): 907-44〔「ニューディール、国家社会主義および大恐慌」〕ならびにヴォルフガング・シヴェルブシュ『三つの新体制――ファシズム、ナチズム、ニューディール』〔小野清美／原田一美訳、名古屋大学出版会、2015年〕が論じている。これらの研究はどれもニューディールの信用を落とすものととらえるべきではない。まともな学者で1930年代前半の合衆国をファシストと呼ぶ者などいないだろう。とはいえアメリカとヨーロッパに見られる類似は、存分に納得できる答えが容易には得られない問いを投げていることを、これらの研究は示してきたと言ってよい。

さらなる手強い問いをアイラ・カッツネルソン Ira Katznelson が、ニューディールの改革者と南部民主党の人種主義者の政治的同盟に注目した物議をかもす以下の二冊の著書で提示している。*Fear Itself: The New Deal and the Origins of Our Time* (New York: Liveright, 2013)〔『恐れそのもの――ニューディールと現代の起源』未邦訳〕そして *When Affirmative Action Was White: An Untold History of Racial Inequality in Twentieth-Century America* (New York: Norton, 2005)〔『アファーマティブ・アクションが白人のためであったとき――20世紀アメリカの人種的不平等についての語られざる歴史』未邦訳〕である。いっぽう多くの歴史家は、進歩主義時代とニューディール初期に「科学的人種主義」と優生学が重要な意味をもっていたと主張してきた。アメリカの有力な法思想家が優生学に認めた魅力を論じるうえでの出発点は、バック対ベル判決（1927年）におけるホームズ判事の意見であり、このとき「知的障害が三代まで続けば、もうじゅうぶんだ」との悪

名高き宣言がなされた。ヴィクトリア・ナース Victoria Nourse の鮮烈で啓発的な研究 *In Reckless Hands:* Skinner v. Oklahoma *and the Near Triumph of American Eugenics*（New York: Norton, 2008）〔『無謀な手に委ねられ――スキナー対オクラホマ判決、ならびに危うく勝利しそうになったアメリカの優生学』未邦訳〕は多くの資料を提供する。デイヴィッド・バーンスタイン David Bernstein による議論を呼ぶ書籍 *Rehabilitating Lochner: Defending Individual Rights against Progressive Reform*（Chicago: University of Chicago Press, 2011）〔『ロックナーの名誉回復――進歩主義的改革からの個人の権利の擁護』未邦訳〕は、法における進歩主義の影の側面を明かし、Thomas C. Leonard, *Illiberal Reformers: Race, Eugenics and American Economics in the Progressive Era*（Princeton: Princeton University Press, 2016）〔『反自由主義の改革者――進歩主義時代の人種、優生学、アメリカ経済』未邦訳〕は経済に注目する。

以上紹介した研究のすべてが、20世紀初期におけるアメリカの、私たちが望むよりも暗い知的、政治的世界の姿を描きだす。この本もまたしかりだ。